Sammlung Metzler
Band 275

Andreas Schrade

Anna Seghers

Verlag J.B. Metzler
Stuttgart · Weimar

Die Deutsche Bibliothek – CIP-Einheitsaufnahme

Schrade, Andreas:
Anna Seghers / Andreas Schrade.
– Stuttgart ; Weimar :
Metzler, 1993
(Sammlung Metzler ; Bd. 275)
ISBN 978-3-476-10275-1
NE: GT

ISSN 0558 3667
ISBN 978-3-476-10275-1
ISBN 978-3-476-03973-6 (eBook)
DOI 10.1007/978-3-476-03973-6

SM 275

© 1993 Springer-Verlag GmbH Deutschland
Ursprünglich erschienen bei J. B. Metzlersche Verlagsbuchhandlung
und Carl Ernst Poeschel Verlag GmbH in Stuttgart 1993

EIN VERLAG DER   *SPEKTRUM FACHVERLAGE GMBH*

Inhaltsverzeichnis

Vorwort

Anna Seghers war eine politisch sehr bewußte und engagierte Schriftstellerin: Kommunistin, seit 1928 Mitglied der KPD, seit ihrer Rückkehr aus dem Exil in der SED. So ist es nicht verwunderlich, daß die Wirkungsgeschichte ihres umfangreichen erzählerischen Werks zum größten Teil eine Auseinandersetzung mit der kommunistischen Weltanschauung und der entsprechenden politischen Haltung der Autorin ist. Die Stimmen pro und kontra Anna Seghers sind folglich ziemlich leicht auseinanderzuhalten. Selbst dort, wo scheinbar unpolitische Seghers-Philologie betrieben wird, schimmert das Ja oder Nein zur politischen Haltung der Verfasserin noch durch.

Diese Wirkungsgeschichte begann am Ende der Weimarer Republik. Anna Seghers hatte 1928 den hochangesehenen Kleist-Preis erhalten, damals eine denkbar günstige Voraussetzung für eine literarische Laufbahn. Schon die ersten Reaktionen auf das Debüt »Aufstand der Fischer von St. Barbara« (1928) und auf die Preisverleihung zeigen unverkennbar: Wer für Anna Seghers war, der unterstützte auch ihr soziales Engagement (von direkter politischer Parteinahme kann in dieser ganz frühen Phase noch keine Rede sein). Wer gegen die junge Autorin war, der stand auch ihrem Engagement fremd gegenüber.

Im Exil finden dann die literarischen Debatten nur noch in den festen Zirkeln der einzelnen Exilgruppen statt. Anna Seghers gelingt unter diesen Bedingungen ein großer internationaler Erfolg, was nur sehr wenige deutsche Schriftsteller in der Emigration erreichten. »Das siebte Kreuz« erscheint 1942 in den USA, erobert dort sofort den ersten Platz auf einer Bestsellerliste (vor Franz Werfels »Das Lied von Bernadette«) und wird mit ebenso großem Erfolg in Hollywood verfilmt (Regie: Fred Zinnemann, Spencer Tracy als Georg Heisler).

Als Anna Seghers 1947 nach Deutschland zurückkehrt, ist sie vor allem die berühmte Autorin des »Romans aus Hitlerdeutschland«, »Das siebte Kreuz«. Sie erhält 1948 in Darmstadt den Büchner-Preis. Der Verleger Ledig-Rowohlt nimmt den Roman in seine neu geschaffene Taschenbuchreihe Rowohlts Rotationsromane auf, die Auflagenhöhen von bisher unbekanntem Ausmaß hat. Der Weg scheint bereitet für die neue Karriere einer deutschen Schriftstellerin von Weltruhm.

Dann kommt die Teilung Deutschlands und mit ihr zerfällt die Seghers-Rezeption in zwei Teile (ganz entgegen den Wünschen und Vorstellungen der Autorin). Die Rezeption im Westen, längst nicht so umfangreich wie die im Osten, ist weitestgehend aufgearbeitet (Buthge, 1982; Degemann, 1985). Sie wird zu einem erheblichen Teil – jedenfalls was die 50er und 60er Jahre angeht – von Ignoranz und Feindseligkeit bestimmt. Die Rezeption im Osten ist noch nicht systematisch erfaßt worden, dafür ist sie sehr eindeutig und folglich ziemlich leicht zu klassifizieren. Anna Seghers' Werk ist hier vor allem als Bestätigung (aktuell und geschichtlich) bzw. Unterstützung des politischen Programms der SED gedeutet worden. Nach einigen anfänglichen Reibereien wegen ihres Romans »Die Toten bleiben jung« von 1949 wurde Anna Seghers rasch in die Reihe der repräsentativen sozialistischen Schriftsteller gestellt: repräsentativ wiederum im aktuellen und im geschichtlichen Sinn. Anna Seghers hat diese Rolle keineswegs angestrebt (wie das wohl zeitweilig bei J. R. Becher der Fall gewesen ist). Sie stand öffentlich ohne Wenn und Aber für die sozialen, ökonomischen und politischen Veränderungen im Osten ein und hat sich auch nicht vor der Übernahme entsprechender Verantwortung gescheut. Sie bekleidete hohe Ämter: Präsidentin des Schriftstellerverbandes seit seiner Gründung, Vizepräsidentin des Kulturbundes. Politischen Ämtern innerhalb der Ministerien oder der Partei ist sie allerdings stets aus dem Weg gegangen. Man kann im übrigen vermuten, daß sie als sog. Westemigrantin dafür auch kaum in Frage kam.

Wegen dieser Rolle, die sie in der DDR spielte – die ihr vielmehr angetragen wurde und die sie unter dauernden Versuchen, sie nach dem eigenen, nicht dem vorgegebenen Muster zu gestalten, annahm – ist sie 1989/90 heftig attackiert worden. Durch die Veröffentlichung der Erinnerungen ihres ehemaligen Verlegers Walter Janka, »Schwierigkeiten mit der Wahrheit« (1989, inzwischen erheblich erweitert unter dem Titel »Spuren eines Lebens«) ist sie als Mitläuferin, wenn nicht gar als Feigling verschrieen worden. Janka wurde in den 50er Jahren als angeblicher Verräter und Aufwiegler angeklagt und verurteilt. Während der Gerichtsverhandlung schwieg Anna Seghers – was Janka ihr vorwirft. Inzwischen ist bekannt geworden, daß sie damals zu Walter Ulbricht gegangen war, um ihn zur Niederschlagung des Prozesses zu bewegen. (Vgl. dazu das Gespräch mit Anna Seghers' Tochter Ruth Radvanyi in: Sonntag 19/1990, S. 7.)

Die Wirkungsgeschichte des Segersschen Werkes ist also ein getreues Spiegelbild der zerrissenen Welt, in der die Autorin lebte. Die geschichtlichen Veränderungen der letzten Jahre bringen nun eine ganz und gar veränderte Situation für die Einschätzung von Anna Seghers mit sich. Das politische Regime, das sie unterstützte, ist an seiner ökonomischen Unzulänglichkeit und diktatorischen Herrschaftsform zugrunde gegangen. Heißt das aber, Anna Seghers war eine Autorin (wie einige bereits gefolgert haben), die sich bewußt in den Dienst einer Diktatur stellte? Könne also ihr Werk bis auf wenige Ausnahmen, die von solch einer Haltung frei seien (»Das siebte Kreuz«, »Transit«, »Ausflug der toten Mädchen«), für die Zukunft kaum noch Bedeutung beanspruchen? Wer so urteilt, sieht vollkommen vorbei an der ›Welt‹ dieses erzählerischen Werks – einer ›Welt‹, die sich nicht nach diesem oder jenem Ideologem bemessen läßt. Sind z.B. die Erzählungen der 70er Jahre das Produkt einer politischen Schriftstellerin, die nichts anderes im Sinn hatte, als die DDR und die entsprechende politische Ideologie zu bekräftigen? Das Gegenteil ist doch hier der Fall. Diese Texte zeigen sehr deutlich: Anna Seghers ist in der letzten Phase ihres Lebens sehr unsicher geworden hinsichtlich der geschichtlichen Wirklichkeit, des geschichtlichen Wandels und auch des Menschen überhaupt. Von Bestätigung eines vorgegebenen Wegs, von der Überzeugung, die proletarischen Revolutionen dieses Jahrhunderts seien der Eintritt ins Reich der Freiheit, kann in diesen späten Werken keine Rede mehr sein. (Das gilt übrigens bereits für »Das wirkliche Blau« von 1967 und in gewisser Weise auch für den Roman »Das Vertrauen« von 1968.)

Für große Teile des Gesamtwerks gilt: Man muß die ›Welt‹ darin hinter der Verstrickung in die jeweilige Realität und Ideologie aufspüren. Will man die Romane und Erzählungen mit in eine Zukunft nehmen, die ganz andere Wege gehen wird als sie Anna Seghers im Sinn hatte, dann muß man vor allem die utopischen (humanistischen) Momente in ihnen wahrnehmen – die ›Brüche‹ nicht als Manko registrieren, sondern als den Ort, der für unser Selbstverständnis in der Gegenwart von Bedeutung sein kann.

Dieser Gedanke liegt der folgenden Einführung in Leben und Werk von Anna Seghers zugrunde. Er bestimmt die Richtung, die bei der Analyse der Werke eingeschlagen wird. Anna Seghers Biographie ist bisher nur in groben Zügen bekannt. Anna

Seghers' Devise war stets: Was zählt, ist das Werk, nicht das Leben der Autorin. Trotzdem würde eine gründliche Erhellung der Biographie dieser Schriftstellerin ganz sicher ein wertvoller Beitrag zum Verständnis der kommunistischen Bewegung in diesem Jahrhundert sein. Denn hier harrt noch immer vieles der Aufklärung. Wie sah die tatsächliche Beziehung dieser Schriftstellerin zu ihrer Partei aus? Die öffentlichen Bekundungen sind ja nur ein Teil der Wahrheit. Und wie verhielt sich die Partei zu ihr? In der Weimarer Republik? In der Emigration? Wie hat Anna Seghers während ihrer Zeit als Präsidentin des Schriftstellerverbands der DDR ›hinter den Kulissen‹ gewirkt? Hier liegen die Aufgaben einer Seghers-Biographie, die natürlich nur mit Hilfe von Archiven entsprechender Institutionen und privaten Nachlässen erarbeitet werden kann. Die vorliegende Einführung hält sich in der Hauptsache an das schriftstellerische Werk. Die Eckdaten der Biographie sind in einer knappen Zeittafel zusammengefaßt und werden bei der Werkanalyse vorausgesetzt. Die Werke sollen möglichst aus sich selbst heraus verstanden werden und nicht nach dem Erklärungsmodell einer kommunistischen und schon gar nicht einer antikommunistischen Ideologie. Es geht um den Platz von Anna Seghers in der Literatur- und Geistesgeschichte dieser Epoche, nicht so sehr um ihren Platz in einer sozialen und politischen Bewegung.

I. Die frühen Erzählungen –
Krisenstimmung und Aufbruch

Der Zeitraum 1928/29 faßt die Problematik der jungen Anna Seghers, verheiratete Netty Radvanyi geb. Reiling, wie in einem Brennspiegel zusammen. (Anna Seghers ist ein angenommener Name, den sich die Autorin nach dem niederländischen Maler und Radierer Hercules Seghers gab, einem Zeitgenossen Rembrandts, über den sie während ihres Studiums Vorlesungen bei Wilhelm Fraenger hörte.) Der Spätherbst 1928 bringt den großen, von der Autorin so sicherlich gar nicht erwarteten Erfolg für die erste Buchveröffentlichung – und zugleich ist es das Jahr der endgültigen politischen Entscheidung. Anna Seghers bekommt im Dezember den damals sehr angesehenen Kleist-Preis für »Grubetsch« und »Aufstand der Fischer von St. Barbara«, sie tritt in die Kommunistische Partei ein und wird 1929 Mitglied des Bundes proletarisch-revolutionärer Schriftsteller (BPRS), der am 17. 10. 1928 gegründet worden war. Alles was in den folgenden fünfeinhalb Jahrzehnten eines wahrhaftig nicht geruhsamen Schriftstellerinnenlebens noch folgen wird, steht im Zeichen dieser Ereignisse und Entscheidungen der Jahre 1928/29.

Der Kleist-Preis wurde in Deutschland von 1912 bis 1932 vergeben. Anfänglich ohne rechte Resonanz, wurde er rasch zu einem der wichtigsten Literaturpreise in Deutschland. Mit dem Kleist-Preis wurde nicht das Werk eines schon anerkannten Schriftstellers ausgezeichnet, ihn erhielten ausschließlich besonders begabte Debütanten. Oftmals handelte es sich sogar um Manuskripte oder zumindest noch nicht als Buch veröffentlichte Texte. (»Grubetsch« lag 1928 nur als Zeitschriftendruck vor.) Wer den Preis erhielt, konnte der Aufmerksamkeit in den Feuilletonredaktionen der großen Zeitungen gewiß sein – gerade für den Anfänger eine sehr willkommene Hilfe. (In der angesehenen und einflußreichen »Frankfurter Zeitung« rezensierte Max Herrmann-Neisse mit großer Hochachtung »Aufstand der Fischer von St. Barbara« (Ausgabe vom 16. 12. 1928), im »Berliner Börsencourier« war schon vor der Preisverleihung am 11. 11. 1928 eine geradezu enthusiastische Besprechung des jungen Kritikers Hans Sahl erschienen.) Zu den Preisträgern gehören z.B. Leonhard Frank, Oskar Loerke, Musil, Brecht,

Becher, Lasker-Schüler. Eine Besonderheit der Preisverleihung bestand darin, daß ein vormaliger Preisträger, der von der Kleiststiftung jedes Jahr neu bestimmt wurde, den Preisträger für das jeweilige Jahr auswählen mußte. Für das Jahr 1928 war Hans Henny Jahnn dafür ausersehen. (Er hatte den Preis 1920 von Oskar Loerke zugesprochen bekommen.) Jahnn mußte aus einer »Sturmflut« von über 800 Einsendungen, von denen keine einzige »unberührt gelassen« wurde (Jahnn, 1974, 246), den nächsten Preisträger bestimmen. In der Zeitschrift des Schutzverbandes der deutschen Schriftsteller (SDS), »Der Schriftsteller«, wurde in der Nr. 11/12 von 1928 seine Begründung abgedruckt:

»Ich habe den Preis der jetzt achtundzwanzigjährigen Anna Seghers zuerkannt, weil ich eine starke Begabung im Formalen gespürt habe. Bei großer Klarheit und Einfachheit der Satz- und Wortprägung findet sich in den beiden Novellen ein mitschwingender Unterton sinnlicher Vieldeutigkeit, der den Ablauf des Geschehens zu einer spannenden Handlung macht. Die Funktionen des Lebens erscheinen weniger wichtig als die Tatsache seiner Existenz. Die Gestalten sind nicht so sehr Träger einer Handlung, als Äußerung in ihnen wirksamer Kräfte. Darum verbrennt alles, was als Tendenz erscheinen könnte, in einer leuchtenden Flamme der Menschlichkeit.«

Diese Sätze über die Prosa der frühen Seghers sind bis heute gültig.

Hans Mayer hat überliefert (aus Gesprächen, die er mit Jahnn darüber führte), daß dieser die »Grubetsch«-Erzählung viel höher veranschlagt habe als »Aufstand der Fischer« (Mayer, 1985, 244) – sehr im Gegensatz zu der Autorin selbst, die diese Erzählung nach deren erster Buchveröffentlichung (in: »Auf dem Wege zur amerikanischen Botschaft«,1930) erst wieder in der letzten Werkausgabe, (1977) drucken ließ, also fast ihr ganzes Leben hindurch der Öffentlichkeit entzog.

Das ist zweifellos ein ähnliches Phänomen wie bei Anna Seghers' politischen Gesinnungsgenossen Brecht oder Becher. Diese Autoren haben, je mehr sie sich als sozialistische und kommunistische Schriftsteller begriffen, Distanz zu ihrem ›unsozialistischen‹ Frühwerk aufgebaut. (Das Bechersche Frühwerk, das zu den wichtigsten Teilen des literarischen Expressionismus gehört, ist bis heute nur bruchstückhaft ediert.) Inzwischen ist man sich sowohl in der Kritik wie in der Wissenschaft darüber einig, daß »Grubetsch« zu den eindrucksvollsten und auch künstlerisch gewichtigsten Erzählungen von Anna Seghers gehört. Nur Interpreten, die nach dem politisch-ideologischen

2

Gehalt, nach der politischen Entwicklung der Autorin fragen und darauf ihre Wertung stützen, äußern Vorbehalte (Albrecht, 1975, 20–44, bes. 36–39; Neugebauer, 1980, 18 f.).

Anna Seghers' literarische Anfänge stehen im Zusammenhang mit dem Krisenbewußtsein, das viele Intellektuelle in den zwanziger Jahren erfaßt hatte. Die liberale Welt der Kultur und Humanität, die auch das Elternhaus von Netty Reiling geprägt hatte, war in den Materialschlachten des 1. Weltkriegs und in den revolutionären Unruhen der Nachkriegszeit gründlich zerstört worden. Und die Weimarer Republik, die einen ganz neuen Anfang verhieß, bot ebensowenig einen wirklichen Ausweg. Das erkannten damals mehr und mehr nicht nur linke oder kommunistische Intellektuelle. Der Zeitzeuge und politische Historiker Theodor Eschenburg (er gehört zur gleichen Generation wie Anna Seghers, steht ihr aber politisch sehr fern) nennt z.B. die Weimarer Republik eine »Notlösung« und entwickelt daraus die Auffassung, daß diesem Regime der »improvisierten Demokratie« von Anfang an keine Dauer beschieden gewesen sei (T. Eschenburg, Die Republik von Weimar. Beiträge zur Geschichte einer improvisierten Demokratie, München 1985, S. 13–74). Der kommunistische Schriftsteller Stephan Hermlin, dessen Berliner Kindheit und Jugend in jene Jahre fallen – das Elternhaus war ein Treffpunkt vieler Künstler und Intellektuellen – faßt seine Erinnerungen wie folgt zusammen:

»Diese Republik, die sich selber nicht ertrug, in der Patrioten Verräter und Verräter Patrioten hießen, die beim ersten Rechts-Putsch von der Regierung verlassen und von den Arbeitern gerettet wurde, in der man jeden Demokraten einen Bolschewik nannte, die der Tannenberg- und Langemarckfeiern nie überdrüssig wurde, die den Spitzen der Gesellschaft, Junkern, Bankiers und Fememördern als Judenrepublik galt – ich entsinne mich ihrer hellen Stunden, aber auch der drohenden, tückischen Unentschiedenheit jener Jahre« (St. Hermlin, Meine Zeit, in: Sinn und Form 5/1986, S. 917 f.).

Anna Seghers' Situation in der Weimarer Republik müssen wir uns folgendermaßen vorstellen. (Ausführliche Kenntnisse über diesen Lebensabschnitt gibt es nicht.) Sie studiert von 1920 bis 1924 in Heidelberg und Köln (Promotion über Rembrandt 1924 in Heidelberg). Ihr Interesse für die politischen Vorgänge in Deutschland und anderswo war längst erwacht. Anna Seghers hat später des öfteren betont (s. vor allem: ÜKW III, 29 ff.), daß es zuallererst der Gedanke der Gerechtigkeit war, die Vorstellung von einer gerechten Welt, die sie mehr und mehr der liberalen Welt ihrer Herkunft entfremdete. Das heißt aber nicht, daß Anna Seghers sofort zu den Kommunisten überlief. Es handelt sich vielmehr um einen allmählichen Ablösungsprozeß (persönliche Zeugnisse darüber gibt es nicht), verbunden mit unklaren Erlösungsvorstellungen, die schließlich politisch konkretisiert wurden. So kommt es zu der Diskrepanz zwischen der weltanschaulichen Position ihrer ersten Buchveröffentlichungen (1928 »Aufstand der Fischer von St. Barbara«, 1930 »Auf dem Wege zur amerikanischen Botschaft und andere Erzählungen«), die zum großen Teil 1926/27 entstanden sind, und ihrer mittlerweile veränderten Position.

Verstärkt wurde diese Entwicklung der Autorin durch die Berichte der vielen politischen Emigranten, die sie als Studentin in Heidelberg und später als freie Schriftstellerin in Berlin kennenlernte, unter ihnen der Ungar Laszlo Radvanyi, den sie 1925 heiratete. Radvanyi mußte, ähnlich wie Georg Lukács, den er gut kannte, Ungarn nach der Zerschlagung der Räterepublik verlassen. Er studierte in Heidelberg u. a. Philosophie und promovierte mit der Arbeit »Der Chiliasmus. Ein Versuch zur Erkenntnis der chiliastischen Idee und des chiliastischen Handelns« 1923 bei Karl Jaspers. (Zur Thematik dieser Dissertation im Zusammenhang mit Anna Seghers' weltanschaulicher Entwicklung vgl. Bock [1990, 1559].) Radvanyi wurde 1926 Direktor der neu gegründeten Marxistischen Arbeiterschule, genannt MASCH. Politisch schwenkte er offenbar mehr und mehr auf einen dogmatischen Kurs ein und entwickelte sich zum politischen Tugendwächter seiner Ehefrau. (Im Seghers-Archiv befinden sich umfangreiche Konvolute mit entsprechenden Kommentaren Radvanyis über Erzählungen, Romane und publizistische Arbeiten von Anna Seghers.) Georg Lukács, der sowohl Radvanyi wie Anna Seghers gut kannte, sagt in den autobiographischen Gesprächen von 1979 über Laszlo Radvanyi alias Lorenz Schmidt (das ist der sogenannte Parteiname): Er war »im schlechten Sinne des Wortes ein parteitreuer Mensch. Ich glaube, in dieser Hinsicht hatte er auf Anna Seghers einen schlechten Einfluß« (Lukács, Gelebtes Denken. Eine Autobiographie im Dialog, Frankfurt a. M. 1981, S. 152).

1. »Die Toten der Insel Djal. Eine Sage aus dem Holländischen. Nacherzählt von Antje Seghers«

Werkgeschichtlich galt »Grubetsch« bis weit in die 70er Jahre hinein als die erste Veröffentlichung von Anna Seghers überhaupt – bis Sigrid Bock in der »Frankfurter Zeitung« auf einen Text stieß, der mit Antje Seghers unterzeichnet ist: »Die Toten der Insel Djal«, veröffentlicht in der Weihnachtsausgabe von 1924 (wieder abgedruckt in: ÜKW IV, 205–209).

Diese kurze Erzählung kann sich an atmosphärischer Dichte und sprachlicher Ausdruckskraft längst nicht mit den nachfolgenden Texten messen. Hier ist innerhalb kürzester Zeit ein großer Entwicklungsschritt vor sich gegangen. Sie ist aber literaturgeschichtlich interessant, da sie bereits auf ganz bestimmte Eigenheiten und thematische Schwerpunkte des Seghersschen Werks hinweist.

Zuallererst fällt auf, daß die Erzählung bereits in die rauhe Welt der Fischer und des Meeres führt, die dann der Schauplatz der ersten Buchveröffentlichung von Anna Seghers sein wird. Hier sind offenbar zwei Dinge zusammengekommen, um diese – bedenkt man die Herkunft der Autorin – eigentümliche Stoffwahl zu bewirken: zum einen ein tiefes Landschaftserlebnis und zum andern Anna Seghers' Verhältnis zu ihrer Zeit, zu ihrer geschichtlichen Epoche. Welche Bedeutung das Meer- bzw. Flußmotiv im Gesamtwerk der Autorin hat, ist von der Forschung vielfach herausgestellt worden. (Vgl. dazu den Selbstkommentar in: XIV, 415.)

Anna Seghers hat sich in zwei Briefen zum Erlebnishintergrund ihrer ersten Schreibversuche geäußert; sehr knapp in einem Schreiben von 1930 an den Arbeiter-Sender Berlin, das bisher nicht wieder veröffentlicht wurde, und in einem Brief an einen Leser (1957). 1930 schreibt sie u.a.: »Ich bin 1900 am Rhein geboren, verbrachte lange Zeit an der See. Dort lernte ich die Fischer kennen, ihre Dörfer, ihr Leben« (Arbeiter-Sender, 1930, Nr. 48, S. 764). Und im Rückblick von 1957 heißt es:

»Wie ich die Novelle ›Aufstand der Fischer von St. Barbara‹ schrieb, tat ich das mit einer sehr starken Verbundenheit mit allem, was Meer und Fischer heißt, auch mit gewissen primitiven Kenntnissen, die ich mir seit meiner Kindheit, ziemlich unbewußt, angeeignet hatte. Ich bin vom Rhein und sah jeden Tag den Rhein mit Neid an, weil er bald in Holland ins Meer fließen wird. / Später kam ich in die Bretagne« (ÜKW IV, 155).

Interessant ist, daß bereits in diesem kurzen Text die Haltung, das Lebensgefühl der jungen Anna Seghers spürbar ist, wie es dann in »Grubetsch« und »Aufstand der Fischer von St. Barbara« mit ungeheurer Wucht hervortritt. Die Akteure in »Die Toten der Insel Djal« sind – Tote. Selbst derjenige, der sie alle begraben hat, der Pfarrer, ist, so die Pointe am Schluß, schon vor Jahrhunderten gestorben. Es sind Tote – aber sie kommen nicht zur Ruhe und zeigen sehr lebendige Reaktionen.

»Die Toten auf dem Friedhof von Djal sind ein sonderbares Volk. Manchmal zuckt es in ihren Gliedern so heftig, daß die hölzernen Kreuze und Grabsteine zu hüpfen anfangen. [...] Das kommt daher, daß es lauter Seeleute waren, die auf allen Wassern herumfuhren, bis sie an den Klippen von Djal scheiterten. Und nun still liegen und zuhören, wie hinter der Kirchhofsmauer das Meer dröhnt und zischt, das ist selbst für einen Toten zu viel. [...] So einer (der Pfarrer – A. Sch.) braucht keine Kinder und Geschwister, kein Weib und keine Liebschaft. Für so einen gab es auf Djal wildere, großartigere Wollust, brausendere Leidenschaften« (ÜKW IV, 205–206).

In »Grubetsch« und »Aufstand der Fischer von St. Barbara« ist unbändige Leidenschaftlichkeit mit großer Eindringlichkeit gestaltet; in diesem ersten Seghers-Text ist das noch mehr Programm als lebendige Wirklichkeit.

2. »Grubetsch«

»Grubetsch« ist der eigentliche Beginn des erzählerischen Werks von Anna Seghers. Entstehungsgeschichtlich fällt diese Erzählung in das Jahr 1926 (1927 in »Frankfurter Zeitung« und »Handelsblatt« vom 10.3. bis 23.3. als Fortsetzungsdruck erstmals veröffentlicht); ihre eigentliche Wirkungsgeschichte beginnt aber erst nach der Buchveröffentlichung 1930 in dem Erzählungsband »Auf dem Wege zur amerikanischen Botschaft und andere Erzählungen« (zusammen mit der Titelgeschichte und »Die Ziegler«, »Bauern von Hruschowo«). »Grubetsch« – ihm vor allem, wie oben erwähnt, hat Anna Seghers den Kleist-Preis zu verdanken – ist bei ihren Gefährten in der KPD und im Bund auf wenig Gegenliebe gestoßen. Von politischem Bewußtsein gemäß dem Selbstverständnis einer kommunistischen Partei ist in dieser Erzählung wenig bzw. so gut wie gar nichts zu finden. Die öffentliche Kritik von dieser Seite war dann auch entsprechend harsch zurückweisend und besserwisserisch, weil vornehmlich aus der politischen Perspektive urteilend. (Näheres s. S. 23 ff.) Was an Urteilen im kleinen, internen Kreis der Genossen noch hinzukam, ist aus den geringen Kenntnissen, die wir über solche Diskussionen haben, nur zu vermuten. Leider ist bis heute auch keine persönliche Reaktion dazu von Anna Seghers selbst bekannt geworden, kein Brief, keine schriftliche Stellungnahme und auch kein Bericht anderer darüber. In einem Hinweis des Literaturwissenschaftlers und Schriftstellers Hans Mayer in der schon zitierten Gedenkrede von 1983 ist die Rede davon, wie Anna Seghers in den 30er Jahren auf Angriffe der Partei gegen ihr Buch »Der Weg durch den Februar« (1935) (und zwar wegen angeblicher Verbeugungen vor der Sozialdemokratie) reagiert habe: nämlich sehr selbstbewußt und geradezu aggressiv (Mayer, 1985, 241). (Mayer beruft sich hier auf einen der frühen Seghers-Kritiker und Ideologen, der es ihm in späteren Jahren erzählt habe.)

Es war nichtsdestoweniger eine sehr schwierige Situation für Anna Seghers, eine Gratwanderung, die unentwegt sowohl Anpassung wie eigene Entschlußkraft verlangte. Auf der einen Seite das Gebot der Parteidisziplin, das Anna Seghers ja nie grundsätzlich in Frage stellen wollte, da sie von seiner geschichtlichen Notwendigkeit überzeugt war; auf der anderen Seite die künstlerische Arbeit, die solcher Disziplin und ›Linientreue‹ widerstrebte. Das mußte unweigerlich zu inneren Spannungen führen – deren Widerhall in ihren Werken gelegentlich spürbar ist.

Wenn man sich das Gesamtwerk von Anna Seghers vor Augen führt, dann kann man die Gestalt des Grubetsch durchaus als eine Art Vorläufer jener Arbeiterrevolutionäre oder historischen Revolutionsgestalten der späteren Werke ansehen. Er ist deren Vorläufer, aber er ist zugleich auch ihr Gegenspieler. Vorläufer deshalb, weil er wie Wallau (»Das siebte Kreuz«), Martin (»Die Toten bleiben jung«), wie Sasportas (»Das Licht auf dem Galgen«) oder auch Richard Hagen (»Die Entscheidung«, »Das Vertrauen«) in den Menschen das Bewußtsein erweckt, daß sie aus dem bedrückenden Leben, in dem sie verharren, herausfinden können – und zwar dann, wenn sie *revolutionär* handeln, das heißt: sich organisieren und gemeinschaftlich zur Wehr setzen. Gegenspieler der Revolutionsgestalten kann man ihn deshalb nennen, weil er aus ganz anderen Motiven als sie und mit anderen Absichten handelt. Dabei ist über seine Motive nicht so rasch Klarheit zu gewinnen. Und was er bei den Menschen bewirkt, die mit ihm zusammenkommen – und er bewirkt sehr viel –, ist kaum eine Verbesserung ihres Lebens zu nennen. Ihm folgt nicht Aufbau, Veränderung zum Guten auf dem Fuße, sondern Untergang, Zerstörung, Tod.

Die Erzählung besitzt gleichsam zwei Pole, zwischen denen sich eine ungeheure Spannung aufbaut: das Elend in den engen städtischen Wohnungen und Hinterhöfen (sozialgeschichtlich gesprochen: das Leben des großstädtischen Proletariats in den 20er Jahren) auf der einen Seite; auf der andern ein Individuum, das einem ganz anderen Lebensgesetz folgt als dem hier üblichen. Grubetsch – sein Vorname wird nicht genannt, sicherlich um ihn so bereits äußerlich stärker als Typus und weniger als Individualität hervorzuheben – verändert das Leben der Arbeiterfamilien in dem Hinterhof, der der Schauplatz der Erzählung ist, von Grund auf. Kaum ein anderer deutscher Schriftsteller jener Jahre hat mit solcher Eindringlichkeit und Ausdruckskraft das Elend der Arbeiter erfaßt. Man weiß von Berichten ihrer Freunde im damaligen Berlin, daß Anna Seghers sich diese grauenhaften Mietskasernen, in denen die Arbeiter hausten, sehr genau angesehen und daß sie immer wieder das Gespräch mit den hier lebenden Menschen gesucht hat. Es muß auf sie, die aus einer ganz anderen sozialen und kulturellen Lebenssphäre stammte und aus einer der schönsten Landschaften Deutschlands, wie ein Schock gewirkt haben – allerdings wie ein Schock, der sie hellsichtig und entschlossen machte, nicht untätig und resignativ.

Grubetsch verkörpert die Negation alles dessen, worin die andern unentwirrbar verwickelt sind. So ist es zunächst nicht verwunderlich, daß sich die Arbeiter, und vor allem deren Frauen und Töchter, zu Grubetsch hingezogen fühlen. Denn sie verabscheuen das Leben, das sie führen, haben aber die Hoffnung auf Veränderung längst aufgegeben. Nichtsdestoweniger ist der Wunsch auf eine Wende und Veränderung in ihnen noch immer lebendig, und sei es als selbstzerstörerischer Zynismus. Nun ist Grubetsch aber nicht jemand, der die Welt verändern und verbessern will. Sein Handeln und Interesse sind vollkommen anarchistisch und ich-bezogen. Er lebt einzig und allein nach den Forderungen seiner Leidenschaften und Triebe. Diejenigen, die ihm folgen (er wirbt nicht um sie, sie erliegen einer ihnen unerklärlichen Anziehungskraft), sehen darin Freiheit und so etwas wie Glück – und gehen in die Katastrophe, in den Untergang. (Sebald und Marie sind die deutlichsten Beispiele dafür.)

Am tragischsten ist der Fall der Marie. Sie ist die Auserlesene unter den Frauen im Hinterhof: immer adrett gekleidet, sehr hübsch, ihre Wohnung wirkt wie eine Oase in diesem deprimierenden grau in grau. Sie scheint noch am ehesten gegen die Verlockungen Grubetschs gefeit zu sein. Und dann gibt es diese ungeheuerliche Szene, die wie mit angehaltenem Atem geschrieben wirkt: Der Ehemann Maries, der deren leidenschaftliche Neigung zu Grubetsch allmählich ahnt, aber nicht wahrhaben will, rutscht auf Knien an das Fenster von Monks Schänke. Er sieht hier seine ehemals sanfte und reinliche Frau. Sie sitzt wie im Trancezustand neben Grubetsch, mit entblößter Brust, ohne jedes Schamgefühl – eine Hörige, keine Befreite.

Die Erzählung läßt uns nicht im unklaren darüber, daß Grubetsch den Menschen keine Befreiung bringt, sondern vielmehr tiefgreifende Konfusion und Erschütterung ihres Selbstbewußtseins und Selbstwertgefühls. Den Unterschied zwischen vorher und nachher, zwischen dem ›alten Leben‹ und dem ›neuen Leben‹ kann man in wenigen Worten zusammenfassen: Stumpfheit und Geducktsein werden überwunden durch Ausbruch und Aufruhr. Nicht politischer Aufruhr, keine wie auch immer geartete ideologische Programmatik, sondern das ungestalte Hervorbrechen einer rauschhaften Leidenschaftlichkeit. Hier scheint das besondere Interesse von Anna Seghers zu liegen: die Entdeckung der ungeheuren Leidenschaften, die in den Menschen schlummern und durch Grubetsch erweckt werden. (In diesem Zusammenhang steht auch Anna Seghers' Dostojewski-Lektüre in jenen Jahren – Dostojewski war damals der Abgott aller unzufriedenen und aufrührerischen Intellektuellen – und ihre frühe Begeisterung für die Russische Revolution, deren konkrete soziale und politische Dimensionen sie zunächst gar nicht sah. S. dazu: ÜKW II, 183; XIV, 412; ÜKW III, 29 ff.)

Hier ist Anna Seghers durchaus mit anderen Autoren jener Zeit vergleichbar, die auf Veränderung drängten, ohne sich einer der zahlreichen politischen Parteien oder Richtungen anzuschließen. Denken wir beispielsweise an Alfred Döblin. (Ein Vergleich der Hauptgestalt seines Romans »Berlin Alexanderplatz« [1929], Franz Biberkopf, mit Grubetsch wäre sicherlich lohnend.) Denken wir aber vor allem an Hans Henny Jahnn, der Anna Seghers den Kleist-Preis zusprach und zu dem offensichtlich auch persönliche Beziehungen bestanden. (Darüber ist allerdings so gut wie nichts bekannt.) »Grubetsch« ist ein Stück Literatur, das dem Autor solcher Dramen wie »Pastor Ephraim Magnus« (1919, hierfür Kleist-Preis auf Vorschlag Oskar Loerkes) und »Medea« (1926) innerlich sehr nahe gestanden haben muß. Jahnn hatte an die erste Stelle dessen, was man vom Menschen erwarten und wissen könne, die natürliche Veranlagung, in seinem Fall die ungezügelte, freie Emotionalität, gestellt.

Nun ist aber »Grubetsch« keinesfalls eine Programm-Dichtung, die einer ungezügelten, sog. freien Leidenschaftlichkeit huldigt (wie das bei Jahnn vollständig und bei Döblin teilweise der Fall ist). Es ist schwer zu sagen, ob das Leben dieses Grubetsch ein erfülltes Leben oder ein tragisches ist. Es ist ein Leben in völliger Asozialität und Bindungslosigkeit (ein »Leben auf dem Fluß«, ein Leben, das »kein Gespräch« kennt usw. [IX, 17, 35, 36]); und dies nicht etwa aufgrund einer Bedrängnis und des Nachlassens der eigenen Kräfte, sondern aus Absicht und Konsequenz. Und doch wird man es kaum als einen Modellfall für das bessere Leben inmitten des bedrückenden, schlechten ansehen können.

Die Erzählung endet mit einer Szene von so ungeheurer Härte und unerwarteter Grausamkeit (der Ermordung Grubetschs), daß der Leser wie benommen die Lektüre beendet. Dieser abrupte Schluß löst die bis ins Unerträgliche gesteigerte Spannung, die sich zwischen Grubetsch und den anderen entwickelt hatte. Ohne daß einer es artikulieren könnte, fühlen doch alle Hinterhofbewohner immer stärker, daß Grubetschs Haltung zum Leben kein wirklicher Ausweg, sondern eher noch eine Verschlimmerung bedeutet. Es ist nicht eindeutig zu beantworten, ob sie gar nicht in der Lage sind, in Freiheit zu leben, und ob diese Art Freiheit der zügellosen Leidenschaftlichkeit am Ende in vollkommene Leere und Verzweiflung führt. Einerseits ist es ja offensichtlich so, daß Grubetsch sein Leben nur in völliger Bindungslosigkeit und krassem Egoismus durchhalten kann. Zum anderen läßt die Erzählung aber auch eine Ahnung davon aufkommen, daß diese Menschen in den Hinterhöfen der Großstädte (die, die ›in der Tiefe‹ leben) tatsächlich kaum in der Lage und willens sind, ihr Leben durch Entschluß- und Tatkraft zu verändern. (Kurze Zeit später wird sich Anna Seghers hierin grundlegend korrigieren.) Sie töten Grubetsch, nicht weil sie seinen Anarchismus ablehnen und andere Wege der Veränderung suchen, sondern allein, um so weiter leben zu können wie bisher.

Damit ist das Thema gestellt, von dem die Autorin in den nächsten Jahren nicht mehr loskommt und mit dem sie schließlich den Zustand und die Richtung der geschichtlichen Epoche, deren Zeitgenosse sie ist, erklären will. Erstens: Welchen Weg gibt es aus diesem elenden Leben? Und zweitens: Inwiefern kann die Kraft einzelner Menschen eine Veränderung der Lebensumstände herbeiführen? In der Erzählung »Aufstand der Fischer von St. Barbara«, die nach »Grubetsch« entstand, wird dieses Thema mit ähnlichen Motiven und Konstellationen behandelt.

3. »Aufstand der Fischer von St. Barbara«

Dieses Buch wird von nicht wenigen Kritikern, Schriftstellern und Literaturwissenschaftlern als eines der besten von Anna Seghers bewertet. Man lobt seine atmosphärische Eindringlichkeit und Dichte, seine Sinnlichkeit, seine kräftige, schon eigenständige Sprache (Hermlin, 1947, 164; Rilla, 1955, 292 ff.; Sauer, 1978, 65 f.). Bei einigen Kritikern ist allerdings sehr deutlich die Absicht spürbar, mit diesem Lob das spätere Werk, vor allem das in der DDR entstandene, abzuwerten und zurückzudrängen (Reich-Ranicki, 1980 [1971], 294 ff.; Reich-Ranicki, 1983 [1963], 304 f., 325 ff.; Merkelbach, 1977, 9–25; Schneider, 1973, 110).

Im Vergleich zu »Grubetsch« ist »Aufstand der Fischer« in viel stärkerem Maße durchkomponiert, in seinem Figurenensemble sehr viel ausgewogener und deutlicher. Wo »Grubetsch« wie unter einem dunklen, ungestalten Drang geschrieben wirkt, ist »Aufstand der Fischer« schon klarer und absichtsvoller gegliedert. Man denke nur an den berühmten Anfang, der die Handlung der Erzählung in wenigen Zeilen vorwegnimmt und auf diese Weise den Leser von vornherein auf die Motivationen, die Umschlagspunkte usw. orientiert. Viele Interpreten sehen das als großen Fortschritt an (Albrecht, 1975, 122 ff.; Diersen, 1965, 22 ff.; Heilbronn, 1977, 47, 51); andere wiederum (vgl. H. H. Jahnn) bestehen darauf, daß gerade das Ungestalte, Unprogrammatische den besonderen Reiz der ersten Erzählung ausmache.

Man kann, trotz diesem Unterschied, sehr deutlich den Zusammenhang beider Erzählungen erkennen. Sie besitzen ein ähnliches Handlungsschema: ein Fremder, von dem eine große Ausstrahlung und Wirkung ausgehen, kommt zu einer Gruppe von Menschen, die ganz anders leben als er, und ruft hier eine tiefe Veränderung ihrer Vorstellungen, ihres ganzen Denkens und Tuns hervor (vgl. Batt, 1973, 44). Johann Hull (so der

Name der Hauptgestalt in »Aufstand der Fischer«) ist wie Grubetsch ein ›großes‹ und in gewisser Weise auch ›auserwähltes‹ Individuum, das wie eine Art Messias die dumpf und geduckt dahinlebenden Menschen ›erweckt‹. (Zum Messias-Motiv bei Seghers s. Haas, 1975, 234 und Haas, 1977, 56 f.) Das Entscheidende ist aber , daß Hull damit sehr konkrete soziale Absichten verbindet. Insofern ist diese Figur auch mit größerer Klarheit und Gerichtetheit angelegt. Er will die Fischer dazu bewegen – und das wird bereits auf der ersten Seite der Erzählung deutlich –, Lohnforderungen zu stellen. (Die sozialen Kämpfe der Arbeiter beinhalten in der Hauptsache solche Forderungen; in ihnen drückt sich am unmittelbarsten das Streben nach einem besseren Leben aus.) »Aufstand der Fischer von St. Barbara« ist in diesem Sinne eine Entwicklungsgeschichte: Ankunft Hulls (ausdrücklich ist vermerkt, daß er von der Margareteninsel und Port Sebastian kommt, wo er bereits einen »Aufstand« [I, 7] organisiert hatte); seine Gespräche mit den Fischern und seine Wirkung auf sie; die Zusammenkünfte der Fischer aus den umliegenden Dörfern; schließlich deren Weigerung, die bisher geltenden Tarife anzuerkennen (mit anderen Worten: Streik); am Ende die blutige Niederschlagung des Aufstands, der Tod Hulls und Andreas Kedenneks, des eifrigsten Hull-Anhängers, und die »Ausfahrt zu den Bedingungen der vergangenen vier Jahre« (I, 7).

Obwohl Hull die Fischer dazu bringt, klare sozialpolitische Forderungen zu stellen, ist er noch lange kein politischer Programm-Revolutionär wie die Hauptgestalten in vielen späteren Büchern von Anna Seghers. Der Unterschied zu ihnen besteht darin, daß Hull nicht die Welt verbessern, sondern vor allem seine sinnliche, zum guten Teil sexuelle Begierde befriedigen will. (Das gleiche Phänomen, das wir an Grubetsch diagnostiziert haben.) Hull drängt aus ganz anderen Gründen auf den Aufstand als die Kommunisten des bereits kurze Zeit später entstehenden Romans »Die Gefährten«. Wo dann im übrigen nicht mehr von »Aufstand«, sondern von »Revolution« und »Weltrevolution« die Rede ist.

Gleich am Anfang der Erzählung wird auf die Motive von Hulls Handeln hingewiesen. Er genießt die Fahrt mit dem Schiff, er genießt das Abfahren von der Margareteninsel, die Aussicht auf neue Erlebnisse auf St. Barbara. Und dann heißt es: »Wieder bekam er eine Gier, sich alles genau zu merken. Auf einmal dachte er, daß das alles, seine unsinnige Lust nach diesem häßlichen, dürren Mädchen (das ist Marie, die spätere Geliebte Andreas Kedenneks – A. Sch.), seine Gier, sich alles genau zu merken, nichts anderes als die Todesangst selbst war, von der er manchmal hatte sprechen hören« (I, 8).

Ist dieses Lebensgefühl übertragbar auf das Fühlen und Denken der Revolutionäre in den späteren Büchern von Anna Seghers? Wenn man sich die Gemeinsamkeiten und die Unterschiede vor Augen führt, dann wird klar, daß dieser frühe Text einige Aspekte viel deutlicher herausstellt, die Aufschluß geben über die Herkunft revolutionärer Haltungen. Daß Aufstand und Revolution sogar mit dem Ausweichen vor drohender Langeweile und Leere in Verbindung gebracht wird – »der Todesangst [...] von der er manchmal hatte sprechen hören« –, ist für die späte Anna Seghers vollkommen undenkbar. Oder hat sie vielleicht diesen Aspekt in der Folgezeit rasch verdrängt? Mit politischer Programmatik ›aufgefüllt‹? (Bei Grubetsch kommt dieses Motiv – Angst, innere Leere –, wie wir gesehen haben, noch stärker zur Geltung.)

»Aufstand der Fischer von St. Barbara« ist aber nicht nur eine Erzählung über den inneren Zustand und die Erlebnisse des Rebellen Johann Hull; es ist ebenso eine Erzählung über das Heranreifen eines Volksaufstands, einer groß angelegten Aktion für soziale Verbesserungen. Das forderte natürlich von der Autorin ein differenzierteres Gestaltungsvermögen als beim »Grubetsch«.

Neben Hull ist die Gestalt des jungen Fischers Andreas Kedennek am deutlichsten ausgeführt. Auch bei ihm gibt es die Verquickung von sozialer Empörung und sinnlicher, sexueller Begierde. »Es kam ihm einfach vor, alles zu ändern [...] hatte aber Hunger. So ein Hunger [...] bald fuhr er einem zwischen die Beine in den Schoß« (I,26).

Andreas kann man als Parallelgestalt zu Hull verstehen. Er durchläuft in der Spanne der erzählten Zeit gewissermaßen das Stück Biographie, das zur erkennbaren Vorgeschichte Hulls gehört. Der *Typus Hull* – und darum handelt es sich, nicht um das Einmalige einer Individualität – wird damit zweifellos noch deutlicher. Anna Seghers wird in späteren Werken immer wieder auf dieses Verfahren zurückgreifen: einzelne Figuren besitzen dann nicht so sehr ein breit erzähltes, scharf profiliertes Eigenleben, sie sind vielmehr dazu da, andere, ihnen übergeordnete Figuren in ein helleres Licht zu stellen. Die Ursache dafür ist wohl in der Hauptsache darin zu suchen, daß Anna Seghers von Anfang an den Menschen nicht in seiner Vereinzelung zeigt und erkennbar machen will, sondern in seinem mitmenschlichen Beziehungsreichtum, seiner dialogischen, kommunikativen Existenz.

Volker Klotz (1981, 327–340) hat in einer Studie sehr überzeugend die Besonderheit der Figurenkonstellation in »Aufstand der Fischer von St. Barbara« analysiert, also die Tatsache, daß diese Erzählung nicht so sehr ein einzelnes Individuum in den Mittelpunkt stellt, sondern ein Kollektiv (die Fischer). Klotz weist nach – und das ist eines der wichtigsten Forschungsergebnisse über das Frühwerk von Anna Seghers –, daß die Figuren nicht, wie im Sinne traditioneller Dichtung, von innen heraus bewegt werden, sondern »von etwas, das im psychischen Innenraum des Einzelnen weder seinen Anfang noch sein Ende hat; das vielmehr gesellschaftlich hervorgerufen wird. Die sozialen Verhältnisse – so bezeugen diese Elementarerfahrungen der Fischer – machen, ob einer hungert, Angst oder Freude hat« (ebd., 338).

Die Erzählung »Aufstand der Fischer von St. Barbara« entstammt, wie auch »Grubetsch« und die übrigen kleinen Arbeiten aus der Zeit um 1930, aus der Erfahrung einer tiefen Krisenhaftigkeit der bestehenden Welt, die man sich als den Ausgangspunkt eines Schreibens vom »sozialistischen Standpunkt« (ÜKW IV, 103) immer vor Augen halten muß. Das Erleben der Krise und des Zerfalls der bürgerlichen Wertewelt war für die Konstituierung des Weltbildes einer kommunistischen Schriftstellerin von grundlegender Bedeutung. Nur aus dieser Erfahrung lassen sich die geschichtsphilosophischen und politischen Lösungen verstehen, zu denen sich Anna Seghers in der Folgezeit immer deutlicher und immer ausschließlicher bekennt. Daß der Mensch sein Heil aus der Niederlage gewinnen könne, diese Auffassung ist Ausgangspunkt verschiedener, nicht nur sozialistisch-kommunistischer ›Lösungsvorschläge‹. Denken wir z. B. an den sog. philosophischen Existentialismus, der in jenen Jahren in Deutschland entsteht (Heidegger, Jaspers). Oder auch an die immer wieder erneuerte Heilsbotschaft der christlichen Religion, die von der Unerfülltheit des irdischen Lebens ausgeht. Das ›Gesetz der Krise‹ können wir mithin als einen der ausschlaggebenden Gründe für die Entstehung weltanschaulicher und politischer Entwürfe am Ende der Weimarer Republik ansehen, die aus dem bestehenden Zustand herausführen sollen.

4. »Auf dem Wege zur amerikanischen Botschaft und andere Erzählungen«. Erster Erzählungsband

Dieser Band (neben der Titelgeschichte enthält er »Grubetsch«, »Die Ziegler«, »Bauern von Hruschowo«) bildet zusammen mit der ersten Buchveröffentlichung von 1928, »Aufstand der Fischer von St. Barbara«, im Grunde den Bestand des vielgerühmten, von der Sekundärliteratur und Kritik immer wieder bewundernd hervorgehobenen Frühwerks von Anna Seghers. Was unmittelbar danach kommt, ist, geht man vom Lebensalter der Autorin aus, eigentlich immer noch ›Frühwerk‹; aber es unterscheidet sich doch recht beträchtlich davon. Die Bewunderung, die man gerade diesen ganz frühen Texten zukommen läßt, gründet sich zumeist auf die Intensität und Dichte dieser Erzählungen. (Wir haben das in bezug auf »Grubetsch« und »Aufstand der Fischer von St. Barbara« schon vermerkt.) Sie wirken durchgehend wie in äußerster Anspannung geschrieben, keine Ruhepausen, sondern leidenschaftlicher, ununterbrochener Erzählfluß. Entladungen gibt es nur als Katastrophen (in dem oben beschriebenen Sinne), nie als Erfüllung. Die Erzählungen besitzen darüber hinaus eine große psychologische Tiefe und Durchdringung, der offenbar nichts am menschlichen Wesen unerreichbar erscheint. Das heißt aber keinesfalls (wie wir es aus der damaligen Literatur auch kennen): Bloßstellung des Menschen, die Methode des Seziermessers, das das Verachtenswerte und Gemeine im Menschen freilegt, um daraus eine Botschaft abzuleiten. Nein, anders herum: die aggressive Leidenschaft, der Haß, von dem diese Erzählungen gezeichnet sind, ist der Haß der Autorin, nicht auf die Menschen, sondern auf die Umstände, die den Menschen so furchtbar erniedrigen. Und zugleich gibt es, wie wir an »Grubetsch« und »Aufstand der Fischer« gezeigt haben, den einzelnen mit Augenblicken von faszinierender Größe und Kraft. (Batt [1973, 44] spricht von charismatischen Gestalten.) Es sind die Augenblicke, wo der Mensch sich über das Bestehende erhebt und gleichsam dem Leser übermittelt: Was uns so schindet und quält, ist doch kein ewiges, unumstürzbares Gesetz!

Die Erzählungen dieses Bandes stehen in dem thematischen Umfeld von »Grubetsch« und »Aufstand der Fischer von St. Barbara«. Die Ergänzungen und Weiterführungen, die »Die Ziegler«, »Bauern von Hruschowo« und die Titelgeschichte bringen, geben weitere Aufschlüsse über die Position der Auto-

15

rin in jenen Jahren. (Wir schließen in diesen Zusammenhang noch die Erzählung »Die Wellblechhütte« mit ein, die entstehungsgeschichtlich in den Zeitraum dieses Bandes gehört – sie entstand 1928/29 –, aber an einem anderen Ort veröffentlicht wurde: in der von Hermann Kesten im Kiepenheuer Verlag 1929 herausgegebenen Anthologie »24 neue deutsche Erzähler«.)

»Die Ziegler«

Zwischen »Die Ziegler« und »Grubetsch« liegen ungefähr ein bis zwei Jahre – eine sehr kurze, aber bedeutungsvolle Zeit im Leben der Schriftstellerin Anna Seghers. Es ist die Zeitspanne des allmählichen Übergangs zu einer klaren politischen Position. Man darf allerdings keinen zeitlichen Parallelismus zwischen politischer Entscheidung und künstlerischer Verarbeitung voraussetzen. Es gibt hierbei – und das ist gar nicht ungewöhnlich – gewisse zeitliche Verschiebungen, die u.U. zu Mißverständnissen führen können.

»Die Ziegler«, eine Spur weniger dunkel und abgründig, sind im gleichen sozialgeschichtlichen Milieu angesiedelt wie »Grubetsch«. Und in beiden Erzählungen spürt man die unterschwellig wühlende Sehnsucht der Figuren, diesem Leben zu entfliehen. Die Flucht gelingt aber nur für einzelne Augenblicke. Vorherrschend ist (die Belege stammen aus »Die Ziegler«) »das Drückende, Schwere« (IX, 74), die Langeweile (84), das grau in grau (76), die Dunkelheit (83)(»ganz schwer und dunkel« [100]). Trotzdem ist »Die Ziegler« keine Wiederholung der ersten Geschichte. Die Unterschiede zwischen beiden Texten beziehen sich sowohl auf das Gesamtbild der menschlichen und sozialen Situation der Proletarier als auch auf die jeweilige Ausgestaltung des Milieus. Das Harte, Schockierende, ja beinahe Dämonische von »Grubetsch« ist nicht mehr vorhanden, ebenso die individuell-anarchistische Variante der Lösung. Und es gibt keine einzelne Figur mehr, die alles überragt und außerhalb des Daseins steht, aus dem die anderen sich nicht befreien können. (Vgl. die Kritik an der anarchistischen Haltung in »Die Ziegler«: IX, 95, 115.) An seine Stelle tritt die politische Organisation, die politische Bewegung und Partei, die in »Die Ziegler« noch sehr im Hintergrund und wenig konkret, aber doch schon schemenhaft vorhanden ist. An zwei Stellen der Erzählung – eine davon sehr bedeutungsvoll – taucht ein junges Mädchen mit einer roten Mütze auf (94,119). Dieses Mädchen sagt zu

Marie (d. i. die junge Ziegler-Tochter, die mehr und mehr in den Mittelpunkt der Erzählung rückt): »Willst du nicht zu uns kommen, wir sind immer viele zusammen, komm doch zu uns« (IX,94). Marie kann sich dazu nicht entschließen: Das ist die Lähmung, die sie, ihre Familie und ihresgleichen gefangen hält. Die Kraft zum Widerstand, zur Entscheidung gegen dieses Leben scheint erloschen.

Insgesamt kann man über diese Erzählung festhalten, daß Anna Seghers in der Erkundung des konkreten sozialen Lebens der proletarischen Schichten sachlicher, auch abwägender und kalkulierender geworden ist. Man spürt sehr deutlich, wohin das Interesse dieser jungen Autorin sich entwickelt. Die anarchistische Energie des »Grubetsch« klingt hier noch deutlich nach, wird aber bereits einer Kritik unterzogen.

Ein wichtiger, da die politische Entwicklung Deutschlands insgesamt betreffender Gesichtspunkt dieser Erzählung muß unbedingt noch erwähnt werden: ihre Aussagen über das Fußfassen der faschistischen Bewegung in breiten Kreisen der Bevölkerung. In der Gestalt von Maries Bruder deutet Anna Seghers schon an – in »Der Kopflohn« (1933) wird das dann ausführlich geschehen –, worauf dieser starke Widerhall der faschistischen Ideologie zurückzuführen ist. (Albrecht [1975, 54 f., 59 f., 65] stellt diese politische Konkretisierung der Gestalt des Bruders in Abrede.) Dieser Bruder gehört zu jener Schar von herumlungernden Arbeitslosen am Ende der Weimarer Republik, denen die Nazis durch Versprechungen und konkrete Angebote neuen Lebensmut und ein neues Selbstwertgefühl eingeben. Was Marie nicht schafft, das gelingt ihrem Bruder: Anschluß an Gleichgesinnte, Aufbruch in ein ›neues Leben‹. Daß es ein irregeleiteter Aufbruch ist, weiß von den Figuren noch niemand.

»Die Wellblechhütte«

In der Werkchronologie folgt jetzt »Die Wellblechhütte«, bereits ein Jahr vor dem Erzählungsband »Auf dem Wege zur amerikanischen Botschaft« in der erwähnten Anthologie veröffentlicht. Die Autorin hat sie mit dem Hinweis versehen »Bruchstücke einer Erzählung«. Weil Anna Seghers diesen Text offensichtlich für nicht abgeschlossen hielt, hat sie ihn wohl auch nicht in den Band von 1930 aufgenommen.

»Die Wellblechhütte« ist aber keinesfalls ein Fragment, kein unvollständiger, abgebrochener Text. Er besitzt eine spannungsreiche Handlung, eine klare Exposition, eine Durchführung mit Steigerung und am Ende die Auflösung. Man kann also vermuten, daß die Autorin mit dem ›Bruchstückhaften‹ weniger die Geschlossenheit der Handlung als vielmehr das Thema, die Problemstellung der Erzählung meint. Anna Seghers betritt ja mit dieser Erzählung erstmals den Boden der politischen Diskussion um die kommunistische Partei, deren Mitglied sie inzwischen ist.

Hauptgestalt der Erzählung ist ein kommunistischer Parteifunktionär, der zur Zwangsarbeit verurteilt wird und dadurch in die außergewöhnliche Situation kommt, mit einem Mitgefangenen allein in einer Wellblechhütte leben zu müssen. Der Leser erfährt nach und nach, daß es sich um einen ziemlich hohen, sehr bekannten politischen Funktionär handelt. Plötzlich ist er in eine Situation gestellt, die ganz neue Fähigkeiten von ihm verlangt; nicht mehr politische Führungsqualitäten, sondern die Meisterung einer Beziehung zu einem einzelnen. Hinzu kommt noch, daß der Mitgefangene sich für Politik oder allgemein-weltanschauliche Fragen überhaupt nicht interessiert. L. (die Hauptgestalt wird nur mit diesem Initial bezeichnet) spürt sehr rasch: Wenn er hier versagt, wenn es ihm nicht gelingt, dieses notgedrungene Zusammensein zu einer Beziehung zu formen, dann ist sein Lebenswerk gescheitert. Und es sieht zunächst ganz danach aus. Das Thema lautet also: Was ist eine politische Bewegung wert (von »der Bewegung« wird in der Erzählung des öfteren gesprochen), wenn sie nicht in die Begründung einer »menschliche(n) Gemeinschaft« (IX,125), eine individuelle, persönliche Beziehung einmündet bzw. mit ihr einhergeht?

Diese »Bruchstücke einer Erzählung« lassen wie kein anderer Text der Autorin aus dieser Zeit erkennen (persönliche Dokumente sind nicht überliefert), mit welchen Fragen sich Anna Seghers beschäftigt, als sie den Schritt zur Mitgliedschaft in einer politischen Partei gewagt hatte. In dieser Hinsicht ist die Erzählung noch gar nicht ausreichend ausgewertet worden. Dabei mag nicht zuletzt eine Rolle gespielt haben, daß sie im Grunde für fünf Jahrzehnte aus den Augen der Leser verschwunden war. (Anna Seghers hat sie nach 1929 erst wieder in der letzten Sammlung ihrer Erzählungen [1977, IX–XII] zugänglich gemacht. Bei Diersen [1965], die den entsprechenden Zeitraum analysiert, kommt sie gar nicht vor. Der erste, der ausführlich über sie gesprochen hat, war Albrecht [1975, 66ff.] Albrecht kritisiert allerdings an ihr die »Unzulänglichkeit einer rein ethisch orientierten Fragestellung« [83] – gemäß seiner Methode, das literarische Werk an der politischen Entwicklung, überhaupt an politischen Fragestellungen, zu messen.)

In der Erzählung wird nach anfänglicher Gefährdung der Beziehung zwischen den so ungleichen Gefangenen am Ende alles ins Positive, Übereinstimmende aufgelöst. Die Schlußwendung wirkt sogar etwas ›aufgesetzt‹ und rhetorisch. Wie Anna Seghers selbst ›die Bewegung‹ im einzelnen, in jedem ihrer Schritte und Entscheidungen beurteilte, kann man von heute aus nicht mehr eindeutig belegen. Zumindest wissen wir aber, daß es erhebliche Reibungen gab, und wir wissen weiterhin, daß gerade jene jungen Kommunisten, die aus bürgerlichen Elternhäusern kamen, am ehesten geneigt waren, über negative Erfahrungen nach außen Stillschweigen zu wahren, um ›der Bewegung‹ nicht zu schaden.

Aus diesem Grund also hat diese kurze Erzählung von 20 Seiten ihren besonderen Stellenwert für das Verständnis einer jungen Schriftstellerin, die, bürgerlicher Herkunft und den bürgerlichen Bildungsweg (Universität, Promotion) hinter sich lassend, Mitglied einer Arbeiterpartei und des entsprechenden Verbandes der Schriftsteller wird. (Vgl. dazu Batt, 1973, 55 f.)

»Auf dem Wege zur amerikanischen Botschaft«

Die Titelgeschichte dieses Bandes bringt keinen problematischen, kritischen, sondern einen durchweg positiven Aspekt der Bindung an ›die Bewegung‹ zur Sprache, und zwar die Möglichkeit zur Gemeinschaft mit anderen, das Erlebnis von Solidarität. Die Handlung ist denkbar einfach: Drei Menschen geraten durch Zufall in einen Demonstrationszug und erfahren jeder auf seine Weise, was es heißt, welch ein neues Selbstwertgefühl es bedeutet, mit anderen und mit einer großen, überindividuellen Idee verbunden zu sein. (Der zeitgeschichtliche Hintergrund dieser Erzählung ist die Berliner Protestdemonstration gegen die drohende Vollstreckung des Todesurteils über die italienischen Kommunisten Sacco und Vanzetti durch ein amerikanisches Gericht.)

Die Erzählung folgt konsequent der Perspektive dieser drei Personen und wechselt dabei unter ihnen ständig ab. Am interessantesten ist die Frau. (Der Text spricht durchgängig von »der Frau«, »dem Mann«, »dem Fremden«, wohl um auf diese Weise ganz bestimmte Typen und nicht so sehr Individualitäten hervorzuheben.) Die Frau erlebt am Ende eine gewisse politische Bewußtwerdung. Sie trennt sich vom Mann, der neben ihr geht und für den die Demonstration nur eine willkommene Flucht aus dem Einerlei des Familienlebens ist, und von den Kindern. (»Wegstoßen mußte sie endlich diese Kinder und verlassen. Durchbeißen alle Nabelschnüre« [IX, 179]. »Sie vergaß den Mann [...] und zwängte sich nach vorn« [182].) Das war damals unter den Kommunisten eine heftig diskutierte Frage: Ist die Familie ein bürgerliches ›Relikt‹ und folglich abzuschaffen? Ist sie ein Hemmschuh bei der großen Aufgabe der Veränderung der Welt? Viele haben es so gesehen und entsprechend gelebt. Die offizielle ›Parteilinie‹ schwenkte allerdings schnell auf einen bürgerlich-kleinbürgerlichen Standpunkt gerade in solchen Fragen ein. (Vgl. dazu Peter Weiss' Roman »Die Ästhetik des Widerstands« [Bde. 2 und 3, 1978 und 1981 erschienen], in dem sehr genau geschildert wird, wie kleinbürgerlich-spießig und restriktiv sich die Partei gegen solche Mitglieder verhielt, die nicht nur eine neue Welt, sondern auch ganz neue Formen zwischenmenschlicher Beziehungen wollten.) Anna Seghers hat die Familie nie aufgegeben, aber hat sich ihr (d.h., ihrem Mann und ihren beiden Kindern) des öfteren für längere Zeit entzogen. (Vgl. dazu das Gespräch Albrecht-Pierre Radvanyi, in: Sinn und Form 2/1990, S. 520.)

Diese Diskussion ist durch ein sowjetisches Buch sehr stark beeinflußt worden. 1928 erschien die deutsche Übersetzung von F. Gladkows Roman »Zement«, ein Buch, das alle kommunistischen Schriftsteller aufwühlte. Die Übersetzerin Olga Halpern war Mitglied des Bundes. Eine Rezension dieses Romans ist Anna Seghers' erste publizistische Arbeit überhaupt und zeugt von dem starken Eindruck, den er auf sie gemacht hat (»Revolutionärer Alltag«, ÜKW II, 49f.) Gladkow war ein eifriger Verfechter der These von der Abschaffung der Familie als bürgerliches Relikt. Die Diskussion wurde in Rußland jedoch bald unterbunden – daraufhin auch unter den deutschen Kommunisten. Solche Auffassungen stimmten nicht mit Stalins Vorstellungen vom Leben der Menschen in ›seiner‹ Sowjetunion überein; denn sie bedeuteten ja u. U. Stärkung des individuellen Selbstbewußtseins, Widerstand gegen Autoritäten u. ä.

»Bauern von Hruschowo«

Anna Seghers hat für ihren ersten Erzählungsband »Auf dem Wege zur amerikanischen Botschaft« eine Selbstanzeige verfaßt und darin zwei Texte hervorgehoben. »Mir gefallen von diesen Geschichten am besten: ›Die Ziegler‹ und ›Bauern von Hruschowo‹. [...] In der Bauerngeschichte: Der Hunger wird zur Kraft, ein kleines, dumpfes Dorf steht plötzlich hell da. Ich beschreibe den Kampf von Bauern um einen Wald und versuche, durch die einfache Beschreibung von wirklichen Vorgängen Menschen und Landschaft organisch in die revolutionäre Handlung einzubeziehen« (ÜKW II, 11). Anna Seghers hat später ähnliche Versuche folgen lassen, das Thema ›Aufstand‹ in einem viele Jahrhunderte umgreifenden historisch-legendenhaften Abriß zu behandeln. Höhepunkt dieser Versuche sind die »Karibischen Geschichten«, die sie 1962 gesammelt herausgab. Alle diese Erzählungen verfolgen die Absicht, das revolutionäre Moment in der Geschichte überhaupt und die sozialistische Revolution der Arbeiterklasse in der Gegenwart historisch zu legitimieren und zu vertiefen. »Bauern von Hruschowo« ist eine Erzählung, die schon sehr deutlich den inzwischen auch parteipolitisch recht eindeutigen Standpunkt der Autorin ausdrückt. (Diersen [1965, 106] hebt das als die besondere Leistung, den »qualitativen Sprung« dieser Erzählung hervor.) Sie verfolgt von Anfang an die Öffnung der Perspektive auf die Russische Revolution und scheut dabei nicht vor einer ziemlich verkrampften, propagandistischen Bildlichkeit zurück. »Lenin hat sich endlich auf ein Pferd gesetzt und reitet« (IX, 148). Das soll sicherlich eine Annäherung an die Vorstellungs- und Erfahrungswelt der Bauern sein, ist aber nichts anderes als peinlich wirkende politische Rhetorik. Das Klischeehafte dieser Erzählung (das es vorher bei Anna Seghers nicht gab) tritt immer dann auf, wenn die Erzählerin das weltabgeschiedene Leben der Karpatenbauern mit der Welt der Parteipolitik (»die Buchstaben der letzten Kommuniqués« [147]) verbinden will. Selbst das Gesamtbild dieser »Wagehälse und Wennschon-Dennschon-Kerle« (143) wirkt eigentümlich blaß, stellt man es neben Grubetsch, Johann Hull oder auch die zurückgedrängte, ganz auf Passivität gestellte Emotionalität der Marie Ziegler. Die Erzählung ist ein Dokument dafür, wie Frische und Leidenschaft des Erzählens Schaden nehmen, wenn ihm keine authentischen Erfahrungen zugrunde liegen.

II. Die frühen Erzählungen im Spiegel der kommunistischen Literaturkritik

Der Kleist-Preis für »Grubetsch« und »Aufstand der Fischer von St. Barbara« hat die junge Anna Seghers mit einem Schlag bekannt gemacht. Das Spiel mit der verschleierten Identiät mag die Aufmerksamkeit noch zusätzlich gesteigert haben. »Aufstand der Fischer von St. Barbara« erschien bekanntlich nur unter dem Pseudonym Seghers, so daß sogar das Geschlecht des Verfassers unbekannt blieb. (S. z. B. die Besprechung von Hans Sahl im »Berliner Börsencourier« v. 11. 11. 1928.) Das Erstaunen war sehr groß, als sich herausstellte: der Autor dieses aufwühlenden und harten Buches ist eine junge Kunsthistorikerin aus Mainz, Tochter aus sog. guten Hause. Und sicherlich noch größer war die Verwunderung, als bekannt wurde, daß sie Mitglied der Kommunistischen Partei und des BPRS ist. Das bedeutete für die Kritiker vieler Feuilletons aus den bürgerlichen Zeitungen: Der Fall Seghers zu den Akten! Die Fronten waren am Ende der Weimarer Republik unversöhnlich geworden, nicht nur zwischen links und rechts, sondern ebenso innerhalb der breiten Palette linker Positionen. So ließ beispielsweise der mehr und mehr unter dem Einfluß Moskaus sich durchsetzende Separatismus der kommunistischen Kulturpolitik eine Kooperation mit Autoren linker, aber nicht kommunistischer Haltung nicht mehr zu. Tucholsky, Döblin und Ernst Toller waren heftige Gegner des herrschenden Systems, aber vor der strengen (dogmatischen und parteipolitischen) Beurteilung der Marxisten fanden sie keine Gnade. (Zu den unsachlichen Angriffen gegen Toller, Tucholsky, Theodor Plivier in der »Linkskurve« vgl. Christoph Hein, Der Bund proletarisch-revolutionärer Schriftsteller. Biographie eines kulturpolitischen Experiments in der Weimarer Republik, Münster 1991, S. 123 ff. Hier auch entsprechende Literaturangaben.) Besonders hervorgetan haben sich in diesem Streit Andor Gabor (wie Lukács nach der gescheiterten Revolution in Ungarn zunächst nach Wien geflüchtet, bevor er nach Berlin übersiedelte) und Otto Biha (Chefredakteur der ›Linkskurve‹ und Sekretär des BPRS, einer der führenden und radikalsten Kunstkritiker der KPD). Am spektakulärsten war die Kontroverse mit Alfred Döblin nach einer Rezension von ›Berlin Alexanderplatz‹ in der ›Linkskurve‹. Döblin reagierte darauf in Leopold Schwarzschilds Zeitschrift ›Das Tagebuch‹ (3. 5. 1930) – nicht weniger aggressiv als seine kommunistischen Kritiker. (Vgl. Hein, S. 130 ff.) Hein belegt mit entsprechenden Briefstellen, daß im übrigen auch Brecht das Treiben im BPRS mit großer Distanz betrachtete und kommt schließlich zu folgendem Resümee: »Die Gräben zwischen dem Bund und möglichen Sympathisanten waren gezogen, die Mauern errichtet. [...] die Abgrenzungs- und Selbstbehauptungsbestrebungen des BPRS, orientiert am Kurs der sowjetischen Literaturpolitik, hatten binnen kürzester Zeit zur vollständigen Isolation des BPRS geführt. Die Atmosphäre war vergiftet« (S. 130).

Hält man sich diese Geisteshaltung der Mitglieder des BPRS und der Kommunisten vor Augen, dann können die äußerst kritischen Reaktionen auf die junge Anna Seghers in der kommunistischen Presse nicht verwundern. Das Problem der jungen Schriftstellerin und Parteigenossin war die »Diskrepanz zwischen literarischem Werk und politischer Überzeugung«. »Was für die Theoretikerin als gesichert und unumstößlich gelten mochte, das mußte in der literarischen Praxis der Jahre 1928/32 mühsam nachvollzogen werden« (Bilke, 1977, 196).

Die Reaktion von kommunistischer, parteipolitischer Seite hatte eine öffentliche und eine interne Seite. Über letztere gibt es leider keine Zeugnisse und Belege. Das ist umso bedauerlicher, als solche Auseinandersetzungen ganz sicher den weitaus größten Teil der Seghers-Diskussionen im BPRS und in der KPD ausmachten.

Die öffentliche Kritik in der Parteipresse war nicht sehr umfangreich, dafür politisch sehr eindeutig. An erster Stelle muß der große Überblicksartikel »Die proletarische Literatur in Deutschland« von Otto Biha genannt werden (in: Literatur der Weltrevolution, Heft 3, Moskau 1931, S. 119), der recht ausführlich auf das erste Buch von Anna Seghers eingeht. Bihas Kritik an Anna Seghers' Erstling lautet abschließend: »Das Buch ist kein Bestandteil der proletarisch-revolutionären Literatur, wie wir sie in ihrem besten Sinne zu schaffen versuchen, einer Literatur von Marxisten geschrieben.« Dieser Artikel enthält wirklich groteske Urteile (so z.B. auch über einen anderen Erstling von 1928, Ludwig Renns Roman »Krieg«).

Die kurze Stellungnahme in der »Roten Fahne«, dem Zentralorgan der KPD, kurz nach Erscheinen von »Aufstand der Fischer von St. Barbara« (Autor: Paul Friedlaender) soll als ein

Beispiel kommunistischer Literaturkritik aus jenen Jahren hier vollständig wiedergegeben werden:

»Das ist keine der sentimental-romantischen Erzählungen von Fischern, Meeresrauschen und Liebesqualen, Erzählungen, deren wir schon zum Überdruß haben. Das ist eine echte Darstellung eines großen Ereignisses, welches das harte, dumpfe Alltagsleben der Fischer von St. Barbara, ihr Einerlei der Gefahr, des Hungers und des Elends unterbricht. Ein Aufruhr gegen die Reedereigesellschaft, die sie maßlos ausbeutet und die für sie unerreichbar ist. / In den Fischerort St. Barbara kommt ein Organisator, der in früheren Kämpfen erprobt ist. Der Funke zündet. Die schwerfällige Masse der Fischer, die schon längst erbittert ist über die Herabdrückung des Preises für das Kilo Fisch und ihres Anteils am Fang, gerät in Bewegung. Auch die umliegenden Fischerorte sollen mitmachen. Aber sie lassen St. Barbara im entscheidenden Moment im Stich. Es wird ein erbitterter Streik mit verzweifelter Abwehr der Streikbrecher, mit elementaren Ausbrüchen. Das Militär greift ein. Opfer für Opfer fallen. Bis St. Barbara niedergerungen ist und die Fischer wieder ausfahren. / Seghers' Buch hat große Qualitäten. Das Leben und Fühlen der Fischer ist wirklich gestaltet. Die Mängel sollen nicht verschwiegen werden. Eine gewisse, man möchte fast sagen weibliche Verschwommenheit in der Darstellung des Kampfes und seiner Organisation. Der Meister des Kampfes, Hull, fällt geradezu vom Himmel. Von einer Verbindung mit den sozialen Kämpfen im Lande ist nichts zu merken. Die Fischer sind zu primitiv, ihr Führer zu neurasthenisch geschildert. Im ganzen aber doch eine hervorragende Darstellung sozialer Not« (Die Rote Fahne, 9. 12. 1928. 3.Beilage). (Vgl. dazu die Rezension von Kurt Kläber in: Junge Garde 8/1928.)

Das Muster derartiger Literaturkritik ist leicht zu erkennen: Die Hauptsache ist immer der ideologische, politische Standpunkt. Zwischen Werken der Kunst und politischen und ideologischen Äußerungen wird kein Unterschied gemacht. Das mußte notwendigerweise zu Reibereien zwischen den Autoren und den äußerst wachsamen Parteiideologen führen. (Der Schriftsteller Ludwig Renn, geb. Arnold Vieth von Golßenau aus Dresden, als junger Mann in einer durchaus vergleichbaren Situation wie die junge Anna Seghers, hat diesen oft quälerischen Prozeß der Selbstüberwindung und -disziplinierung, andererseits der Selbstbehauptung, in seinem letzten Buch »Anstöße in meinem Leben« [1980] ohne jene politische Rücksichtnahme, die seine früheren Bücher bestimmte, beschrieben.) Von einem Aufbruch zu neuen Ufern, gar von einer ästhetischen Revolution, einer Literatur, die nicht nur neue politische und soziale Inhalte hervorbringt, ist in den Kritiken und den programmatischen ästhetischen Schriften dieser Jahre keine Rede.

Man kann mit gutem Gewissen die These aufstellen: Wären die Schriftsteller immer ihren Ratgebern gefolgt, diese Literatur wäre völlig ungenießbar geworden.

»Aufstand der Fischer von St. Barbara« konnte man noch als das Werk einer politisch unmündigen Autorin klassifizieren und mit dem Hinweis auf das Kommende relativieren. Anders war es dann beim zweiten Buch, »Auf dem Wege zur amerikanischen Botschaft«, das 1930 mitten in der Diskussion darüber, was das Besondere und Neue der proletarisch-revolutionären Literatur sei, erschienen ist. Und das bedeutete für Anna Seghers' neues Buch eine scharfe Überprüfung und Bilanz der Weltanschauung und der politischen Haltung. Das Ergebnis mußte negativ sein, denn die Texte dieses Bandes waren, wie wir gesehen haben, noch nicht die Texte einer kommunistischen Revolutionärin.

Am 25. 1. 1931 erscheint in der »Roten Fahne« eine anonyme Kritik, die der Autorin vorwirft, sie lege »das Hauptgewicht auf ästhetische Probleme« und sei zu stark geprägt von »dumpfen Erinnerungen aus der (bürgerlichen) Vergangenheit«. Dann folgt »Die Linkskurve« (Zeitschrift des BPRS), Nr. 3 (März)/1931, S. 24f., mit einem Verriß, wiederum ungezeichnet. (Die Anonymität solcher Artikel darf man keinesfalls als mangelnden Bekennermut des jeweiligen Verfassers ansehen; sie besagt vielmehr, daß hier nicht ein Individuum, sondern die Autorität der Partei spricht.) Das beste Zeugnis stellt sich diese Besprechung dadurch aus, daß es den schwächsten Teil dieses Bandes, »Bauern von Hruschowo«, als einzig lobenswerten, weil politisch akzeptablen ansieht. (Die Autorin selber hatte ja eine ähnliche Auffassung dazu.) Die übrigen Erzählungen seien »nicht klar, eindeutig und überzeugend«. Sie seien beherrscht vom »Prinzip der Formung« – ein wirklich grotesker, geradezu absurder Vorwurf an die Autorin einer mit großem künstlerischen Bewußtsein gestalteten Erzählung. (Vgl. dazu Diersen, 1965, 382.)

Ein Scherbengericht nach gleichem Muster enthält die umfangreiche Sammelrezension von Franz Leschnitzer (Mitarbeiter der »Internationalen Literatur« in Moskau) über alle Seghers-Werke bis zum »Weg durch den Februar« (in: Der Kämpfer, Monatsschrift für Literatur und Kunst, Charkow, Nr. 8/9, 1935, S. 88–97). Man muß diese Rezension als repräsentativ für die ganze Moskauer Exilgruppe ansehen. Auch Leschnitzer sieht in der bewußten sprachkünstlerischen Gestaltung ein verdammenswertes Manko (»der spezielle Qualitätsbegriff der Genossin Seghers« sehe »in Theorie und Praxis dem Qualitätsbegriff der Formalisten verteufelt ähnlich« [S. 89]) und kommt schließlich nach einer langen Argumentationskette, die immer wieder in die gleiche Kerbe haut, zu folgendem Resultat: »Nicht Realismus, sondern (gemäßigter) ›Surrealismus‹ ist Trumpf! [...] Was auf diese Art entsteht, ist ein köstliches Genußmittel für geistreiche Gourmands und Gourmets ... und eine taube Nuß für die keineswegs ›geistlose‹, aber auch keineswegs überfeinerte Masse proletarischer Leser« (S. 94). Die Beurteilung der frühen Seghers ist ein Beispiel für das Unvermögen und die geistige Dürftigkeit der damaligen marxistisch-kommunistischen Theoretiker, ästhetische Sachverhalte zu bewerten, geschweige denn eine neue Ästhetik zu entwickeln.

III. Ästhetisches Selbstverständnis

Die Grundrichtung der entscheidenden ästhetischen Debatten im BPRS kann man ohne Gefahr der Pauschalisierung mit der berühmten These eines Aufsatzes von Friedrich Wolf aus dem Jahre 1928 angeben: »Kunst ist Waffe!« (Wolf war seit 1929 Mitglied des BPRS.) Das war vor allem polemisch, abgrenzend gemeint: Kunst ist nicht das, was die bürgerlichen Literaten darunter verstehen, die in der Preußischen Akademie der Künste, Sektion Dichtkunst, versammelt sind und die wichtigen Verlage und Feuilletons beherrschen. Die meisten seiner Gesinnungsgenossen haben Wolfs These sofort als Kampfparole und Zusammenfassung ihrer Bestrebungen auf dem Gebiet der Kunst angesehen – und sie haben sie Wolf noch nachgesprochen, als die konkreten Bedingungen, die ihre Entstehung erklärlich machen, längst nicht mehr vorhanden waren. Noch Mitte der 80er Jahre stand eine kulturpolitische Konferenz der Freien Deutschen Jugend (Jugendorganisation in der DDR) unter dem Motto: »Kunst ist Waffe!«; also zu einem Zeitpunkt, als die ästhetische Theorie in der DDR schon lange ein sehr differenziertes Bild von der Stellung der Künste im gesellschaftlichen Leben entwickelt hatte.

Das Gedankengerüst dieser ästhetischen Debatten innerhalb des Bundes und der Partei ist denkbar einfach: Die Kunst habe sich mehr und mehr vom Volk entfernt. Diese Trennung könne nur aufgehoben werden, wenn die Kunst die wichtigste geschichtliche Tatsache der Gegenwart, den sozialen Befreiungskampf der Arbeiter, zu ihrem Gegenstand erhebe. Dies wiederum sei nur möglich durch die Teilnahme der Kunstproduzenten an diesem Kampf. (Die sehr anspruchsvollen Versuche K. A. Wittfogels und Georg Lukács' in der »Linkskurve«, eine marxistische Ästhetik zu entwickeln, kann man hier übergehen: sie wurden von den jungen Arbeiterschriftstellern bzw. -korrespondenten als angebliches Theoretisieren im Wolkenkuckucksheim wenig beachtet, geschweige denn beherzigt. Vgl. dazu Hein, 1991, S. 162 ff.)

Die Arbeiten von Anna Seghers, wiewohl Bund- und Parteimitglied, dürfen keinesfalls mit diesen einfachen Prämissen vieler ihrer Schriftstellerkollegen gleichgesetzt werden. Nun ist freilich nicht zu erwarten, daß sie sich direkt und unmißverständlich gegen sie ausgesprochen hätte. Das wäre psychologisch wohl auch kaum möglich gewesen; sie hatte ja gerade erst die für ihr Leben äußerst schwerwiegende Entscheidung getroffen, aus dem vereinzelten Leben einer bürgerlichen Intellektuellen herauszutreten, um sich mit ihrer ganzen Person dem Befreiungskampf der Arbeiter anzuschließen. Anna Seghers war zu keinem Zeitpunkt lediglich Sprachrohr der Partei (wenn man von einigen wenigen publizistischen Texten absieht) – was man aber durchaus von ihr erwartete (Parteidisziplin) und woraus sich für sie wahrscheinlich erhebliche innere Schwierigkeiten ergaben. Die bornierten und oftmals geradezu militanten Auffassungen eines Biha, Gabor, eines Kurella (der sich damals als Publizist den Namen Ziegler zugelegt hatte) oder auch (jedenfalls zeitweilig) eines Johannes R. Becher wird man bei Anna Seghers auf jeden Fall nicht finden. (Z. B. der hämische und völlig ungerechtfertigte Angriff Bechers auf Heinrich Mann in der »Linkskurve« [Nr. 4/1932 wiederabgedruckt in: Becher, Gesammelte Werke, Bd. 15, Berlin, 1977, S. 345–346] u.d.T. »Vom ›Untertan‹ zum Untertan« ist bei Anna Seghers einfach undenkbar.)

Der erste publizistische Text von Anna Seghers, die schon erwähnte Rezension des Romans »Zement« von Gladkow, der gerade auf Deutsch erschienen war, stammt aus dem Jahr 1927. Diese Rezension, von der Seghers-Forschung noch viel zu wenig beachtet (Stephan, 1985, 42 ff., geht auf sie ein), ist sehr aufschlußreich für das Verständnis der jungen Autorin. Der kurze Text (etwa anderthalb Seiten, zuerst veröffentlicht in: Frankfurter Zeitung und Handelsblatt v. 22. 5. 1927, Literaturblatt, S. 2) steht zeitlich im Zusammenhang mit »Grubetsch« und »Aufstand der Fischer von St. Barbara«. Er ist geschrieben worden ein reichliches Jahr vor dem Eintritt in die Partei. Anna Seghers sagt hier so deutlich wie an keiner anderen Stelle, welche Vorstellungen von fortschrittlicher und revolutionärer Literatur sie damals hegte. (Eine weitere publizistische Äußerung von ihr folgt erst wieder 1929.) Übrigens ist dieser Text seit seiner Zeitschriftenveröffentlichung erst wieder über vier Jahrzehnte später (ÜKW II, 49–50) gedruckt worden. Man kann also davon ausgehen, daß er Anna Seghers' Weggefährten und wahrscheinlich auch vielen Kritikern in der Weimarer Republik, im Exil und selbst noch in der DDR lange Zeit oder überhaupt unbekannt geblieben ist. (Auch andere publizistische, aber auch wichtige erzählerische Texte aus der frühen Phase [»Grubetsch«, »Die Wellblechhütte«] hat Anna Seghers erst wieder in den 70er Jahren zum Druck gegeben [ÜKW I–IV, IX].)

Gladkows Roman ist, wie oben schon erwähnt, unter den deutschen Kommunisten heftig diskutiert worden. Er galt ihnen als ein Zeichen der neuen, der kommenden Literatur und galt auch in der DDR der 50er Jahre bei dem Versuch, eine neue sozialistische Literatur zu begründen, als Vorbild. Anna Seghers beschreibt in ihrer Rezension einerseits zustimmend das Verfahren Gladkows: er gebe einen »Querschnitt« durch die Gegenwart, die eine »Übergangszeit« sei. »Er hat also einen Stoff, der der Breiten- und Tiefendimension nach Raum genug für ein Epos, ja für eine ganze Generation von Epikern bietet« (ÜKW II, 50). Andererseits äußert sie kritische Vorbehalte und beschreibt indirekt ihre Vorstellungen einer ›proletarisch-revolutionären‹ Literatur. Vielleicht entspricht »Grubetsch« noch am ehesten dem, was sie hier fordert. Sie sagt nämlich, Gladkows »Realistik« schlage, »wie eine allzu scharf eingestellte Nadel«, »häufig in Romantik« um. »Er schreibt über den dringenden und akuten Gegenstand mit dem Schreibzeug, das von gestern auf seinem Schreibtisch liegen geblieben ist, ohne jenen gestählten und gehämmerten Rhythmus, der in einigen Zeilen von Babel und der Reissner die Sprache ankündigt, mit der sich die Zukunft der Gegenwart erinnern wird. / Es ist noch zu viel von Liebe und zu wenig von Zement die Rede.«

Hier mag noch ein Anklang von ›Neuer Sachlichkeit‹ hindurchschimmern, jenem programmatischen Realismus am Ende der Weimarer Republik, der von der Kunst die Beachtung der gegebenen, ›sachlichen‹ Wirklichkeit forderte (Erich Kästner, der Maler Radziwill). Die Hauptsache ist bei Anna Seghers die Vorstellung von einer weit über die Neue Sachlichkeit hinausgehenden, die schwärzeste Realität der Gegenwart hart und radikal in den Mittelpunkt rückenden Literatur. Und das bedeutet einerseits, die Wirklichkeit nicht zu überhöhen, die eigene Vorstellungswelt nicht in sie hineinzutragen, andererseits aber hinter der sichtbaren Oberfläche die eigentlichen Antriebe der Handlungen und Verhaltensweisen der Menschen aufzuspüren.

Solche programmatischen Rezensionen als Maßstab an die erzählerischen Werke anzulegen wird immer zu Diskrepanzen führen. Man muß sie vielmehr als programmatischen Entwurf lesen, der viel verrät über die Absichten eines Autors, seinen Standpunkt in ästhetischen Fragen. Diese Rezension von 1927 zeigt uns sehr deutlich, mit welchem Ungestüm, mit welchen Vorstellungen von Literatur die Erzählerin antrat und wie himmelweit der Unterschied ist zu den dogmatischen Erklärungen und Kritiken ihrer späteren Gefährten im BPRS und in der Partei.

Vier Jahre nach dieser Rezension gibt Anna Seghers, inzwischen eine politisch sehr bewußte Autorin, erneut einen deutlichen und programmatischen Hinweis auf ihre Absichten als Erzählerin. Die oft zitierte Stelle in der schon erwähnten »Selbstanzeige« ihres Buches »Auf dem Wege zur amerikanischen Botschaft« (ÜKW II, 11) lautet: »Wenn man schreibt, muß man so schreiben, daß man hinter der Verzweiflung die Möglichkeit und hinter dem Untergang den Ausweg spürt. Ich hoffe, daß es mir gelingen wird, in dem Roman, an dem ich jetzt arbeite («Die Gefährten», A. Sch.), diesen Ausweg klar aufzuzeigen.«

Das ist ohne Frage ein etwas anderer Standpunkt als der aus der Rezension von 1927. In beiden Texten ist vom Charakter einer erst noch zu schaffenden revolutionären Literatur die Rede; die Begründungen für diesen neuen Charakter sind aber unterschiedlich. In der Rezension ist es die leidenschaftlich vorgetragene Forderung nach einer neuen Schreibweise. Das scheinbar Nebulöse daran (das »Schreibzeug« »von gestern«, der »gestählte(n) und gehämmerte(n) Rhythmus« der neuen Sprache) löst sich sofort auf, wenn man sich bewußt macht, daß solche ästhetischen Forderungen nun einmal nicht im Sinne einer begrifflichen Eindeutigkeit aufgestellt werden können.

1931 hört sich alles ganz anders an, weniger leidenschaftlich bewegt, zielgerichteter, bewußter. Anna Seghers spricht jetzt vom Ausweg, von der Perspektive. Damit übernimmt sie ein Kriterium, das zu dieser Zeit Einzug hält in die Literaturbetrachtung und fortan zu einer Art oberstem Gesetz der sozialistischen Literatur und zu einem Schlüssel für die Bewertung literarischer Texte überhaupt wird. Entstanden ist es um 1930 in der Sowjetunion im Zuge der Propagierung eines neuen, sozialistischen Realismus in der Literatur und Kunst. (Festlegung als ›Hauptmethode‹ für sowjetische Schriftsteller auf dem I. Kongreß des Sowjetischen Schriftstellerverbandes 1934. S. dazu den Artikel »sozialistischer Realismus« in: Claus Träger (Hrsg.), Wörterbuch der Literaturwissenschaft, Leipzig 1986, S. 481–483, 662; dort auch bibliographische Hinweise zu diesem Thema.)

Anhand dieser beiden Texte kann man sich den Entwicklungsschritt der jungen Schriftstellerin und Kommunistin Seghers am Ende der Weimarer Republik plausibel machen:

weg vom mehr spontan entworfenen Aufbruch, gespeist aus einem neuen Lebensgefühl und der Idee von einer grundsätzlich erneuerten Literatur, hin zur weltanschaulich-geschichtlich sehr genauen Begründung dieses Neuen. (Sauer, 1978, 36 ff., vermutet in der Frühphase von Anna Seghers den Einfluß der Luxemburgischen Spontaneitätstheorie.) Dieser Schritt bedeutet folglich eine Einengung der Erzählperspektive; denn die Zukunft, das Neue und Kommende, wird nicht in seiner ungewissen Bestimmung, seiner Offenheit angesprochen, sondern, was dem Wesen alles Zukünftigen widerspricht, in seiner Verbindlichkeit und Notwendigkeit. Anna Seghers wird dadurch aber noch keine Programm-Schriftstellerin der Partei und des BPRS. Trotzdem: ihr Schreiben verändert sich – und wird sich von nun an in einem dauernden Widerspruch zwischen Spontaneität und Programmatik bewegen. Ihre künstlerische Individualität war am Ende immer stark genug, sich dem weltanschaulichen und politischen Dogma zu widersetzen. Das trifft sowohl auf die Diskussionen im BPRS und innerhalb der KPD zu wie auf die großen Auseinandersetzungen um eine sozialistische und realistische Kunst angesichts der faschistischen Bedrohung, wie auch schließlich auf Anna Seghers' keineswegs einheitliche Position als Schriftstellerin der DDR. Das bedeutsamste Zeichen des Widerstands gegen die Gleichschaltung von Ideologie und Literatur ist Anna Seghers' Briefwechsel mit Georg Lukács von 1938. Zuvor muß aber noch auf eine poetologisch-programmatische Äußerung hingewiesen werden, die zeitlich zwischen diesem Briefwechsel und der »Selbstanzeige« (1931) liegt und die Anna Seghers' ästhetisches Selbstverständnis, d.h., deren grundsätzliche Richtung, auf den Punkt bringt. Dem Roman »Der Weg durch den Februar« vom Herbst 1934 hat sie folgende Vorbemerkung vorangestellt:

»In diesem Buch sind die österreichischen Ereignisse in Romanform gestaltet. Manche Vorgänge sind verdeutlicht worden; man suche auch nicht nach den Namen der Personen und Straßen. Doch unverändert dargestellt sind die Handlungen der Menschen, in denen sich ihr Wesen und das Gesetz der Ereignisse gezeigt hat«(III, 186).

In diesen Sätzen finden wir in äußerster Komprimierung den Grund der ganzen Seghersschen Erzählkunst zusammengefaßt. Der Schritt von 1927 zu 1931 war ein Schritt hin zu weltanschaulicher und politischer Bestimmtheit. Jetzt, 1934, spricht sich Anna Seghers in dieser Hinsicht noch deutlicher und sozusagen philosophisch geschulter aus. Die künstlerische Darstellung gehe zwar vom Individuellen aus, erreiche aber nur ihr Ziel, wenn sie zum Wesen und zum Gesetzmäßigen vordringe. Das Individuelle ist also nicht um seiner selbst willen abzubilden, sondern um eines Allgemeinen willen. Und das spiegelt sich nicht zuletzt auch in den frühen Erzählungen aus den 20er Jahren wider. Bei aller Unmittelbarkeit und Spontaneität spürt man doch in ihnen die Suche nach etwas Allgemeinem, nach dem Wesen, dem Ursprung des Menschen und des Daseins schlechthin. Wird diese Suche zunehmend sozial und vor allem politisch konkretisiert, dann liegt die Gefahr der Ideologisierung und der Abstraktheit sehr nahe. (Wir haben das an der Erzählung »Bauern von Hruschowo« gezeigt und werden diese Problematik weiterhin verfolgen.)

Werkgeschichtlich-biographisch muß hier eine Tatsache erwähnt werden, die für den BPRS insgesamt, ja für die Entwicklung der ganzen deutschen sozialistischen Literatur in jenen Jahren von Bedeutung ist: die Rückkehr von Georg Lukács 1930 aus Moskau. Lukács kommt nach Berlin und ist binnen kurzer Zeit der führende theoretische Kopf im BPRS. Zusammen mit Karl August Wittfogel, aber stärker noch als dieser, hat Lukács das kulturpolitische und theoretische Programm des Bundes geprägt – übrigens stets in enger Abstimmung mit dem Bundesvorstand, der sich zunehmend einer linksradikalen Opposition erwehren muß und dabei von Lukács unterstützt wird, aber sehr zum Unbehagen vieler schreibender Arbeiter (z.B. Willi Bredels, Otto Gotsches), die mit den Aufsätzen von Lukács und Wittfogel in der »Linkskurve« nichts anfangen können. Als Lukács dann noch dazu überging, seine ästhetischen Theorien sehr direkt auf die schriftstellerische Produktion seiner Bundesgenossen zu beziehen, wurde die Mißstimmung immer größer. Er rezensierte Bredel und Ottwalt und warf ihnen vor: zu viel bloße Abschilderung der Wirklichkeit, zu wenig Darstellung von durchgebildeten Charakteren und geschichtlich-theoretische Erkenntnis der Epoche (Willi Bredels Romane, in: Die Linkskurve 11/1931, S. 23–27; Reportage oder Gestaltung? Kritische Bemerkungen anläßlich des Romans von Ottwalt, in: Die Linkskurve 7,8/1932, S. 23–30, S. 26–31). Lukács verlangte also etwas von den jungen Arbeiterschriftstellern, was sie nicht geben konnten und zum großen Teil auch gar nicht geben wollten. Sie sahen sich noch nicht so sehr als Romanciers der Epoche, sondern mehr als Korrespondenten ihrer eigenen Lebens- und Arbeitswelt.

Damit stehen wir am Anfang des noch viele Jahrzehnte fortdauernden Konflikts zwischen vielen sozialistischen Schriftstellern und Künstlern auf der einen und dem marxistischen Philosophen Georg Lukács auf der andern Seite. (Dessen Werke erscheinen ab 1946 in rascher Folge im Aufbau-Verlag Berlin, bezeichnenderweise ohne seine undogmatischen, schriftstellerisch sehr eindrucksvollen Frühschriften.) Im Rückblick hat Stephan Hermlin, geb. 1915, diesen Konflikt vielleicht am treffendsten und knappsten beschrieben. Er nennt Lukács den »Erfinder seltsamer, verderblicher Dogmen und Kriterien«, einen »außerordentlichen Denker, der mich ständig in Verwunderung setzte durch seine amusische Schlüssigkeit, seine Fähigkeit, wirklichkeitsfremde Kategorien und Hierarchien zu entwikkeln, wobei ihm aber im einzelnen sehr feine Analysen gelangen, wie etwa im Falle Thomas Mann« (St. Hermlin, Lektüre, Berlin 1973, S. 233,240).

Der Widerstand gegen Lukács' abstrakte Theorien regte sich auf seiten der Schriftsteller im Verlaufe der 30er Jahre immer heftiger und führte zu der berühmt gewordenen sog. Expressionismusdebatte, die in der Hauptsache in der Exilzeitschrift »Das Wort« (Moskau) geführt wurde. (S. dazu Hans-Jürgen Schmitt [Hrsg.], Die Expressionismus-Debatte, Frankfurt a.M., 1973, eine Dokumentation, die alle Aufsätze, Polemiken und Stellungnahmen enthält und kommentiert. Vgl. auch Batt, 1975, 105–140.) Am entschiedensten sind damals der Philosoph Ernst Bloch und der Komponist Hanns Eisler Lukács entgegengetreten (bezeichnenderweise nicht im »Wort«, sondern in der nicht von Kommunisten beherrschten Zeitschrift »Die neue Weltbühne« [1/1938]). In ihrem fiktiven Dialog zwischen einem Kunstfreund und einem Künstler »Thesen zum Erben« werfen sie Lukács ein dogmatisch-klassizistisches, vieles Wichtige dadurch ausschließendes Verhältnis zur künstlerischen Überlieferung vor. (Weniger polemisch, dafür grundsätzlicher hatten sie sich schon in der »Neuen Weltbühne« 50/1937 zu diesem Thema geäußert: ebenfalls in Dialogform u.d.T. »Avantgarde-Kunst und Volksfront«.)

Bertolt Brecht, dessen Beziehung zu Lukács von Anfang an gespalten war und immer gespalten blieb (was auf Gegenseitigkeit beruhte), schrieb damals sehr wichtige Notizen über diesen Streitfall nieder, gab sie aber nicht zur Veröffentlichung. (Sie erschienen erstmals 1966 in der zweibändigen Ausgabe seiner »Schriften zur Literatur und Kunst«, Bd. 2, S. 7ff.) Brecht scheute die öffentliche Auseinandersetzung mit dem politischen Gesinnungsgenossen Lukács, weil er fürchtete, dadurch dem antifaschistischen Konsensus durch Spaltung zu schaden. (Vgl. dazu: Werner Mittenzwei, Das Leben des Bertolt Brecht oder Der Umgang mit den Welträtseln, Berlin 1986, Bd. 1, S. 608 ff. Vgl. auch Lukács' eigene Interpretation dieses Verhältnisses in der Autobiographie »Gelebtes Denken«, 1981, S. 149).

Den zweifellos wirksamsten Widerspruch erhielt Lukács aber von Anna Seghers – in jenem Briefwechsel von 1938, der im »Wort« publiziert wurde. Äußerlich in der Form einer persönlichen Korrespondenz, handelt es sich in Wirklichkeit um eine tiefgreifende Auseinandersetzung mit Lukács und eine entschiedene Zurückweisung von dessen Ansatzpunkt bei der Beurteilung künstlerischer Phänomene. Diese Briefe, die während der Arbeit am »Siebten Kreuz« entstehen, sind bis dahin Anna Seghers' wichtigsten essayistischen Texte, und sie werden wohl immer zu den wichtigsten ästhetischen Standortbestimmungen deutscher Schriftsteller in der ersten Jahrhunderthälfte gerechnet werden. Anna Seghers versucht sich hier – in Abgrenzung von Lukács – Klarheit darüber zu verschaffen, was realistische Literatur in der Gegenwart überhaupt sei. Für Lukács war die Antwort sehr einfach: Außer Thomas Mann, zum Teil Heinrich Mann, Feuchtwanger, konnte alles von der bürgerlichen Seite als mehr oder weniger dekadent und unrealistisch beiseite geschoben werden. In seiner vor keiner Verurteilung zurückschreckenden Konsequenz, die nicht nur von rationalistischen, sondern (was oft vergessen wird) auch stark von ethischen Impulsen getragen wird, schuf er eine Art Index: auf der einen Seite unrealistisch bzw. dekadent – auf der anderen realistisch. Tolstoi gegen Dostojewski, Zola gegen Flaubert, Thomas Mann gegen Kafka. Brecht fiel durch, Becher, vor allem seit seinem autobiographischen Roman »Abschied« (1942 in Moskau auf deutsch erschienen), konnte bestehen. (Lukács hatte Becher bei der Niederschrift dieses Romans beratend zur Seite gestanden.)

Der Briefwechsel zwischen Seghers und Lukács ist, theoretisch gesprochen, der Gegensatz zwischen einer abstrakten ästhetischen Theorie, die ihre Werturteile abstrakt begründet, und der lebendigen Erfahrung, der sich der Künstler anvertrauen muß, will er nicht ebenso in das Fahrwasser von Abstraktionen geraten. Anna Seghers beharrt auf dem »spezifisch Künstlerische(n)«, dem »spezifisch künstlerischen Prozeß« und warnt vor der völligen Entzauberung der Welt durch einen sog. »Vollbesitz der Methode des Realismus« (ÜKW I, 175). Ein Gegensatz, der bis dahin vor allem aus der starken Wirkung der Hegelschen Philosophie und Ästhetik im Geistesleben des 19. und

20. Jahrhunderts bekannt war. Im Falle Seghers-Lukács kommt aber eine Besonderheit hinzu: beide fühlen sehr stark die Gemeinsamkeit in einem politischen Kampf, den sie als einen Kampf auf Leben und Tod ansehen und dem sie verständlicherweise den Primat vor allen ästhetischen Uneinigkeiten geben. (Ähnlich verhielt es sich ja bei Brecht.)

Aus all dem ergibt sich, daß man diese Briefe nicht als ein spontanes Lebenszeugnis bewerten sollte, sondern als ein Dokument der ästhetischen Diskussion unter kommunistischen Schriftstellern jenes Jahrzehnts. Und so war auch das Selbstverständnis der Verfasser, sonst hätten sie den Briefwechsel wohl kaum in einer Zeitschrift veröffentlicht. Es gibt sogar Stimmen, die behaupten, diese Briefe seien von Anna Seghers' Seite eine mit Brecht abgesprochene Kritik der kommunistischen Westemigranten an der autoritären Parteiführung in Moskau (Trapp, 1981, 125–145). (Dem widersprach am gleichen Ort, wie Trapp in einer Anmerkung mitteilt, Sigrid Bock.)

IV. »Die Gefährten« –
Roman der kommunistischen Weltrevolution

Das erste Buch, das Anna Seghers als Mitglied der Partei und des BPRS schrieb, der Roman »Die Gefährten«, war zugleich für längere Zeit ihr letztes in Deutschland entstandenes und veröffentlichtes Buch. Die Genrebezeichnung Roman tragen die »Gefährten« nicht von Anfang an. Erst nach der Sichtung ihres Frühwerks nach dem Zweiten Weltkrieg hat Anna Seghers gewisse sprachliche Veränderungen vorgenommen (in der Hauptsache nur Satzzeichen verändert) und den Zusatz ›Roman‹ dazugegeben. Im Erstdruck der »Gefährten« und der frühen Erzählungen stehen bei weitem mehr Kommas und dafür weniger Punkte, um so gleichsam einen ununterbrochenen, dahinfließenden Strom der Rede herzustellen. Zwei Jahrzehnte später, etwas nüchterner und bedenklicher geworden, versucht die Autorin durch vorsichtige Eingriffe mehr Gliederung und Ruhe in den Text zu bringen. Daß sie bei den »Gefährten« jetzt außerdem eine Genrebezeichnung hinzusetzt, läßt die Vermutung zu, daß sie sich vielleicht den genretheoretischen Diskussionen über moderne Prosa, wie sie nach dem Zweiten Weltkrieg in Westeuropa heftig geführt wurden, entziehen wollte. Denn es wäre in dieser Zeit ganz sicher nicht Anna Seghers' Absicht gewesen, über die Frage zu diskutieren, ob das ein Roman ist oder nicht. Dafür gibt es allerdings keine Belege. Es kann also ebenso gut einen ganz anderen Grund gehabt haben, z.B. der Wunsch des Aufbau-Verlags, der sich von einem ›Roman‹ womöglich mehr Leser versprach.

»Die Gefährten« sind wie ein Katalog wichtiger Fragen, die der soziale Kampf der Arbeiter mit sich bringt. Die Struktur und Komposition, die Anna Seghers dafür entwickelte, war für eine Autorin des BPRS recht ungewöhnlich, denn sie verraten ein genaues Studium epischer Techniken bürgerlich-avantgardistischer Schriftsteller wie Dos Passos und Alfred Döblin (ausführlich zu Strukturfragen: Bock, 1980, 5–34). Das Buch spielt quasi in ganz Europa, in einzelnen Episoden reicht es sogar bis nach China. Das Ensemble der unzähligen Revolutionäre umfaßt die verschiedensten sozialen Schichten, Lebensbereiche und Lebenserfahrungen, vom Bauern und Fabrikarbeiter bis zum Universitätsdozenten. Man kann die unübersehbare Vielzahl der manchmal äußerst knappen Episoden durchgehen und wird wohl alle Fragen wiederfinden, die die junge Mitstreiterin in einer kommunistischen Partei bewegt haben mögen. Und noch eine Erfahrung kommt hinzu. Als Studentin in Heidelberg hat Anna Seghers viele politische Flüchtlinge aus den unterschiedlichsten Ländern kennengelernt, unter ihnen den Ungarn Laszlo Radvanyi. Ohne diese Begegnungen wären die »Gefährten« sicherlich gar nicht geschrieben worden.

Der Roman spielt in den 20er Jahren (direkte Zeitangaben: I, 155, 256) und versucht ein überblicksartiges Bild von den revolutionären Unruhen in ganz Europa, in Rußland und China zu geben. (Bock [1980] zeigt darüber hinaus, daß »Die Gefährten« ebenso eine Auseinandersetzung mit der heraufziehenden faschistischen Gefahr sind.) Im Vorwort zur Neuausgabe 1948 schreibt Anna Seghers selbst dazu:

»In dürren Zeitungsnotizen spuken die Namen solcher Gefährten, die im Buch vielleicht ein wenig Saft und Kraft bekamen. Denn sie lebten noch kurz zuvor unter uns. Wir horchten erregt ihren Berichten, die damals vielen in Deutschland wie Greuelmärchen erschienen oder wie Vorkommnisse, die unvorstellbar in Mitteleuropa waren. Der weiße Terror hatte die erste Welle der Emigration durch unseren Erdteil gespült. Und seine Zeugen, erschöpft von dem Erlebten, doch ungebrochen und kühn, uns überlegen an Erfahrungen, auch an Opferbereitschaft im großen und Hilfsbereitschaft im kleinen, waren für uns wirkliche, nicht beschriebene Helden« (ÜKW II, 19).

Die geschichtliche Perspektive, aus der alles betrachtet wird, ist die der kommunistischen Ideologie. Die geschilderten Ereignisse fungieren als Vorboten einer kommenden Weltrevolution (I, 156 ff.). »Der Kapitalismus«, sagt eine der wichtigsten Figuren, »kann sich vielleicht scheinbar konsolidieren auf ein paar Monate —« (129). Diese politische Orientierung ist auch der entscheidende Grund, daß der junge Arbeiterschriftsteller Willi Bredel, Mitglied des BPRS und Korrespondent der »Hamburger Volkszeitung«, den Roman zwar ein »beinahe buntes Durcheinander« nennt (Bredel hatte keinerlei Verständnis für dessen differenzierte epische Struktur), ihn aber nichtsdestoweniger freudig begrüßt (Hamburger Volkszeitung v. 3./4. 12. 1932).

Was dieses Buch dennoch nicht zu einem kommunistischen Thesenroman werden läßt, das sind vor allem die Gestalten, von denen die ausschlaggebenden tatsächlich »Saft und Kraft« besitzen. Und es ist zum zweiten die Tragik, die das ganze Buch umspannt (die ungeheuren Leiden, die der revolutionäre Kampf mit sich bringt) – eine Tragik, die nicht durch ideologische Trostformeln verdrängt wird, wie in vielen anderen Büchern der ›proletarisch-revolutionären‹ Literatur. Der Sieg wird kommen – so sagen und fühlen es alle Figuren in diesem Roman –, aber er fordert vorher die schier übermenschliche Anstrengung, alles individuelle Glück zu opfern. Das ist ein Punkt, der die kommunistischen Revolutionäre von den Rebellen Grubetsch und Johann Hull scheidet. Diese strebten nicht selbstlos nach sozialer Gerechtigkeit für alle, vielmehr nach der Befriedigung ihrer Lust und Gier auf alles Lebendige, Kreatürliche, Leidenschaftliche, eingeschlossen den ›Aufstand‹. Ihr Tod, der die Konsequenz ihres risikoreichen, bedenkenlosen Lebens ist, hat mit der wohlüberlegten (programmatischen) Opferbereitschaft der »Gefährten« nichts mehr zu tun. Siegfried Kracauer, eher distanziert gegenüber der politischen Position des Romans, erkennt die menschliche Größe der kommunistischen Revolutionäre an (und lobt die »Sprachkraft [...], über die Anna Seghers verfügt«). Er nennt das Buch in seiner Rezension in der »Frankfurter Zeitung« eine »Märtyrerchronik«. »Wer aktiv für die Sache der Revolution eintritt, nimmt in der Regel nicht sich selber wichtig, sondern die Sache« (Frankfurter Zeitung v. 13. 11. 1932, Literaturblatt Nr. 46).

Blickt man über das Erscheinungsjahr dieses Buches hinaus, dann stellt sich die Frage, ob Anna Seghers auf dem nun eingeschlagenen Weg politischer Literatur weitergehen konnte. Konnten die Revolutionen in Europa, Rußland und China auf Dauer der Gegenstand eines Schreibens sein, das bei allen politischen und theoretischen Implikationen doch letztlich auf Erfahrung und Nähe angewiesen war? Nun stockte aber die Revolution, nicht im fernen Rußland (so Anna Seghers' eigene Einschätzung), wohl aber in Europa, in Deutschland. Da änderte sich plötzlich die geschichtliche Szenerie, als die lange gefürchtete faschistische Bewegung unter Adolf Hitler bei den Reichstagswahlen im Juli 1932 einen grandiosen Erfolg erzielt (13,7 Millionen Stimmen, gegenüber der Wahl von 1930 mehr als eine Verdoppelung). Daß die Faschisten nicht durch einen Militärputsch, sondern durch demokratische Wahlen an die Macht gelangten, muß für Anna Seghers und Menschen ihrer Gesinnung, die alle ihre Zuversicht auf die Selbstbefreiung des Volkes, auf die proletarische Revolution gesetzt hatten, eine tiefe Beunruhigung, ja eine schmerzliche Niederlage gewesen sein. Daß die sogenannte Machtergreifung zugleich persönlich die äußerst bittere Konsequenz bedeutete, Deutschland möglichst rasch zu verlassen, war Anna Seghers sicherlich sofort bewußt. Einer Verhaftung konnte sie trotzdem nicht entgehen. Wie das im einzelnen geschah und wie dann ihre Freilassung bereits nach wenigen Wochen oder Tagen möglich wurde, ist nicht mehr genau zu rekonstruieren. Es gibt darüber keine Dokumente oder verbindliche Zeugenaussagen.

Die veränderte Situation mußte natürlich zu ganz neuen Fragen führen: über Deutschland, das nunmehr an die Spitze der politischen Reaktion in Europa getreten ist, über das deutsche Volk, das dies nicht nur stillschweigend geduldet, sondern zum erheblichen Teil willentlich herbeigeführt hatte und eigentlich auch zu Fragen über die kommunistische Bewegung, die sich so stark im Volk verwurzelt glaubte und 1933 mit ansehen mußte, wie sie von heute auf morgen von der politischen Bildfläche hinweggefegt wurde. Diese kritische Selbstbefragung der Kommunisten blieb aber aus.

V. Exil

1. »Der Kopflohn« –
Das Fußfassen des Faschismus im deutschen Volk

Im Frühjahr 1933 floh Anna Seghers mit ihrem Mann über die
Schweiz nach Frankreich. Ihre beiden Kinder wurden von den
Großeltern einige Wochen später über die Grenze nach Straß-
burg gebracht. (Die Eltern von Anna Seghers, beide Juden, ver-
blieben in Deutschland. Der Vater starb 1940 in Mainz, die
Mutter wurde 1943 nach Ausschwitz deportiert und ist dort in
einem sog. Nebenlager umgekommen.) Kommunisten wie
Anna Seghers und Laszlo Radvanyi konnten sich in Hitlerdeutschland ihres Lebens nicht mehr sicher sein.

Anna Seghers scheint mit dem Leben im Exil, an dem andere
scheiterten (Ernst Weiß, von dem im Zusammenhang mit
»Transit« noch die Rede sein wird, Joseph Roth, Tucholsky,
Stefan Zweig, Ernst Toller), ziemlich rasch gut zurande gekommen zu sein. Jedenfalls ist kein nachhaltiges Stocken ihrer Ar-
beitsintensität bemerkbar. Nach den Berichten ihrer Freunde
müssen wir uns eine unentwegt schreibende, Aktionen und
Veranstaltungen organisierende junge Frau vorstellen (Steffie
Spira-Ruschin, Trab der Schaukelpferde. Aufzeichnungen im
nachhinein, Berlin 1984, S. 216ff.; J. Stern, 1975, 81ff.). Sie ist
Mitglied des in Paris neu gegründeten Schutzverbandes deutscher Schriftsteller (SDS) – unter Leitung Heinrich Manns –
und in dieser Funktion an der Vorbereitung des Kongresses für
die Erhaltung der Kultur (Paris 1935) beteiligt. Und sie ist
immer auch Mutter von zwei schulpflichtigen Kindern, beide
unter zehn Jahre alt.

Das erste Buch, das im Exil erscheint, und zwar in dem sehr
berühmt gewordenen Verlag deutscher Exilautoren, Querido
Amsterdam, ist der Roman »Der Kopflohn«. Wie die »Gefährten« etwas Neues darstellten gegenüber den zuvor entstandenen
Erzählungen, so nun auch der jüngste Roman über die kommunistische Bewegung in Europa, Rußland und China, verstanden als heroischer, weltgeschichtlich höchst bedeutsamer
Kampf. »Der Kopflohn« kennt diese Bewegung nur noch am
Rande eines anderen, sie empfindlich störenden Geschehens –

dem Fußfassen des Faschismus im deutschen Volk. (»Eine gute Hälfte hatte Nazi gewählt [...]« [II, 159], heißt es im »Kopflohn«.) Dieser geschichtlichen Tatsache mußte man ins Auge sehen und nach ihren Ursachen forschen.

Rein äußerlich gibt es zunächst eine erstaunliche Veränderung. Anna Seghers wechselt von dem ihr vertrauten großstädtischen Schauplatz ihrer Erzählungen, dem Lebensraum der Proletarier, in dörfliche Umgebung. »Der Kopflohn« spielt bis auf wenige Szenen in einem süddeutschen Dorf. Anna Seghers gibt ein beklemmendes, ja manchmal schockierendes Bild vom Leben auf dem Lande, fern aller Idyllisierung und Verklärung, wie es damals durch die Nazipropaganda und einige Nazischriftsteller (›Blut und Boden‹) gang und gäbe war. (Vgl. hierzu: Winckler, 1982, 2.) Das gepriesene bodenständige Leben der Bauern ist bei Anna Seghers ein bedrückendes Dasein am Rande des Existenzminimums. Sie schildert freilich nicht den Bauern mit großem Hab und Gut, sondern den kleinen und Kleinstbauern, den Tagelöhner, den Knecht, und zwar kühl und erstaunlich wertfrei, ohne politische Propaganda, die noch »Die Gefährten« überschwemmt hatte. Gerade diese Erzählweise gibt dem Roman noch heute seine große Ausstrahlung.

Daß Anna Seghers den Schauplatz wechselte, hängt sicherlich nicht zuletzt mit der erwähnten Nazipropaganda und -ideologie zum Thema Bauernleben zusammen, von der bekanntlich sehr viele Menschen eingenommen waren. Man gaukelte ihnen eine sie selbst betreffende höhere Bedeutung vor, eine weltgeschichtliche Mission von noch nie dagewesenem Ausmaß. Und wenn wir uns die sozialpsychologische Verfassung der Landbevölkerung vor Augen führen, also deren Leichtgläubigkeit gegenüber Einflüsterungen von rechts, und obendrein die Bevölkerungsstatistik jener Jahre beachten – auf dem Lande lebten damals rund 30% der Gesamtbevölkerung –, dann wird klar, daß es sich beim »Kopflohn« keinesfalls um einen Ausflug in exotische Stoffgebiete handelte. Es ging um die schwerwiegende Frage, die sich alle Kommunisten, die noch vor kurzem den Sieg der Revolution angekündigt hatten, damals stellen mußten: Wie war es möglich gewesen, daß diese lügenhafte, so offen inhumane Bewegung in Deutschland Fuß fassen konnte? (Walter, 1986, 90, weist darauf hin, daß Anna Seghers' Analyse sich allerdings von der Position der KPD erheblich unterscheidet, die zu diesem Zeitpunkt noch nicht bereit ist, die Niederlage im Kampf gegen den Faschismus einzugestehen.)

Anna Seghers' Interesse in diesem Buch ist nicht vorrangig

sozialgeschichtlich, sondern vielmehr psychologisch bzw. sozialpsychologisch bestimmt. Sie teilte die Auffassung der marxistischen Geschichtsinterpreten über die sozialen Ursachen des Faschismus und seiner Resonanz in der Bevölkerung. Diese Auffassung ist auch in die geschichtliche Perspektive des Romans eingegangen. In der Hauptsache interessierte sie aber, was in den Menschen vorgeht, wie sie auf Vorgänge reagieren, wenn scheinbar Fernes, das Politische und Geschichtliche, in ihr Privatleben eindringt. Sind sie dann zu Entscheidungen und zu einem neuartigen Verhalten fähig? Oder lassen sie sich ganz einfach von der faschistischen Welle überrollen?

Die Hauptgestalt dieses Romans, Johann Schulz, einer der 6,2 Millionen Arbeitslosen im damaligen Deutschland (von 1930 bis 1932 war die Zahl der Arbeitslosen um 2,7 Millionen angestiegen), steht unter dem Verdacht – was wirklich daran ist, bleibt auch für den Leser unaufgeklärt –, bei einer Demonstration in Leipzig, seinem Wohnsitz, einen Polizisten getötet zu haben. Der Verhaftung entzieht er sich, indem er Unterschlupf bei einer verwandten Bauernfamilie im Rheinhessischen sucht. Damit wird eine Handlung in Gang gesetzt, die inneres und äußeres Geschehen zwanglos miteinander verknüpft. Skeptisch zwar und mit dem stillen Verdacht, daß mit ihm etwas nicht stimme, wird der Neuankömmling zunächst in die Familien- und Dorfgemeinschaft aufgenommen. Bis eintritt, was das Leben aller im Dorf verändert: Einer hat in der Stadt den Steckbrief gesehen, auf Schulz' Kopf ist eine Belohnung von 500 Mark ausgesetzt. Eine glücklich gewählte Konstellation, um eine innere, im Gewissen jedes einzelnen vor sich gehende Handlung in Gang zu setzen. Das Erstaunliche ist nun (und das ist der starke Realismus in diesem Roman), daß es zu keiner wirklichen Entscheidung, zu keiner deutlichen politischen Profilierung der Dorfleute kommt. Alles verläuft zumeist unterschwellig, mehr im Unterbewußtsein als im Bewußtsein. Die Bauern geraten zunehmend auf die Seite der faschistischen Politik, weil diese ihren vagen Vorstellungen und Emotionen entgegenkommt. Keiner verrät Schulz, keiner schützt ihn. Alle verharren in Dumpfheit – bis es am Schluß zu einem Ausbruch unvorstellbarer Brutalität gegen Schulz kommt. Dies geschieht aber erst, als bekannt wird, daß die Vertreter der Staatsgewalt unterwegs sind, ihn zu verhaften. (Walter [1986, 89] dazu: »Die Episode aus dem Spätsommer 1932 nimmt den Januar 1933 vorweg.«)

Dieser Gewaltausbruch ist sehr beeindruckend gestaltet. Die

Gewalt steigt hier aus Tiefen hervor, die direkt und begrifflich gar nicht zu fassen und doch für den Leser nachvollziehbar sind (II, 179). Hierin liegt noch heute die Faszination, die von diesem Roman insgesamt ausgeht. Er referiert nicht politische Abläufe in Deutschland am Ende der Weimarer Republik, sondern gibt ein ideologisch unverbogenes Bild von der inneren Verfassung einer Gruppe von Menschen am Vorabend des Faschismus (Untertitel: »Roman aus einem deutschen Dorf im Spätsommer 1932«), von Menschen, die nicht nur unfähig sind, den Faschisten aus eigenem Antrieb entgegenzugehen, sondern auch die faschistischen Lügengespinste zu durchschauen.

Allerdings gelingt es Anna Seghers nicht, alle Handlungsstränge des Romans zu einem kompositorischen Ganzen zu verknüpfen. (Vgl. dazu Diersen, 1965, 207 ff.) Das zentrale Kopflohn-Motiv ist vollkommen überzeugend. Aus ihm entwickelt sich eine Konfliktlage, die dem abrollenden Geschehen Halt und Spannung gibt. Zwei sehr anrührende und viel Raum beanspruchende Handlungsstränge haben aber mit diesem zentralen Motiv gar nichts zu tun: die bitteren Lebensumstände der jungen Frauen Susann Schüchlin und Sophie Bastian. Sophie, schwanger von ihrem jungen Ehemann, der mit ihr umgeht wie mit einem dressierten Haustier, sieht schließlich keinen anderen Ausweg als den selbstgewählten Tod, eine Szene von ungeheurer Härte und spürbarem, aber zurückgehaltenem Leid. In ihr ist das Los unzähliger Frauen verkörpert, die von ihren Männern wie nutzbare, nicht sehr wertvolle Gegenstände, aber nicht wie Menschen behandelt werden. Diese Erzähleben hat mit dem Kopflohn-Motiv nichts zu tun – aber sie vermehrt das Grauen und die Brutalität, die in diesem Dorf immer deutlicher und immer schrecklicher hervortreten.

2. »Der Weg durch den Februar« –
Beispiel eines Aufstands gegen eine faschistische Regierung

Im Frühjahr 1934 wandert Anna Seghers allein durch Österreich. Dort war es zum Widerstand gegen die Regierung Dollfuß gekommen, die mehr und mehr faschistische Ambitionen erkennen ließ; also ein Aufstand des Volkes, oder zumindest von Teilen des Volkes, gegen eine faschistische Regierung. Das interessierte Anna Seghers natürlich sehr, die noch vor kurzem über den Widerhall der faschistischen Ideologie in großen Teilen der deutschen Bevölkerung geschrieben hatte (»Der Kopf-lohn«). Der Aufstand – wenn man diese Vorkommnisse über-haupt so nennen kann – war inzwischen niedergeschlagen und Österreich auf dem Weg zum ›Anschluß‹ – ein Schuldsyndrom, woran die Österreicher noch heute tragen.

»Der Weg durch den Februar« ist ein Roman, der sehr stark vom eigenen Erleben geprägt ist. Der Ich-Erzähler ist kein kunstvoll eingesetztes Medium innerhalb einer diffizilen erzäh-lerischen Struktur; er kann im vorliegenden Fall ohne weiteres mit der Autorin gleichgesetzt werden, der es offensichtlich dar-auf ankommt, dem Leser Authentizität zu vermitteln.

Die Ereignisse in Österreich sind für Anna Seghers vor allem in zweierlei Hinsicht von Interesse. Zum einen ,wie erwähnt, interessiert sie der Widerstand gegen eine faschistische Regie-rung, auf den nicht nur die Kommunisten in Deutschland ver-geblich gehofft hatten und 1934 noch immer hofften. Zum zweiten aber konnten hier anhand eines konkreten, zeitge-schichtlichen Falles die Vorstellungen über das Phänomen Volksaufstand generell überprüft und gegebenenfalls exemplifi-ziert werden. Dieser zweite Gesichtspunkt führt dann auch zu einer Art geheimem Hauptthema in dem Buch (ähnlich wie in »Die Gefährten«), es lautet: Standort und Bedeutung des Intel-lektuellen in der proletarischen Revolution. Es liegt auf der Hand, daß diese Fragestellung aus dem eigenen Interesse und der eigenen Erfahrung der Autorin stammt. Der Universitäts-dozent Steiner (in »Die Gefährten«) hat beträchtlich mehr in-nere Widerstände zu überwinden, um sich der ›Bewegung‹ an-zuschließen als jemand aus der Arbeiterschaft, weil er einen viel größeren Schritt tun muß, um Revolutionär zu werden. Ja, er muß sich vollkommen aus seinem bisherigen Leben, aus seinem sozialen, sozialpsychologischen und größtenteils auch geistig-traditionellen Umfeld herausreißen. Anna Seghers hat die sek-tiererische, zuweilen auch feindselige bis niederträchtige Ver-achtung der Intellektuellen durch Funktionäre der Partei nie geteilt. Sie konnte sich auch nicht zu jener schon damals peinlich berührenden Selbstkasteiung des Bürgerlichen oder Intellek-tuellen bekennen, der alle ›falschen‹ Wurzeln in sich zerstören möchte (wie es z. B. bei Becher durchaus der Fall war), sozusa-gen eine Verinnerlichung der stalinistischen Kulturrevolution.

In »Der Weg durch den Februar« sind zu diesem Thema Gespräche zwischen einem Journalisten, Karlinger, und einem Arzt, Bildt, eingestreut. Karlinger ist katholisch-konservativer Christ, Bildt Sozialdemokrat. Diese Gespräche zwischen den beiden so unterschiedlichen Männern kann man als Kommentare, wenn nicht als theoretische Verallgemeinerung des Geschehensablaufs lesen (II, 204 ff.). Sie drehen sich immer wieder um den einen Punkt, der auch ein Hauptgedanke der Autorin war (und blieb): Welche Möglichkeiten hat der einzelne Mensch, gesellschaftlich verändernd zu wirken? Wie Anna Seghers, so ist auch diesen Gestalten die Haltung vollkommen fremd, wonach der einzelne nur Spielball überindividueller, undurchschaubarer Kräfte ist.

Ein Beispiel soll eine Vorstellung vom Niveau und von der Richtung dieser Gespräche zwischen Bildt und Karlinger geben. Gleich ihr erstes Zusammentreffen bringt ein Thema auf, das eine ethische Verbindung zwischen Kommunismus und Christentum herstellt. Kann die Arbeiterklasse, gesetzt den Fall, sie führt ihren revolutionären Kampf siegreich zu Ende, tatsächlich eine neue und bessere Welt hervorbringen? Gibt es eventuell Anzeichen dafür, daß dies bereits in Rußland geschieht? Karlinger, der für eine katholische Zeitung schreibt, sagt dazu:

»Ja, in unserem finsteren Jahrhundert, ja, in unserer wilden Zeit, in unserer unchristlichen Welt, ja, da war's die Arbeiterklasse allein, die einen ungeheuren Wert hervorgebracht hat, christfeindlich zutiefst zwar, aber doch zutiefst christähnlicher als alles sonst: Solidarität. / Sie, die Arbeiterklasse, ist unter großen, heiligen Opfern in die Geschichte eingetreten, sie hat ihren Wert in die Menschheit getragen. Wer weiß – vielleicht war ein Augenblick, da Gott es zugelassen hätte, daß sie nicht nur Werte schafft, sondern auch Macht ausübt« (II, 204–205). Und über Rußland, das er sich gern ansehen möchte, sagt Karlinger: »Da ich das vollkommene Bild dessen, was ich hoffe, nicht erwarten kann, möcht ich wenigstens sein vollkommenes Gegenteil sehen« (206). (Gemeint ist das Gegenteil eines »Staat(es)«, »exakt nach Gottes Gebot« [205] eingerichtet.)

Es ist charakteristisch für Anna Seghers' Dialogführung, daß die Gespräche oftmals gerade dort abbrechen (in diesem Fall wird Bildt zu einer Patientin gerufen), wo Weiterführungen oder Gegenparts am Platze wären. Auch aus späteren Werken ist immer wieder Anna Seghers' Absicht ersichtlich (am wenigsten ist ihr das in ihren letzten Romanen »Die Toten bleiben jung«, »Die Entscheidung« und »Das Vertrauen« gelungen), nicht fertige weltanschauliche oder politische Thesen weiterzugeben, sondern Problemstellungen, Fragen. Womit nicht gesagt ist, daß ihre Bücher nicht stets als Bücher einer Kommunistin erkennbar blieben. Bei Anna Seghers' Werken handelt es sich jedoch nicht um vordergründige politische Literatur (wie sie damals bei

ihren Gesinnungsgenossen gang und gäbe war). Ein Rußland-
Bild wie das des Katholiken Karlinger so ganz ohne Widerspruch stehen zu lassen war für eine Schriftstellerin, die Mit-
glied der Partei und des Bundes war, schon etwas Gewagtes und
Herausforderndes. Dieses Bild wird im Laufe des Romans nicht
ausdrücklich revidiert – das widerspräche ja dem beschriebenen
Verfahren –; es wird aber durch andere, positive Berichte von
Rußlandreisenden ergänzt. Überhaupt ist dieser Roman eine
Art Spiegel und Quintessenz der damals unter linken, aber
nicht nur kommunistischen, Intellektuellen, Künstlern, Politi-
kern geführten Diskussionen: Was haben wir falsch gemacht?
Wie wird es in Deutschland weitergehen?

Es gibt noch einen politischen Aspekt des Romans, der nur
aus der konkreten Zeitgeschichte jener Jahre verständlich ist. Er
betrifft die verhängnisvolle, ja tragische Diskrepanz zwischen
den beiden wichtigsten Arbeiterparteien in Deutschland, der
KPD und der SPD. (Vgl. dazu Roggausch, 1979, 166 ff. Diese
Arbeit bietet ausführliche zeitgeschichtlich-politische Hinter-
grundinformationen über Anna Seghers' Werke aus den 30er
Jahren.) Wären die Kommunisten und Sozialdemokraten in dieser Zeit zusammengegangen – z.B. bei den Reichstagswahlen
1932 –, dann wäre vielleicht einiges zu verhindern gewesen. Vor
allem die Kommunistische Partei hat mit arroganter und geradezu verantwortungsloser Selbstgerechtigkeit jede Gemeinsamkeit mit den Sozialdemokraten ausgeschlagen. Das hat seine
Ursachen zum Teil in der Geschichte der SPD und der daraus
erklärbaren Gründung der KPD am 1. Januar 1919. Den Aus-
schlag für die offene Feindseligkeit gab aber die von Stalin ins
Leben gerufene und den deutschen Kommunisten aufgezwun-
gene sog. Sozialfaschismustheorie. Ihr zufolge seien die Sozialdemokraten mindestens ebenso schädlich und gefährlich für die
Arbeiterklasse wie die Faschisten selbst. (Inzwischen gibt es
Aussagen von Zeitzeugen, die eindeutig belegen, daß es vor
1933 gelegentlich sogar ein Paktieren zwischen Kommunisten
und Faschisten gegen die SPD gab.) Anna Seghers zeichnet in
ihrem Roman ein ganz anderes Bild von der Sozialdemokratie.
Ihre Vertreter erscheinen bei ihr als mutige, selbstlose Kämpfer
gegen den Faschismus. Ob in Österreich oder in Deutschland,
für die kommunistischen Funktionäre blieben die Sozialdemokraten Verräter an der Sache der Arbeiterklasse. (So die Sprach-
regelung, die nach 1945 in der DDR fortlebte.) Anna Seghers
packte hier also ein äußerst heißes Eisen an. Sie konnte sich
freilich immer auf die Position zurückziehen, nur die österrei-

chischen und nicht die deutschen Verhältnisse gemeint zu haben. Anna Seghers hat auch tatsächlich keinen Modellfall entwerfen wollen – aber sie hat das Problem, das auch in Deutschland existierte, angesprochen, und jeder ihrer damaligen Leser wußte das natürlich. Hans Mayers Bild vom widerborstigen Parteimitglied Seghers (s. S. 7), die mit dem Götz-von-Berlichingen-Zitat die politischen Anwürfe gegen sich zurückweist, bezieht sich auf jene Jahre und wahrscheinlich sogar ausdrücklich auf das angesprochene Thema in ihrem Roman »Der Weg durch den Februar«. (Steffie Spira-Ruschin bestätigt in ihren Erinnerungen »Der Trab der Schaukelpferde. Aufzeichnungen im nachhinnein« [Berlin 1984, S. 217] diese Vermutung.)

Anna Seghers hat die Ereignisse vom Winter 1934 in Österreich noch in einem anderen Text behandelt, in der Erzählung »Der Weg des Koloman Wallisch«. Diese Erzählung ist eine jener für die Seghers so charakteristischen Märtyrergeschichten über kommunistische Revolutionäre (der Revolutionär als Märtyrer, nicht bloß als politischer Funktionär), wie sie schon in den »Gefährten« vorkommen und später dann in einzelnen Handlungssträngen von Romanen (»Das siebte Kreuz«, »Die Entscheidung«) oder wiederum als Erzählungen (»Karibische Geschichten«).

3. »Die Rettung«

3.1. Romantypus Seghers

»Die Rettung« ist Anna Seghers' bis dahin umfangreichster Roman. Mit ihm hat sie endgültig einen Typus geschaffen, dem sie auch in der Folgezeit verpflichtet bleibt, dem von Lukács so bezeichneten Gesellschaftsroman, der ihr zumindest in seiner Grundrichtung schon vorschwebte. Das Ausschlaggebende hierbei ist, ebenfalls mit einem Begriff von Georg Lukács, die Totalität. (Wagner, 1978, 24, nennt »Die Rettung« ein »Totalbild« des proletarischen Lebens in der kapitalistischen Gesellschaft.) Den Begriff ›Totalität‹ hatte Lukács als das entscheidende revolutionäre Prinzip in der Gesellschaftswissenschaft in seinem Buch »Geschichte und Klassenbewußtsein« von 1923 entwickelt, das auf die junge linke Intelligenz der Weimarer Republik großen Einfluß ausübte.

Der Roman, so hatte es Anna Seghers schon in den »Gefährten«, im »Weg durch den Februar« angestrebt, soll eine geschichtliche Situation, möglichst eine geschichtliche Epoche in ihrem Wesen, in ihrer Gesetztmäßigkeit erfassen, und das sei nur durch die Wiedergabe der geschichtlichen Totalität möglich. Gerade dieser letzte gedankliche Schritt, die Orientierung auf die Totalität, ist zweifellos auf die starke Wirkung Lukács' zurückzuführen. Anna Seghers hat sich in jenen Jahren allerdings darüber kaum direkt geäußert. Man muß ihre Romanauffassung hauptsächlich ihren erzählerischen Werken selbst entnehmen. Sehr bekannt geworden ist ein Satz aus der Pariser Rede von 1935: »Selten entstand in unserer Sprache ein dichterisches Gesamtbild der Gesellschaft« (ÜKW I, 65).

Das Schicksal, der Lebensweg eines einzelnen Menschen reiche nicht aus, zu solcher Totalität zu gelangen. Es müsse eine Gestaltungsweise gefunden werden – so kann man Lukács' Theorie und Seghers' Absichten knapp zusammenfassen –, die sowohl die Individualität wie das überindividuelle geschichtliche Wesen zum Ausdruck bringt. Der sogenannte Bildungs- oder Erziehungsroman, wie er mit dem Goetheschen »Wilhelm Meister« mustergültig für das ganze 19. Jahrhundert geschaffen wurde, ist dafür nicht geeignet. Seine Erzählperspektive – vom Individuum aus die Gesellschaft in ihr übergeordnetes Recht einsetzend – reiche zur Darstellung der komplexeren geschichtlichen Realität der Gegenwart nicht mehr aus. Lukács' und auch Seghers' Orientierungspunkte liegen in der großen europäischen Romanliteratur des 19. Jahrhunderts: Balzac, Stendhal, Tolstoi, (um nur die wichtigsten Namen zu nennen). (Vgl. dazu Lukács' in den 30er Jahren entstandene Arbeiten über die französischen und russischen Romanciers des 19. Jahrhunderts und sein Buch »Der historische Roman«.) Anna Seghers liest (nach eigenem Zeugnis) in jenen Jahren den gesamten Balzac im Original. Sie ist fasziniert von der Ganzheitsidee der »Comédie humaine« (ÜKW IV, 160). Balzacs Bedeutung lag vor allem darin, daß er wie kein anderer Romancier die Sozialgeschichte seiner Zeit sehr konkret und umfassend abbildete, so konkret und verläßlich, daß z.B. F. Engels bekannte, er habe aus Balzacs Romanen mehr über die soziale und ökonomische Situation gelernt als bei den einschlägigen Fachgelehrten (Brief an L. Lafargue v. 13. 12. 1883, in: Marx/Engels, Werke, Bd. 36, Berlin 1979, S. 75). Zugleich versucht Balzac, die ungeheure Figuren- und Detailfülle einer umfassenden Geschichtserkenntnis unterzuordnen. Marcel Proust, von dem die bekannteste Romanfolge der modernen Literatur stammt, »Auf der Suche nach der verlorenen Zeit« (1913/1927), hat übrigens die »Ganzheitsidee« als die eigentlich geniale Idee Balzacs gerühmt. (Darauf geht ein: Hans Robert Jauß, Ursprung des modernen Zeitromans, in: Zeitgestaltung in der modernen Erzählkunst, Darmstadt 1978, Wege der Forschung, Bd. CCCCXLLLLVII, S. 121.) Dieser Gedanke fasziniert Anna Seghers, und sie faßt schon in jenen Jahren den Plan, einen Zyklus von Erzählungen zu schreiben, der ›das Ganze‹ einer geschichtlichen und menschlichen Situation wiedergeben soll. Ihr formales Vorbild sind die Märchensammlung »Tausendundeine Nacht« und das »Decameron« von Boccaccio. In einzelnen, jeweils einem ganz bestimmten Aspekt gewidmeten Erzählungen soll am Ende das Abbild einer Epoche sichtbar werden (ÜKW II, 16; Seghers/Herzfelde, 54). Dieser Zyklus ist in dieser geplanten Form niemals zustande gekommen. Aber die Idee des erzählerischen Zyklus war geboren, die »Tendenz zum epischen Zyklus« (Batt, 1973, 231; vgl. auch Sauer, 1978, 145), die sie fortan immer wieder in die Tat umsetzte. Denken wir beispielsweise an die »Friedensgeschichten« (1950), »Der erste Schritt« (1953), an ihr letztes Buch »Drei Frauen aus Haiti« (1980). Anna Seghers hat immer wieder Versuche unternommen, ihre Erzählungen zyklisch zusammenzufassen (»Karibische Geschichten«, 1962, »Die Kraft der Schwachen«, 1965). Anläßlich der ersten großen Sammlung ihrer Erzählungen hat sie den Leser in einem Vorwort sogar aufgefordert, die gesamten Texte als ein Zusammenhängendes, gewissermaßen als einen großen Zyklus zu betrachten (»Der Bienenstock. Ausgewählte Erzählungen in zwei Bänden«, Berlin 1953, Bd. 1, S. 5–9).

3.2. Darstellung der Krise

»Der Weg durch den Februar« ist die Darstellung eines ›Aufstands‹, »Die Rettung« ist quasi das Gegenteil davon, nämlich die Darstellung von Leere, von Langeweile, die Darstellung des stillstehenden, stockenden Lebens von Arbeitslosen am Ende der Weimarer Republik. Dabei fängt der Roman mit einem Furioso an, das große Spannung verspricht. Mehrere Bergleute wurden infolge eines Unfalls verschüttet und warten und hoffen auf Rettung. Und sie werden tatsächlich gerettet. Sie gewinnen ihr Leben gewissermaßen ein zweites Mal und haben verständlicherweise die besten Vorsätze für die Zukunft. Doch diese Zukunft macht das alles zunichte. In Deutschland beginnen die schweren Jahre der Wirtschaftskrise, deren bitterste Folge die drastisch ansteigende Zahl von Arbeitslosen ist.

Soweit das klug gewählte Sujet des Romans. Die Rettung aus der lebensbedrohlichen Situation verspricht, zu einem neuen, bewußteren Leben bei den Betroffenen zu führen – sie sinken aber im Gegenteil mehr und mehr in das zerstörerische und selbstzerstörerische Leben in der Arbeitslosigkeit ab. Das Beklemmende dieses Zustands, die allmähliche Zerstörung der menschlichen Würde durch Arbeitslosigkeit, die Leere und Langeweile hat Anna Seghers hier auf unnachahmliche Weise geschildert. Die Bergleute, die unter Tage eingeschlossen waren, fragen schließlich denjenigen, der ihnen damals immer Mut gemacht hatte: »Bentsch, da hast du dir die Zunge an uns fusselig geredet. Daß wir ja aus diesem Rattenloch herauskommen. Wenn du das gewußt hättest, daß es hier draußen wird, wie es geworden ist, hättest du dich dann auch angestrengt?« Und das ist eigentlich weniger eine Frage als vielmehr ein Vorwurf. Bentsch sagt an dieser Stelle noch ohne Zögern: »Ja [...] Ganz gewiß will man wieder raus. Mit allen andern zusammensein« (III, 223). Später verliert auch er jeden Mut – um am Ende jedoch zu neuer Hoffnung und neuer Energie zurückzufinden, als ihm bewußt wird, daß nur durch organisierten Widerstand dieser Zustand überwunden werden kann. So schließt der Roman nicht in Resignation und Stillstand, sondern in der Aussicht auf eine neue Lebenshaltung. Im Roman kommt es in diesem Zusammenhang zu einer Selbstkritik einer Kommunistin (das hat Walter [1986, 93 ff.] herausgestellt) hinsichtlich der kommunistischen Politik gegenüber den Sozialdemokraten – eine Selbstkritik, zu der die Partei, der Anna Seghers angehörte, nicht in der Lage war.

Das entscheidende ästhetische Problem dieses Buches ergibt sich aus folgender Aufgabe: Wie kann die Darstellung von Leere und Langeweile (Arbeitslosigkeit) zu einem interessanten, den Leser in den Bann ziehenden Gegenstand werden?

Es gibt kein anderes Buch der deutschen Literatur jener Jahre, das das Leben in der Arbeitslosigkeit so eindringlich und tief erfaßt. (Vgl. dazu Bauer, 1986, 147–164.) Der noch am ehesten damit vergleichbare Roman »Kleiner Mann – was nun« von Hans Fallada (1932) fällt im Vergleich zu Seghers durch Elemente von Kolportage und Sentimentalität ab. (Falladas Buch ist allerdings ohne zeitlichen Abstand entstanden.) Das Ausschlaggebende in der »Rettung« ist in diesem Zusammenhang die Tatsache, daß die Darstellungsweise nie Genüge in der bloßen

Wiederholung findet, sondern ihren Gegenstand durchdringen will; sie wird getragen von der Frage nach den Gründen und den Folgen des beschriebenen Zustands. Die Segherssche Erzählkunst hat hier eine schwere Probe zu bestehen. Immer wieder gelingt es Anna Seghers, das Alltägliche und Alltäglich-Banale mit existentiellen Grundfragen des Lebens zu verbinden, z.B. Glück, Freude, Hoffnung usw. (vgl. III, 40, 55, 62, 78 u.ö.). Auch politische Fragen erhalten auf diese Weise – wie wir es schon aus den vorangegangenen Büchern kennen – eine menschlich-konkrete Dimension. »Sehr behutsam berührt das Buch den politischen Sachverhalt. Er ist dem Wurzelwerk zu vergleichen. Wo die Verfasserin es mit zarter Hand aushebt, haftet an ihm der Humus der privaten Verhältnisse – nachbarschaftlicher, erotischer, familiärer« (Benjamin, 1972, 531).

»Die Rettung« besitzt dennoch über weite Strecken noch immer etwas von der Langatmigkeit, die durch das Ausmalen mißlicher Zustände entsteht, und deshalb wird sie es wahrscheinlich weiterhin schwer haben, Leser zu finden.

Es gibt noch einen thematischen Aspekt in diesem Roman, der auf den ersten Blick vielleicht verwundern mag – nämlich die erstaunliche Ausführlichkeit, mit der hier Fragen der christlichen Religion zur Sprache kommen. Schon im »Weg durch den Februar« behandelt die Kommunistin Seghers religiöse Themen mit erstaunlicher Differenziertheit und Nähe. Dabei bekannte sich Anna Seghers weltanschaulich und politisch stets zum Marxismus und Kommunismus. Sie interessierte sich aber sehr für die Frage, welche Wirkung die Religion, ein religiöses Weltverhältnis auf den Menschen hat, so wie sie sich dafür interessierte, was es für den einzelnen bedeutet, wenn er politisch-revolutionäre Überzeugungen besitzt. Anna Seghers hat übrigens solche Fragen nach 1945 weitergeführt, mit neuen Impulsen, die aus der Zuversicht stammten, daß sich nun ein völlig neues Zusammenleben der Menschen entwickeln würde. (Vgl. dazu S. 142.)

Die Antwort auf die Frage, was Religion bewirken könne, fällt bei ihr immer positiv aus. Anna Seghers hat die moralische Wirkung religiöser Überzeugungen außerordentlich hoch eingeschätzt. Die überhebliche Herablassung vieler Marxisten gegenüber der angeblich längst ad absurdum geführten christlichen Religion war ihre Sache nicht. In der »Rettung« gibt es übrigens eine Stelle, die solch eine selbstgerechte Haltung ausdrücklich zurückweist (III, 282).

In der Gestalt einer jungen Frau, Katharina, wird dieses

Thema auf eine tief beeindruckende Weise eingeführt. Katharina gehört zu jenen interessanten Frauengestalten der Seghers, die in der Bewertung der Sekundärliteratur immer ein wenig zu kurz kommen im Vergleich zu den männlichen Revolutionären. Aber vielleicht sind gerade diese Frauen und Mädchen die tatsächlich weiterwirkenden Figuren. Elisabeth von Lieven (»Die Toten bleiben jung«) gehört zu ihnen – allerdings erst im letzten Teil des Romans –, die Mexikanerin Crisanta (»Crisanta«), Ella Busch (»Die Entscheidung«, »Das Vertrauen«), die drei Hauptgestalten des letzten Erzählzyklus »Drei Frauen aus Haiti« u. a.

Katharina – und das ist durchaus typisch für diese Frauengestalten – ist völlig unpolitisch, aber kompromißlos geradlinig. Sie ist demütig, sanft, nicht aufrührerisch und tatkräftig. (Man soll vorsichtig sein bei der symbolischen Interpretation von Namen, aber vielleicht ist es doch sinnvoll, hier daran zu erinnern, daß der griechische Name Katharina so viel bedeutet wie ›die Reine‹ und dieser Name in einer vergleichbar angelegten Figur in der »Entscheidung« wiederkehrt.) Es ist sehr bedeutungsvoll, daß sie der männlichen Hauptgestalt dieses Buches, Bentsch, gerade in dem Augenblick in den Sinn kommt – Katharina ist zu diesem Zeitpunkt längst nicht mehr am Leben –, als er endgültig Klarheit gewinnt über seinen jungen Freund Lorenz, der nicht zuletzt unter Bentschs Einfluß zu neuem Lebensmut gefunden hat. Szenen solcher Art gibt es häufig bei Anna Seghers: Menschen gewinnen plötzlich Klarheit und Gewißheit über etwas, was sie lange mit sich herumtrugen. Das sind Szenen, die an religiöse Erweckungen erinnern, an die Ankunft einer religiösen Heilsbotschaft. (Vgl. dazu Haas, 1975, 111 [Haas spricht von Epiphanieszenen]; auch Greiner, 1983, 331.) Katharina wird hier zum Sinnbild von Klarheit, Reinheit und Selbstgewißheit (III, 483). (Benjamin, 1972, 534: »Katharina, die als das Mädchen aus der Fremde durch die Erzählung geht. Sie ist von auswärts in mehr als einem Sinn.«)

Ihre tiefe Religiosität wird von außen erheblichen Anfechtungen ausgesetzt, und sie erlebt zugleich eine unglückliche Partnerschaft. (»Aber wenn es doch Gott nicht gibt, wie kann es dann das in mir drin geben, das, was allein bleibt?« [238]) Schließlich kommt es zu einer tragischen Zuspitzung, und sie nimmt sich das Leben. Sie erwartet ein Kind, und ihr Mann will dieses Kind nicht. Insgesamt gesehen, geht sie daran zugrunde – es ist ein regelrechtes Erlöschen –, daß sie ihr bitteres Schicksal nicht mehr durch den christlichen Glauben ausgleichen kann. Die »hohle Stelle« (340f.) bringt sie zu Fall, die nach Bentsch und Lorenz dann entsteht, wenn jemand seinen christlichen Glauben verliert und kein neuer, wie die beiden ihn im sozialen und politischen Kampf gefunden haben, an seinen Platz rücken kann.

Dieser Gesichtspunkt ist entscheidend für die Beurteilung von Anna Seghers' Kommunismus-Bild im Zusammenhang mit der christlichen Religion. Bentsch, in einer christlich bestimmten Wertewelt aufgewachsen und lange daran festhaltend, überträgt die ethische Bestimmung des Christentums auf sein ›neues Leben‹, den revolutionären, solidarischen Kampf der Arbeiter für sozial gerechtere Lebensverhältnisse. Eigentlich liegt also keine ›Zerstörung‹ der Religion vor, keine wirkliche Überwindung, sondern eine Übertragung ihres ethischen Inhalts in eine neue Form des konkreten sozialen Verhaltens.

4. Erzählungen und Publizistik im französischen Exil

Anna Seghers gehört zu jenen deutschen Schriftstellern zwischen 1933 und 1945, die im Exil mit großer Produktivität weiterarbeiteten und sich offenbar kaum durch die vollkommen neue Lebens- und Schaffenssituation irritieren ließen. Wir wissen nicht viel über ihr Leben in diesen Jahren. (Vgl. S. 40.) Immerhin ist bekannt, daß sie an der Vorbereitung des Kongresses für die Verteidigung der Kultur (Paris 1935) mitarbeitete, während des Bürgerkriegs nach Spanien reiste (sie sprach auf dem Kongreß 1937 in Barcelona, der den Kongreß von Paris fortführen sollte). Wir wissen, welche ungeheure Gefahr der Einmarsch der deutschen Truppen in Paris 1940 für sie und ihre Kinder bedeutete. Anna Seghers stand auf der Liste der von der Gestapo gesuchten deutschen Exilanten. (Ihr Mann, der zu den international bekannten Kommunisten gehörte, war bereits kurz nach Kriegsbeginn in das Internierungslager Le Vernet nach Südfrankreich verbracht worden.) Sie selbst hat in einem 1943 in den USA veröffentlichten Interview über die Ereignisse jener Wochen und Monate berichtet: Der erste Fluchtversuch mißlang, die Straßen im unbesetzten Frankreich waren von Menschen und Fahrzeugen vollgestopft. Sie mußte mit ihren beiden Kindern nach Paris zurückkehren. Dann wagte sie mit Unterstützung französischer Freunde erneut die Flucht über die Demarkationslinie, die nunmehr glücklich endete. Einen Winter lang hielt sie sich in der Nähe von Le Vernet auf, um hier auf die Entlassung ihres Mannes zu warten. Die ›League of American Writers‹ und das ›Publishers Commitee‹ erwirkten schließlich die Freilassung Radvanyis, besorgten Visen und Geld, so daß die Familie nach Marseille gehen und von dort über die Antillen in Richtung USA abreisen konnte. (Das Interview ist neu abgedruckt in: Stephan, 1985, 252–257. Vgl. auch den Bericht von Jeanne Stern, 1975, 81–88.)

Das alles ist Bestandteil einer wirklich abenteuerlichen Biographie (die leider noch nicht geschrieben wurde) – für unseren Zusammenhang ist ausschlaggebend, daß die Werkfolge auch in diesen Jahren nicht abreißt. Anna Seghers schreibt weiterhin Romane, Erzählungen, Publizistik und ist unaufhörlich für Kongresse (1935, 1937), für Institutionen (vor allem den SDS), für die verschiedensten Veranstaltungen engagiert.

In dem Jahr, in dem »Der Weg durch den Februar« erscheint» (1935), hält Anna Seghers ihre berühmte Rede auf dem Pariser Kongreß. Sie gibt ihr die Überschrift »Vaterlandsliebe«, ein Wort, das ihr noch wenige Jahre zuvor wahrscheinlich nur polemisch über die Lippen gekommen wäre. ›Vaterlandsliebe‹ war um 1930 und davor mit dem Versuch von rechtsaußen verbunden, die Menschen für ganz bestimmte politische Ziele zu gewinnen. Patriotismus und Nationalismus waren für die Kommunisten, wie für alle linken Gruppierungen, ein Synonym für politische Reaktion, ja für schlimmstes Unheil und Krieg. (Die Erfahrung des Ersten Weltkriegs – am Anfang aufbrandender Patriotismus, dann mehr und mehr unvorstellbares Leid für alle – war noch nicht vergessen.) Die Kommunistische Partei stellte ihr Programm des Internationalismus, den alle Länder übergreifenden Befreiungskampf der Arbeiterklasse, dagegen. Daß solch ein Programm, solch eine politische Idee, die möglichst viele Menschen erreichen sollte, womöglich zu abstrakt sei, hat Anna Seghers zumindest ansatzweise noch vor ihrer Flucht aus Deutschland erkannt. In ihrem Aufsatz »Was wissen wir von Jugendcliquen?« von 1931 (ÜKW III, 175f.) wendet sie sich an ihre Gesinnungsgenossen, die die konkreten politischen Verhältnisse nicht mehr deutlich genug sehen, die sich offensichtlich viel zu wenig darum kümmern, daß die jungen Leute scharenweise den Nazis in die Arme laufen. Die katastrophalen sozialen Zustände in Deutschland (Wirtschaftskrise, Arbeitslosigkeit), so argumentiert Anna Seghers, stürzen die Menschen in eine Daseinsleere, die sie empfänglich macht für alle möglichen »Rettungsversuche« (ÜKW III, 176). Endstation ist dann in den meisten Fällen »die Clique«, »der Ganovenverein«, wo der Jugendliche »in sehr kindischer Form« das findet, »was ihm die Gesellschaft gar nicht bietet, Gemeinschaft, Freude, den Gebrauch seines Verstandes und seiner Muskeln«.

Im gleichen Jahr wie dieser kleine Aufsatz erscheint eine knappe Besprechung des damals mit großem Aufsehen uraufgeführten Films »Im Westen nichts Neues« nach E. M. Remarque. Anna Seghers beobachtet an der Wirkung dieses Films auf Jugendliche das gleiche Phänomen: [...] die Sehnsucht nach Aktion, den Wunsch nach Bewährung [...], für den der kleinbürgerliche Alltag kein Ventil hat« (ÜKW II, 50).

Die Rede »Vaterlandsliebe« entsteht vor dem Hintergrund einer neuen geschichtlichen Situation, die 1931 als noch abwendbare Gefahr beschworen wurde. Aber weiterhin verfolgt Anna Seghers den Grundgedanken, daß der »Mensch an der Stempelstelle, am laufenden Band, im Arbeitsdienstlager« sich als »ein Niemand« fühlt (ÜKW I, 65), der »verwertbar« ist für die schlimmsten Untaten. Und es geht längst nicht mehr nur um falsche politische Ziele, es geht um Tod oder Leben ganzer Länder und Erdteile: »Der Krieg wird zur Verwertung der Unverwertbaren, zum Ausweg der ausweglosen Welt. Da regeneriert sich abermals eine scheinbare Gemeinschaft: im Frieden gab es keine Gleichheit, jetzt gibt es, mächtige betrügerische Verlockung, die Gleichheit vor dem Tod.« Und das alles auf der Grundlage des mißbrauchten nationalen Gedankens. (»Das Vaterland braucht dich.«) Deshalb Anna Seghers' Forderung, diesen Gedanken nicht zurückzuweisen, sondern ihn mit einem Inhalt, der »am Anfang der bürgerlichen Epoche« (ÜKW I, 64) schon einmal vorhanden war zu beleben. »Entziehen wir die wirklichen nationalen Kulturgüter ihren vorgeblichen Sachwaltern« (66). In der Filmbesprechung von 1931 glaubte sie noch an die Möglichkeit einer grundsätzlichen Abschaffung des nationalen Gedankenguts – eine naive, ziemlich sektiererische Vorstellung, die sie im Exil schnell überwindet. Sie spricht jetzt mit großer Wärme gerade von den deutschen Dichtern, die an ihrer übermäßigen »Vaterlandsliebe« zugrunde gegangen sind. Da diese Sätze ein gutes Beispiel für die publizistische Brillanz sind, zu der Anna Seghers gerade in diesen Jahren fähig war, sollen sie hier vollständig wiedergegeben werde:

»Hölderlin, gestorben im Wahnsinn, Georg Büchner, gestorben durch Gehirnkrankheit im Exil, Karoline Günderode, gestorben durch Selbstmord, Kleist durch Selbstmord, Lenz und Bürger im Wahnsinn. [...] Diese deutschen Dichter schrieben Hymnen auf ihr Land, an dessen gesellschaftlicher Mauer sie ihre Stirnen wund rieben. Sie liebten gleichwohl ihr Land. Sie wußten nicht, daß das, was an ihrem Land geliebt wird, ihre unaufhörlichen, einsamen, von den Zeitgenossen kaum gehörten Schläge gegen die Mauer waren. Durch diese Schläge sind sie für immer die Repräsentanten ihres Vaterlands geworden« (UKW I, 65f.).

Mit der Ezählerin Seghers verbinden wir in den dreißiger Jahren vor allem die großen Romane, mit dem Höhepunkt »Das siebte Kreuz« (1939 abgeschlossen). Es gibt aber auch einige kleinere erzählerischen Texte, die nicht etwa ein Nebenprodukt der Romane sind, sondern ganz eigenständige Wege gehen. Das Bild der Erzählerin Seghers wäre unvollständig – und zwar im qualitativen Sinne –, wenn wir uns lediglich an die Romane hielten. Anna Seghers hat zu allen Zeiten Erzählungen oder auch Erzählzyklen geschrieben, die als wichtige, eigenständige Teile des Gesamtwerks behandelt werden müssen. Es gibt sogar Stimmen unter den Kritikern, die sagen, in einigen dieser Erzählungen habe Anna Seghers ihr Eigentlichstes und Wichtigstes gegeben. (Vgl. z.B. Hermlin, 1960, 56.)

Die Sekundärliteratur zitiert immer wieder eine Aussage, die Anna Seghers gesprächsweise der Kritikerin und Freundin Tamara Motyljowa mitteilte: »Es gab [...] zwei Linien: Erzählen, was mich heute bewegt, und die Farbigkeit von Märchen. Das hätte ich am liebsten vereint und wußte nicht wie.« (Zitiert nach Batt, 1973, 23. Hier auch Nachweis der russischen Originalstelle bei Motyljowa.) Blickt man von hier aus auf das Gesamtwerk, so ist leicht zu erkennen, daß Anna Seghers immer wieder versucht – mit Ausnahme einer längeren Pause in den 50er Jahren –, ins Mythologische, Legenden- und Märchenhafte überzuwechseln. Ganz abgesehen davon, daß in den Zeitgeschichtsromanen des öfteren, allerdings auf eine sehr versteckte Art und Weise, der Bogen dorthin geschlagen wird. In der zweiten Hälfte der 30er Jahre fällt nun sogar eine Häufung solcher Erzählungen auf. Diese Texte konfrontieren uns mit Fragen, die die Romane jener Zeit umgehen bzw. nur am Rande behandeln. In der Reihenfolge ihrer Entstehung sind das folgende Werke: »Die schönsten Sagen vom Räuber Woynok« (Erstdruck in: Das Wort, Moskau, Juni-Heft 1938), »Sagen von Artemis« (Erstdruck in: Internationale Literatur, Moskau, Septemberheft 1938), »Reisen ins elfte Reich« (Erstdruck in: Die neue Weltbühne, Prag/Zürich/Paris, Januar-Februar 1939); »Die drei Bäume« (Erstdruck in: Neues Deutschland, Mexico, Juni-Heft 1946, entstanden bereits 1940). Die übrigen Erzählungen dieses Zeitabschnitts (»Die Stoppuhr«, »Der Führerschein«, »Marie geht in die Versammlung«) stehen in engem thematischen Zusammenhang mit den oben besprochenen Romanen.

»Die schönsten Sagen vom Räuber Woynok« sind eine Art Fortsetzung der Grubetsch- und Hull-Problematik, hervorgegangen aus den inzwischen gewonnenen Erfahrungen als Mitglied einer politischen Partei, die die bestehende gesellschaftliche Ordnung umstürzen will. Woynok, der Räuber und Rebell, der sich gegen die bestehenden Verhältnisse auflehnt, handelt ganz auf sich allein gestellt. (»Woynok, der immer allein raubte« [IX, 210].) Das Prinzip des organisierten gemeinschaftlichen Kampfes vertritt sein Widerpart Gruschek. Beide kennen sich gut, tauschen sogar ihre Erfahrungen aus, aber ein Zusammenwirken ist undenkbar. Das Wichtige hierbei ist, daß sie einander tolerieren und keine Feindschaft oder Konkurrenz zwischen ihnen besteht. Es kommt also zu einer Gegenüberstellung des individualistisch-anarchistischen Wegs und des organisierten Kampfes. Realpolitisch gesehen, ist Gruscheks Programm das erfolgversprechende. Woynok, der einzelne, unterliegt schließlich, aufgezehrt von der übermenschlichen Anstrengung seines Kampfes. Der Erzähler hält aber kein Gericht über ihn – wie es der strengen Parteidisziplin entsprochen hätte, die solche Individualisten aus ihren Reihen ausschloß. Inzwischen weiß man, daß Anna Seghers bei der Woynok-Gestalt den Arbeiterschriftsteller und Vagabunden Georg K. Glaser vor Augen hatte. Glaser war kurzzeitig sowohl Mitglied des BPRS wie der Partei, trennte sich aber noch vor dem Exil von beiden Organisationen. (S. dazu Michael Rohrwasser, Der Stalinismus und die Renegaten. Die Literatur der Exkommunisten, Stuttgart 1991, S. 246, und Rohrwasser, Nachwort zu: G.K. Glaser, Geheimnis und Gewalt. Ein Bericht, Basel/Frankfurt a.M. 1990, S. 559–565.)

Es erfolgt also keine Verurteilung Woynoks, im Gegenteil, er erscheint als ein starker, faszinierender Mensch, der in Übereinstimmung mit der Natur lebt. Darin, und nicht in irgendeiner politischen Überzeugung, liegt der Grund für seine Klarheit und Ehrlichkeit, die ihn vor allen anderen, auch vor Gruschek, auszeichnet. So ergibt sich unweigerlich die Frage (direkt ausgesprochen wird sie in der Erzählung natürlich nicht): Reißt die organisierte politische Arbeit den Menschen aus seinen ursprünglichen, natürlichen Bindungen heraus? Gibt es hier womöglich ein neues, nicht aus der kapitalistischen Organisation der Gesellschaft stammendes Entfremdungsphänomen? Solche Texte von Anna Seghers wollen Fragen aufwerfen,

Widersprüche zuspitzen, um ihre wahren Ausmaße bewußt zu machen, die von der Parteiideologie nicht gesehen wurden.

Einer der schwierigsten Texte, die Anna Seghers je geschrieben hat, sind die »Sagen von Artemis«. Beim »Räuber Woynok« war der Ursprung in Erfahrungen, gewonnen bei der politischen Arbeit, ohne weiteres erkennbar; im Fall der Artemis-Sagen ist das viel komplizierter. Aber auch ihre Abstammung aus solchen und ähnlichen Erfahrungen ist schließlich erkennbar.

Grundthema dieser Erzählung ist folgendes (man muß sich hier auf eine möglichst weit gefaßte Interpretation einlassen): Das leidenschaftliche Streben der Menschen nach nicht Materiellem, nach einer Idee, einem Ideal, einer Utopie. Die Tatsache, daß es Menschen gibt, die alles daran setzen, und sei es das eigene Leben, einer Idee oder einer Utopie zu folgen. So kann man wohl das unbedingte Verlangen der Jäger auffassen, ihre Göttin Artemis zu erblicken. Das Hindernis, das sich ihnen in den Weg stellt, ist, daß sich Artemis immer wieder ihren Blicken entzieht. Nur sehr wenigen gelingt es, sie tatsächlich einmal mit eigenen Augen zu sehen. (»Die meisten sehen sie nie [...]« [IX, 240].) Und das Leben derjenigen, die ihr schließlich doch einmal gegenüberstanden, ist fortan von Grund auf verändert. Einer, der Artemis lange Zeit sogar mit Heiratsabsichten nachstellte, geht bald daran zugrunde. Die tiefsten Einschnitte im Leben sind diejenigen durch tragische Erschütterungen. Das müssen alle Menschen erfahren, die Artemis begegnen.

Nun wäre es sicherlich grundverkehrt, in Artemis lediglich das ausgeklügelte Symbol der Revolution bzw. des Revolutionären zu sehen. Eine Schlußfolgerung, zu der man womöglich durch die Entstehungszeit dieser Erzählung verleitet werden könnte. (Vgl. dazu: Geschichte der deutschen Literatur, Bd. 10: 1917–1945. Von einem Autorenkollektiv u. Ltg. v. Hans Kaufmann in Zusammenarbeit mit Dieter Schiller, Berlin 1978, S. 552, und den Kommentar zu dieser Interpretation bei Sauer, 1978, 90.) Das macht ja gerade die Bedeutung solcher Seghers-Texte aus (und ihren besonderen Reiz), daß sie einen sehr weiten, nicht nur sozialgeschichtlich bestimmten Raum des Verständnisses eröffnen. Anna Seghers hat immer wieder derartige Versuche unternommen, ihre politischen Erfahrungen und Absichten mit menschlich-allgemeinen Fragestellungen zu verbinden.

Geradezu rätselhaft sind die drei kurzen Texte »Die drei Bäume« aus dem Jahre 1940. In jedem dieser Texte – sie ergeben

zusammen kaum mehr als drei Seiten – ist der Baum Zuflucht-
stätte, natürlicher Ort der Geborgenheit. Zugleich aber kann
sich daraus – so in der ersten und zweiten Geschichte – für den
einzelnen, der dort zunächst Schutz und Geborgenheit fand, ein
tödliches Unheil entwickeln.

Die Texte sind 1940 entstanden, in einem der abenteuerlich-
sten und gefährlichsten Jahre in Anna Seghers' Leben. Erinnern
wir uns: Die Deutschen sind im Sommer in Paris einmarschiert
(das heißt, die Stadt wird am 14. Juni kampflos übergeben).
Anna Seghers steht auf der Liste der von der Gestapo gesuchten
Personen. Dann folgen die furchtbaren Wochen und Monate
der Flucht.

Die erste und zweite Geschichte handeln von einer Flucht
inmitten tödlicher Gefahr und von der Rettung durch den
Unterschlupf in einem Baum. In beiden Fällen muß die zunächst gelungene Flucht am Ende mit dem Leben bezahlt werden. Der Ritter in »Der Baum des Ritters« (spielt im Mittelalter)
kann sich aus dem Spalt des Baums, in dem er sich vor seinen
Verfolgern versteckt hatte, nicht mehr befreien. Er wird Jahrhunderte später von Holzfällern entdeckt. Auch der Prophet
Jesaias (»Der Baum des Jesaias«) flüchtet sich vor seinen Verfolgern in eine Baumspalte. Aber er verhält sich ganz anders als
jener Ritter. Er könnte, als die Gefahr vorüber ist, problemlos
entfliehen. Er, der Prophet seines Volkes, hatte bisher äußersten
Mut in allen nur denkbaren Gefahren bewiesen. Jetzt, wo es nur
darauf ankommt, die vorübergehende Abwesenheit seiner Verfolger für die Flucht zu nutzen, hält ihn eine unüberwindliche
Angst in der Baumspalte zurück. Das ist hier wohl der sprin-
gende Punkt: Die Flucht und die Versteck-Situation verändern
den Menschen so tiefgreifend, daß es zu einem vorher undenk-
baren Verhalten kommt.

Bei der Rittergeschichte muß man noch folgende Nuance
beachten: der Gegensatz von fühlender und denkender Men-
schennatur einerseits, die Natur andererseits. Während der Ritter auf die grausamste Weise verenden muß, wächst und gedeiht
der Baum weiter zu großer Pracht. Wer also Zuflucht und Trost
in der Natur sucht, der sollte sich über deren vollkommene
Gleichgültigkeit gegenüber den Menschen nicht täuschen.

Die letzte Geschichte, »Der Baum des Odysseus«, erzählt
von der tiefen Trennung zwischen Mann und Frau, die eintritt,
wenn sie, wie Odysseus und Penelope, sehr lange voneinander
getrennt und in ganz verschiedenen Lebensbereichen leben.
(Radvanyi war, wie oben erwähnt, bereits kurz nach Kriegsbe-

ginn interniert und erst am Ende des Winters 1941 freigelassen worden.) Sie erkennen sich nicht mehr wieder. (»Was sagt mir denn mein Herz? –«, fragt sich Penelope. Ihre Antwort: »Gar nichts« [IX, 275].) Schließlich bringt die Erinnerung an das aus einem Baum geschnittene Bett, die nur der richtige Ehemann und keiner der zahlreichen Bewerber besitzen kann, die endgültige Gewißheit. Der Baum (das Bett) ist hier Sinnbild der einstigen Zweisamkeit und Liebe, und er ist das Unterpfand dafür, daß dieses neue Zusammenleben sich nicht auf Lüge gründen wird. Aber zugleich vermittelt der Text die schmerzliche Gewißheit, daß der Mensch, das menschliche Herz wandelbar und nicht verläßlich ist, entgegen allen Beteuerungen, die seit Jahrhunderten in der abendländischen Tradition das Gegenteil behaupten.

Man sollte bei diesen drei kurzen Texten niemals vergessen, daß sie ein Zyklus sind, folglich nicht nur einzeln, sondern auch in ihrem Zusammenhang gesehen werden müssen. Diese Erzählungen verarbeiten extreme existentielle – nicht politische – Erfahrungen, die die Autorin mit Flucht und tödlicher Gefahr gewonnen hatte. Es gibt keine Diskrepanz zu den zeitgeschichtlichen Romanen, aber doch eine wesentliche Vertiefung, teils sogar eine erste Entdeckung bestimmter Problemstellungen. (Vgl. die Erörterung dieser Erzählungen bei Wagner, 1978, 177–201, und bei Quilitzsch, 1986, 66–86, der an Wagner anschließt.) Von Bertolt Brecht, der ein Verehrer der Seghersschen Erzählkunst war, ist ein Lob der Woynok-Sagen überliefert. Sie ließen »die Befreiung der Seghers vom Auftrag erkennen«. So äußerte er sich gegenüber Walter Benjamin. »Die Seghers kann nicht aufgrund eines Auftrags produzieren [...]« (W. Benjamin, Aufzeichnungen vom Juli 1938, in: Ders., Versuche über Brecht, Frankfurt a.M. 1966, S. 133). Das war ausdrücklich als eine Kritik an ihren Büchern mit zeitgeschichtlich-politischer Thematik gemeint. (Vgl. auch die Bemerkung Brechts im »Arbeitsjournal«, Eintragung v. 11. 7. 1951.)

5. »Das siebte Kreuz« –
Leben unter der faschistischen Diktatur

Als der Höhepunkt des Seghersschen Schaffens wird von den meisten Literaturwissenschaftlern und Kritikern der Roman »Das siebte Kreuz« angesehen. (»Legendär ist der Ruhm, einmütig die Bewunderung [...]« [Beicken, 1983, 255; hier Hinweise auf die nationale und internationale Resonanz].) Selbst Interpreten, die der politischen und weltanschaulichen Position von Anna Seghers ablehnend gegenüberstehen, loben die Gestaltungskraft und Komposition dieses Romans. (Z.B. Reich-Ranicki [1990, 227 ff.], der die politischen Anschauungen der Seghers schroff zurückweist, die künstlerischen Qualitäten vor allem der frühen Erzählungen und des »Siebten Kreuz« aber in den höchsten Tönen lobt.) Sowohl in den Überblicksdarstellungen der Literaturgeschichten, die den entsprechenden Zeitraum behandeln, als auch in einzelnen Aufsätzen oder Kritiken ist man einhellig der Meinung: »Das siebte Kreuz« ist das beste deutsche Buch aus den 30er und 40er Jahren über Hitlerdeutschland. (Der Untertitel des Romans lautete in der Erstausgabe und dann wieder seit der Publikation innerhalb der Werkausgabe 1975 »Roman aus Hitlerdeutschland«.) Selbst Lukács, der bekanntlich kein günstiges Urteil über die sozialistische deutsche Literatur hatte (und das schloß sogar den genialen Erneuerer Brecht mit ein), sagte über das »Siebte Kreuz«: »[...] der weitaus beste Roman über das faschistische Deutschland [...].« Zugleich äußerte er aber schwer nachvollziehbare Vorbehalte, die nur aus seiner rationalistischen Konstruktion einer völligen Identität von Individuellem und Gesellschaftlich-Geschichtlichem verständlich sind (G. Lukács, Skizze einer Geschichte der neueren deutschen Literatur, Berlin 1953, S. 149).

Anna Seghers arbeitete am »Siebten Kreuz« in ihren letzten Pariser Exiljahren und schickte von hier aus, bevor sie ins unbesetzte Frankreich floh, das einzige Manuskript, das sie besaß, nach New York an F.C. Weißkopf. (Inzwischen wurde noch ein weiteres Exemplar aufgefunden. Offenbar hat doch noch ein Manuskript existiert, das dann der Gestapo in die Hände fiel. Erst Jahrzehnte später wurde es zufällig im Zentralen Staatsarchiv der DDR in Potsdam entdeckt. Ausführlich zu diesem Thema: Stephan, 1985, 12–24.)

Aus dem im Heft 11/1985 der »Neuen Deutschen Literatur«

(Berlin), S. 5–46, veröffentlichten Briefwechsel zwischen Seghers und Weißkopf aus dem Zeitraum Dezember 1939 – Juli 1941 kann man die entsprechenden Vereinbarungen zwischen den beiden entnehmen – und man kann aus diesem Briefwechsel weiterhin erfahren, daß die Autorin selbst ihrem soeben beendeten Roman eine besondere Bedeutung unter ihren bisherigen Büchern beimißt. »Ich hoffe sehr, daß Ihr etwas für meinen Roman tun könnt. Das ist für mich das Wichtigste« (Brief vom 2. Februar 1940). Am 15. März wiederholt Anna Seghers die Bitte: »[...] weil mir das Buch besonders am Herzen liegt. [...] denn dieses Buch hat für mich, wie gesagt, eine besondere Bedeutung.« Unter dem Schreiben vom 29. November steht der einzelne Satz: »Was mich am meisten interessiert, ist das Schicksal des Kreuzes.« Den Briefwechsel durchzieht die Sorge, daß das Manuskript des Romans verloren ginge. Erst bei der Ankunft auf der Einwandererinsel Ellis Island im Sommer 1941 erfährt Anna Seghers, daß das Manuskript in New York wohlbehalten angekommen war. (Anna Seghers in dem schon erwähnten Interview von 1943, abgedruckt bei Stephan, 1985, 252–257.) 1942 erschien dann das Buch auf deutsch in dem Verlag El libro libre, den deutsche Emigranten in Mexiko gegründet hatten. Im gleichen Jahr (im September) wurde es auf englisch in Amerika (Boston) herausgebracht und eroberte dort in kurzer Zeit den ersten Platz einer Bestsellerliste. Innerhalb von zwölf Tagen wurden in den USA 319000 Exemplare verkauft. (Den Siegeszug, den der Roman auf dem amerikanischen Buchmarkt durchlief, hat Alexander Stephan [1985, 238–259] beschrieben, der in den USA lebt und die entsprechenden Recherchen vor Ort durchführen konnte.) Daran schloß sich die berühmte Verfilmung in Hollywood an: eine nicht zu überbietende Reklame für den Roman, der Anna Seghers' größter Erfolg und einer der größten, wenn nicht der größte Erfolg deutscher Exilliteratur überhaupt wurde. Die erste deutsche Ausgabe erschien dann 1946 im Aufbau-Verlag Berlin, also noch bevor die Autorin selbst wieder in Deutschland war. (Der »Sonntag«, Wochenzeitung des Kulturbundes, hatte am 7. 7. 1946, S. 3, den Anfang des Romans abgedruckt; damit betrat dieses Buch, das schon in viele Sprachen übersetzt war, gewissermaßen zum ersten Mal die deutsche Literaturlandschaft.) 1948 erhielt Anna Seghers für »Das siebte Kreuz« den Büchner-Preis. Das mag den Verleger Ledig-Rowohlt mit dazu bewogen haben, das Buch in seine soeben ins Leben gerufene Taschenbuchreihe (die für damalige Verhältnisse ungewohnt hohe Auflagen hatte) aufzunehmen.

»Das siebte Kreuz« ebnete also Anna Seghers den Weg, als eine international anerkannte, berühmte deutsche Schriftstellerin nach langen Jahren des Exils nach Deutschland zurückzukehren. Ihr politisches Engagement und ihre politischen Funktionen in der 1949 gegründeten DDR haben ihr dann kurze Zeit später in der westlichen Hemisphäre, vor allem in Westdeutschland, den Ruf einer staatstreuen Dichterin eingebracht. Selbst Lukács, der 1956 in Budapest auf der Seite der Aufständischen gestanden hatte, sieht Anna Seghers in seinem Altersrückblick ähnlich (G. Lukács, Gelebtes Denken, Frankfurt a. M. 1981, S. 151).

Der Untertitel »Ein Roman aus Hitlerdeutschland« sagt schon recht deutlich, was hier zu erwarten ist: Wie lebt man unter einer offenen, vor nichts zurückschreckenden Diktatur? Wie kann der Mensch unter solchen Bedingungen seinen eigenen individuellen Lebensraum bewahren? Kein anderer der emigrierten Schriftsteller wagte sich an dieses Thema heran. Lion Feuchtwangers Parabel-Roman »Der falsche Nero« (1936) ist nicht zufällig eines seiner schwächsten Bücher. Konnte man denn als Emigrant über Hitlerdeutschland schreiben? Feuchtwangers geschichtliche Parabel mißlang, weil das Historische an ihr überfrachtet war mit aktuellen Bezügen und diese wiederum das Historische in ein falsches Licht stellten. Andere haben sich von vornherein auf die Historie beschränkt und auf diese Weise ein Gegenbild zu den deutschen Verhältnissen geschaffen. (G. Lukács verweist in seinem Aufsatz »Der Kampf zwischen Liberalismus und Demokratie im Spiegel des historischen Romans der deutschen Antifaschisten« [1938] an erster Stelle auf Heinrich Manns Roman »Die Jugend des Königs Henri Quatre«, dann auf Bruno Franks Cervantes-Roman, Stefan Zweigs Erasmus-Biographie, Feuchtwangers Romanzyklus über den römischen Historiker Flavius Josephus [in: Ders., Essays über Realismus, Berlin 1948, S. 88–127]. Vgl. dazu auch Hans Dahlke, Geschichtsroman und Literaturkritik im Exil, Berlin 1976, S. 87–219.)

Anna Seghers hat gewagt, wovor so viele zurückschreckten. Sie hat sich, wie wir aus Berichten ihrer Freunde und aus Briefen wissen (Abusch, 1960, 67; C. Wolf, 1986, 266), um möglichst viele authentische und persönliche Informationen über Deutschland bemüht. (Zum zeitgeschichtlichen Hintergrund des Romans vgl. vor allem Hilzinger, 1990, 19 ff.) Sicherlich war für den Entschluß zu diesem Roman auch von Bedeutung, daß ihr Verhältnis zu Deutschland und den Deutschen nicht in der Weise belastet war, wie bei einigen ihrer Kollegen. Und das wiederum ist wahrscheinlich nicht zuletzt dadurch zu erklären, daß Anna Seghers in den letzten Jahren ihres Lebens und Arbeitens in Deutschland hauptsächlich die soziale Frage interessiert hatte und weniger die Frage nach einer geistesgeschichtlich oder national-psychologisch usw. bestimmten Identität der Deutschen und des Deutschen.

Und noch ein Drittes sollte man bedenken, wenn man diesen Roman als ein herausragendes Dokument der nationalen Selbstbefragung und -besinnung würdigt. Es ist derjenige Seghers-Roman mit der stärksten landschaftlichen Prägung. Das Rheinland, also die Heimat der Autorin, und auch der Menschenschlag, der hier lebt, sind in diesem Buch mit einer Sinnlichkeit und Unmittelbarkeit gegenwärtig wie in keinem anderen von Anna Seghers.

Was in der »Rettung« konzeptionell schon ansatzweise vorhanden war, ist im »Siebten Kreuz« zur vollen Deutlichkeit ausgebildet: Das Romangeschehen wird nicht aus dem Zentrum einer einzelnen Hauptgestalt enwickelt, sondern aus mehreren, in diesem Fall aus zwei, und deren sozialem Umfeld: Georg Heisler und Franz Marnet. Bei diesem Roman wird oft vergessen (Hassauer-Roos/Roos, 1977, 99), daß neben Georg Heisler, der die auffälligere, schillernde Gestalt ist, völlig gleichberechtigt Franz Marnet steht. (Vgl. dazu Wagner, 1978, 129 ff., der es ähnlich sieht.) Heisler gelingt am Ende die Flucht aus Deutschland. Aber ohne die Solidarität anderer wäre die erfolgreiche Flucht gar nicht möglich gewesen. Heisler, auf sich allein gestellt, wäre bald wieder in den Händen seiner Verfolger und auch das siebte Kreuz würde nicht leer bleiben. Den größten Mut muß nicht Heisler aufbringen – er hat schließlich nichts zu verlieren –, sondern seine Helfer. Deren Lebensauffassung verkörpert in der Entwicklung und in allerdeutlichster Form jener Franz Marnet.

Diese Entscheidung von Anna Seghers, das Romangeschehen und die Idee des Ganzen aus zwei Figuren zu entwickeln, stammt vermutlich aus der Befürchtung, daß die extreme Situation in Deutschland zu ideologischen und politischen Abstraktionen verleiten könnte: Freund oder Feind, Nazi oder Nichtnazi, wie es vielerorts auch von deutschen Emigranten getan wurde. Was jetzt not tat, war aber nicht Spaltung, sondern Zusammenführung breiter Volksschichten, der Konsens für eine antifaschistische Stoßrichtung, die vielberufene Volksfront-politik, zu der sich die Kommunisten nach der ›Machtergrei-fung‹ entschlossen hatten.

Anna Seghers hat mehrfach Hinweise auf die Struktur und das gedankliche Gerüst ihres Romans gegeben. Sie wollte einen Querschnitt durch die deutsche Gesellschaft jener Jahre geben (vgl. Diersen, 1972, 96–120; Beicken, 1983, 262ff.), und zwar in Anlehung an den Roman »Die Verlobten« (1827) des Italieners Allessandro Manzoni, in dem ein Paar durch besondere Um-stände gezwungen wird, innerhalb eines Landes von Ort zu Ort zu fliehen. Und diese ›Orte‹ bezeichnen jeweils einen ganz be-stimmten sozialen bzw. menschlich-individuellen Zusammen-hang. Dahinter steht das alte epische Muster des Abenteuer- und Reiseromans, dem auch Manzoni in seinem Romanepos gefolgt war. (Vgl. zum Manzoni-Bezug Straub, 1974, 129–133.) Das Panorama der deutschen Verhältnisse entsteht im »Siebten Kreuz« durch die Aneinanderreihung der einzelnen ›Stationen‹ dieser Reise, und zwar nicht allein Heislers, sondern auch Mar-nets.

»Das siebte Kreuz« ist also ein Roman über das Leben in einer Diktatur, und das Ausschlaggebende ist, daß Angst und Schrecken am Ende doch nicht ein ganzes Land in Lethargie und geduckte Willfährigkeit versetzen können. Anna Seghers war offensichtlich zu keinem Zeitpunkt bereit – jedenfalls gibt es in ihren Schriften keinen einzigen Satz in diesem Sinne –, den radikalen Auffassungen des englischen Lords Vansittart auch nur ansatzweise zu folgen. Dieser britische Patriot ging in sei-nem Antifaschismus so weit zu behaupten, die Deutschen schlechthin seien ein verdorbenes, vom Faschismus durch und durch infiziertes Volk. Woraus er die Schlußfolgerung ableitete, dieses Volk müsse aus der Weltgeschichte für immer verschwin-den, es müsse seiner nationalen Identität und Souveränität be-raubt werden. Auch deutsche Emigranten, sicherlich aus tiefster Verzweiflung, sind dieser Auffassung gefolgt (Emil Ludwig). (Einzelheiten über Vansittarts Wirken bei Wolfgang Kießling, Alemania Libre in Mexiko, 1. Bd., Berlin 1974, S. 126ff.) »Das siebte Kreuz« entwirft dagegen ein Bild Deutschlands und der Deutschen, das diesem Nihilismus, der im Grunde genauso radikal, d.h. in diesem Fall undifferenziert, vorgeht wie seine Gegner, die faschistischen Ideologen, keinen Tribut zollt. Die Überwindung des Faschismus nur durch Einwirkung von außen und nicht auch durch einen Veränderungs- und Bewußt-werdungsprozeß im Innern, im deutschen Volk selbst, ist zwar ein damals verständlicher, aber letztlich inhumaner Gedanke. Die Menschen eines Landes sind nicht schlechthin identisch mit einer wahnwitzigen, kriegerischen Ideologie, auch wenn die Anhängerzahl einen erheblichen Prozentsatz der Gesamtbevölkerung ausmacht.

6. »Transit« – Beschreibung des entwurzelten Lebens

Dieser Roman ist in vielerlei Hinsicht, vor allem durch seinen Stoff und seine konzeptionelle und kompositorische Anlage, ein Sonderfall in der Reihe der Romane von Anna Seghers. »Transit« ist kein Gesellschaftsroman oder Zeitgeschichtsroman, vergleichbar mit der »Rettung« oder dem »Siebten Kreuz«. (Die Romane »Der Kopflohn«, »Die Rettung«, »Das siebte Kreuz«, »Die Toten bleiben jung«, verstehen viele Interpreten als eine Art Deutschlandzyklus: Winckler, 1982, 1 ff.; Wolf, 1986, 266; Walter, 1986, 87 ff.) »Transit« soll nicht die Totalität einer geschichtlichen Situation oder gar Epoche abbilden, sondern eine individuelle Befindlichkeit in den schier unübersehbaren Wirrnissen einer außergewöhnlichen Situation. Und diese Situation ist unübertrefflich im Titel ausgedrückt: der Roman heißt wohlüberlegt nicht »Exil«, sondern »Transit«. Nachweislich fanden viele Exilerlebnisse und -erfahrungen der Autorin im Roman ihren Niederschlag. Ebenso deutlich ist z.B. der Bezug auf das Schicksal des österreichischen Schriftstellers Ernst Weiß, den Anna Seghers noch vor dessen Selbstmord in Paris kennengelernt hatte. Sie selbst hat diese Hinweise auf entsprechende Anfragen gegeben (ÜKW IV, 95 f., 163 f., auch 88). Eine ausführliche Entschlüsselung dieses entstehungsgeschichtlichen Hintergrunds stammt von Hans-Albert Walter (1985). Der Roman ist dennoch mehr als die Beschreibung eines zufälligen Lebens im Exil.

Er spielt in der französischen Hafenstadt Marseille während des Krieges und handelt von dem Bemühen einiger Menschen, Durchfahrtserlaubnis (Transit) durch ein anderes Land zu bekommen, um Frankreich verlassen zu können. Die Konstellation der Hauptgestalten hat Anna Seghers selbst in einem ihrer »Briefe an Leser« so beschrieben: »Was mit dieser Frau und ihren zwei Freunden und ihrem toten Geliebten passiert, das gleicht der Handlung von Andromaque: Zwei Männer kämpfen um eine Frau, aber die Frau liebt in Wirklichkeit einen dritten

Mann, der schon tot ist.« Andromaque ist ein Theaterstück des französischen Klassizisten Racine aus der Mitte des 17. Jahrhunderts. »Racine habe ich erst verstanden, als ich in Angst vor Verfolgung in dem deutschbesetzten Paris war. Da verstand ich erst, wie gut eine klare einfache Welt ist. Und alle Erregung reduziert auf das Wichtigste« (ÜKW IV, 160). Der Roman ist nun genau das Gegenteil einer »klaren einfachen Welt«. Gerade der Kontrast zur Racineschen Welt mag das Verworrene, Undurchsichtige der augenblicklichen besonders deutlich gemacht haben. Die Transit-Situation, in der sich die Figuren wie Getriebene bewegen, wird als eine Situation geschildert, die die bisherige Gültigkeit der Lebensmaximen oder der Wertewelt aufhebt und die Menschen entwurzelt (es herrschen »Verrat und Unordnung« [V, 60]). Walter Jens (1990, 1168) nennt den Roman aus solchen Gründen einen »Bericht über die Vorhölle, die, mit den Verweisen auf Fatalismus und Resignation, von fern schon auf die Ergebenheit der Todeskandidaten von Treblinka und Birkenau verweist«. (Vgl. auch Hans, 1982, 27 ff.) »Transit« beschreibt diesen Zustand mit großer Eindringlichkeit und Ausführlichkeit. (Vgl. dazu z.B., wie die Werte, die für die Kommunistin Seghers von unbedingter Gültigkeit sind – »Treue, Zuverlässigkeit [...] unbeirrbarer Glaube« – für den Ich-Erzähler »nichts bedeuten«. Für das Verständnis dieser Aussage ist aber auch die unmittelbar darauf folgende Einschränkung sehr wichtig: »Mindestens war ich damals davon überzeugt, daß sie für mich nichts bedeuteten« [V, 78].)

Dieser Roman hat unter allen Seghers-Büchern die eigenartigste Wirkungsgeschichte aufzuweisen. Anna Seghers hat darüber in dem angegebenen Brief vom 7. März 1960 an Lew Kopelew, der ein Vorwort zu der von ihm besorgten russischen Übersetzung von »Transit« schreiben wollte, reflektiert: »Einige gute Freunde teilen Ihre Vorliebe für das Buch »Transit«. Hier gibt es viele Leute, die es nicht leiden können, ja, die es gar nicht »verstehen«, das heißt, sie verstehen nicht, welche Anweisung darin gegeben ist, die Leiden dieser Erde wirksam zu bekämpfen [...].«

Es ist bekannt, daß viele Schriftsteller nachfolgender Generationen dieses Buch von Anna Seghers besonders schätzen. Am bekanntesten ist wohl eine Besprechung von Heinrich Böll aus dem Jahre 1964, übrigens die einzige Stellungnahme zu einem Seghers-Werk von Böll. Man muß hier unbedingt die Jahreszahl der Entstehung dieser Besprechung beachten; denn die 60er Jahre waren eine Zeit, in der Anna Seghers in der Bundesrepublik Deutschland kaum gelesen wurde. Der letzte Roman von Anna Seghers, »Die Entscheidung« (1959), hatte hier nur Ablehnung hervorgerufen und die Bestätigung der Meinung, die viele Kritiker schon in den 50er Jahren gefaßt hatten, nämlich daß Anna Seghers eine reine Parteischriftstellerin, ein treu ergebener Ideologe der SED geworden wäre. Böll weiß das natürlich und sagt darüber am Ende seines Aufsatzes: »Es will mir nicht recht einleuchten, daß selbst den kältesten aller kalten Krieger nicht daran liegen muß, diesen Roman hier greifbar zu wissen« (Böll, 1964, 31). Böll nennt diesen Roman den »schönste[n], den die Seghers geschrieben hat«. Und er wagt sogar das Urteil: »Ich bezweifle, ob unsere Literatur nach 1933 viele Romane aufzuweisen hat, die, mit solch somnambuler Sicherheit geschrieben, fast makellos sind.«

Christa Wolf, die ja von Anfang an ein sehr enges Verhältnis zu Anna Seghers hatte, äußerte sich ähnlich enthusiastisch über »Transit«. In ihrem Essay »Transit: Ortschaften« von 1985 (bisher der letzte der vielen Seghers-Essays, die Wolf geschrieben hat) sagt sie: »›Transit‹ gehört zu den Büchern, die in mein Leben eingreifen, an denen mein Leben weiterschreibt, so daß ich sie alle paar Jahre zur Hand nehmen muß [...]« (Wolf, 1986, 258). Christa Wolf sagt in diesem Essay auch, warum gerade dieses Buch solch eine ungeheure Wirkung bei zeitgenössischen Schriftstellern hat – weil »die Grund-Situation dieses Buches (gleichnishaft) (war)« und »zum Ende unseres Jahrhunderts hin immer mehr wird« (262). Das »Transitäre« (V, 172) im Leben, das Christa Wolf hier im Auge hat, also das Gegenteil von Festigkeit und Beständigkeit, wird an einer Stelle des Buches so beschrieben: »Um das zu sehen, worauf es ankommt, muß man bleiben wollen. Unmerklich verhüllen sich alle Städte für die, die sie nur zum Durchziehen brauchten« (V, 274).

Dieser Roman ist also weit weniger als die anderen Romane von Anna Seghers von ihrer politischen Weltanschauung bestimmt. Es geht in »Transit« viel mehr um die menschlich-existentiellen Auswirkungen einer Emigrations- und Flucht-Situation, eingebettet in eine äußerst verwickelte Liebesbeziehung. Hans-Albert Walter (1985, 92ff.) weist mit großem Einfühlungsvermögen nach, daß unter der Oberfläche des verwirrenden äußeren Geschehens die Dimensionen großer Menschheitsmythen verborgen sind, z.B. die Odysseus-Gestalt, Ahasver, Sisyphus, Amor und Psyche, Philoktet. Peter von Matts Interpretation des Romans (1990, 322–328) ist ganz auf diesen Gedanken gestellt. Von Matt erklärt »Transit« als ein

Buch, das vorgeblich gegen die Verbindlichkeit von Ideologien geschrieben ist. »Die Erfahrung muß ursprünglicher sein als die Lehre, mit der sie sich von Fall zu Fall verbindet« (327). (M.E. eine sehr zutreffende Beschreibung der Haltung der Autorin.)

Auffällig ist, daß »Transit« auch formal, in seiner Komposition, der Erzählweise und sogar in der Sprache eigene Wege geht. Höchstwahrscheinlich ist es der Roman von Anna Seghers mit der geringsten konzeptionellen Vorbereitung. Die Entstehungsgeschichte ist ja geradezu abenteuerlich: »Das Buch ist in Marseille entstanden, in den erwähnten Cafés, wahrscheinlich sogar, wenn ich zu lange warten mußte, in Wartezimmern von Konsulaten, dann auf Schiffen, auch interniert auf Inseln, in Ellis Island in USA, der Schluß in Mexiko« (ÜKW IV, 160).

Anna Seghers erzählt also nicht in der Rückschau auf das Gewesene, Abgeschlossene, sondern inmitten des Lebensstromes, der das Handlungsgerüst des Romans bildet. Und das macht an erster Stelle das Auffällige, den Sonderfall dieses Buches im Gesamtwerk von Anna Seghers aus. In der Sekundärliteratur wird sehr oft dieser Satz aus »Transit« zitiert: »Denn abgeschlossen ist, was erzählt ist. Erst dann hat er die Wüste durchquert, wenn er seine Fahrt erzählt hat« (V, 219). Ein erzählerisches Programm, das in der Niederschrift von »Transit« gewissermaßen seine Einlösung erfährt. (Durch die Verbindung des tragischen Geschehens um den Schriftsteller Weidel – das dem Leben von Ernst Weiß im Pariser Exil nachgestaltet ist – mit dem Schicksal des Ich-Erzählers wird die schriftstellerische Arbeit direkt thematisiert. Rilla nennt die Passage, in der der Ich-Erzähler die hinterlassenen Schriften Weidels durchliest [V, 273] »eine der ergreifendsten Apologien des schriftstellerischen Metiers, die je geschrieben worden sind« [Rilla, 1955, 323].)

»Transit« ist darüber hinaus Anna Seghers' einziger Roman mit einem Ich-Erzähler, der einerseits keinesfalls mit der Autorin gleichgesetzt werden darf, der andererseits aber eine große Unmittelbarkeit und Intensität des eigenen Erlebens ausstrahlt, die zweifellos die Unmittelbarkeit und Intensität des eigenen Erlebens der Autorin selbst ist. (Walter [1985] hat den Ich-Erzähler, ein Mechaniker aus Deutschland, der vor den Nazis geflohen ist, sehr ausführlich analysiert und festgestellt, daß es sich um einen literarisch hoch gebildeten Mann handelt – obwohl im Roman mehrfach das Gegenteil behauptet wird. Es liege also die Schlußfolgerung nahe, daß dieser Erzähler viel mehr vom Ich der Verfasserin in sich trägt, als diese den Leser glauben machen will.)

Wie Anna Seghers unter den bedrückendsten Lebensbedingungen solch ein Buch gelingen konnte, das, noch einmal Heinrich Böll, »fast makellos« geschrieben ist, wird immer ein Geheimnis bleiben. Man kann aber konstatieren, daß der Verzicht auf politsche Ideologien und Programme und das unmittelbare Festhalten der Grenzerfahrungen des Daseins in der Emigration – Gefahr, Liebe, Angst, Tod, Hoffnung – zu solch einer überragenden künstlerischen Gestaltung führte.

7. Nationale Besinnung und ästhetisches Programm. Überlegungen im mexikanischen Exil

Am 24. 3. 1941 reist Anna Seghers mit ihrer Familie von Marseille in Richtung Martinique ab. Eine monatelange, abenteuerliche und gefährliche Fahrt führt sie über die Antillen nach den USA, auf die Einwandererinsel Ellis Island, wo sie am 16. 6. 1941 ankommt. Es war die feste Absicht der Radvanyis, in Amerika zu bleiben. (Brief an Weißkopf v. 2. 2. 1940: »Es gibt für uns nur einen einzigen Ausweg: nach Amerika zu gehen.«) Obwohl sich gute und einflußreiche Freunde um ein Bleiberecht für sie bemühten, durfte die Familie hier nicht ansässig werden. So entschließt sich das Ehepaar zur Weiterreise nach Mexiko. Hier in Mexiko-City trifft Anna Seghers gute Bekannte und politische Gesinnungsgenossen aus den 20er Jahren wieder, Ludwig Renn, Egon Erwin Kisch, die Schauspielerin Steffie Spira (übrigens die einzige, zu der Anna Seghers noch in der DDR enge freundschaftliche Kontakte pflegt), und gewinnt neue Freunde hinzu, den Verleger Walter Janka, Bodo Uhse. Mexiko ist in diesen Jahren noch immer von dem demokratischen Präsidenten Cardenas geprägt, der das Land von 1934 bis 1940 regierte und z.B. die Einreise kommunistischer Exilanten ermöglicht hatte. (Anna Seghers hat ihm in der Erzählung »Tuomas beschenkt die Halbinsel Sorsa« [in: »Die Kraft der Schwachen«] ein literarisches Denkmal gesetzt.) Der Aufenthalt in Mexiko wird sieben Jahre dauern (1941–1947), Jahre, in denen z.B. ihr umfangreichster Roman, »Die Toten bleiben jung«, ihre wohl berühmteste Erzählung, »Ausflug der toten Mädchen«, und eine Reihe glänzender Essays entstehen. Nach allem, was Anna Seghers über diese Zeit gesagt hat und was über Mexiko als Exilland deutscher Schriftsteller und Intellektuellen bekannt geworden ist (bisher am ausführlichsten Wolfgang Kießling, Alemania Libre in Mexiko, 2 Bde., Berlin 1974; W. Kießling, Exil in Lateinamerika, Leipzig 1984), war es insgesamt weniger eine bedrückende, sondern eher eine produktive, vielleicht sogar glückliche Periode ihres Lebens. Und sicherlich sollte man im Falle der Schriftstellerin und Kommunistin Seghers auch bedenken, daß die Emigration vermutlich Distanz zu den häufig unproduktiven Disputen in Deutschland gebracht hat, von denen oben die Rede war. Also die Befreiung aus der lähmenden Verstrickung in diese Auseinandersetzungen. Es entspricht dem Arbeitsethos von Anna Seghers, daß sie sich öffentlich nie oder zumindest nur sehr zurückhaltend über ihre persönliche Situation im Exil äußerte. (Der publizierte Briefwechsel mit Wieland Herzfelde und F.C. Weißkopf hat hier erstmals einiges ans Licht gebracht.) Aber sie hat in Mexiko unmißverständlich ausgesprochen, daß das Exil für den Künstler sehr wohl positive Wirkungen besitzt. Schon in der Rede »Vaterlandsliebe« auf dem Pariser Kongreß 1935 sagt sie, daß die Exilsituation ein neues und schärferes Licht auf die Vorgänge in der Heimat wirft und somit zum besseren Verständnis der allgemeinen geschichtlichen Lage beiträgt.

Das produktive Moment des Exils besteht für Anna Seghers vor allem in der Erweiterung des Gesichtskreises über die eigene nationale Beschränkung hinaus. In »Aufgaben der Kunst« (1944) hat sie das in der Rückschau folgendermaßen beschrieben: »Die Künstler [...], die bald aus der Emigration heimfahren werden, haben eine Lehrzeit hinter sich, die sie befähigt, die fremden Völker als den Beitrag der Erde zur Menschheit darzustellen. [...] Sie werden klar machen, daß die fremden Völker nicht geringer sind als das eigene Volk, allesamt, wie Humboldt gewußt hat, ›zur Freiheit bestimmt‹« (ÜKW I, 200).

In einem kleinem Aufsatz, »Büchners ›Wozzek‹ in Mexiko«, weist Anna Seghers noch auf einen anderen, nicht weniger wichtigen Aspekt der Wirkung hin, die die Emigration auf die künstlerische Arbeit haben kann. (Es handelt sich um die Besprechung einer Aufführung des Büchnerdramas durch Mitglieder des Heinrich-Heine-Klubs, also der Vereinigung deutscher Emigranten in Mexiko unter der Präsidentschaft von Anna Seghers.) Sie sagt hier über Büchner, daß er »durch seine politischen und privaten Erfahrungen« dazu neige, »den Zug zu vergröbern, der in der damaligen Literatur alle deutschen Dichter kennzeichnete«. Konkret heiße das: »[...] die charakteristischen Elemente sind ins Krankhafte, ins Rasende übersteigert«

(ÜKW II, 59). Das ist aber nicht abwertend gemeint, im Gegenteil. Anna Seghers meint damit eine Steigerung, eine Verdeutlichung und Hervorhebung dessen, was im Bewußtsein der fortschrittlichen Geister virulent vorhanden ist.

Im Laufe des Mexikoaufenthaltes schält sich immer deutlicher ein Problemkreis heraus: die nationale Frage, die Frage nach Deutschland und dem deutschen Volk. Zwischen 1941 und 1945 entstehen jene glanzvollen Essays – sie bilden neben dem Band »Über Tolstoi. Über Dostojewski« von 1963 den Höhepunkt der Seghersschen Essayistik –, in denen sich die Autorin Klarheit verschaffen will über die Fragen: Wie ist das, was in Deutschland geschehen ist und noch immer geschieht, aus der Geschichte dieses Landes zu verstehen? Was ergibt sich daraus für die Beurteilung dieses Volkes, dem sie, Anna Seghers, sich nach wie vor zugehörig und verbunden fühlt? Und was folgt aus dem Vorgefallenen für die Zeit nach Hitler und nach dem Krieg – sowohl hinsichtlich der geschichtlichen Entwicklung insgesamt als auch der künstlerischen Entwicklung insbesondere?

Ausgangspunkt dieser Überlegungen (»Deutschland und wir« [1941], »Volk und Schriftsteller« [1942], »Aufgaben der Kunst« [1944], »Inneres und äußeres Reich« [1945], »Abschied vom Heinrich-Heine-Klub« [1946], »Kulturelle Brücken zwischen den Völkern« [1947], [ÜKW I, 186–211]) ist die feste Überzeugung, daß es mit dem Faschismus und dem Krieg bald zu Ende sein wird. Ohne diese Überzeugung ist Anna Seghers' Arbeit in den Jahren 1933 bis 1945 überhaupt nicht vorstellbar. Die Gewißheit vom Untergang des faschistischen Deutschland war auch die Voraussetzung für den Roman »Die Toten bleiben jung« (1949), in dem Anna Seghers diese nationale und nationalgeschichtliche Problematik in einem umfangreichen Panorama der deutschen Geschichte in der ersten Hälfte des 20. Jahrhunderts zusammenfaßt.

Interessant ist nun, daß das Bild von einem zukünftigen, neuen Deutschland bei der Führungsgruppe der deutschen Kommunisten in Moskau durchaus andere Schwerpunkte aufweist als das Deutschlandbild von Anna Seghers. Der entscheidende Unterschied ist, daß Anna Seghers nicht in erster Linie als Kommunistin spricht, die nach einem praktikablen Weg zu einem sozialistischen Deutschland sucht; sie spricht vielmehr durchweg aus einer tiefen Verantwortung für den Fortbestand des ganzen deutschen Volkes nach Hitler. Die kommunistische Bewegung, geschweige denn die Partei, der sie angehört, bringt sie in ihren Aufsätzen überhaupt nicht ins Spiel. Man vergleiche hierzu nur einmal die Aufsätze (oder auch den Roman »Die Toten bleiben jung«) mit der entsprechenden Publizistik Johannes R. Bechers (vor allem: Bemerkungen zu unseren Kulturaufgaben, in: Becher, Ges. Werke, Bd. 16, Berlin 1978, S. 362–366). (Becher gehörte zur Führungsgruppe der deutschen Kommunisten in Moskau, als sogenannter Sekretär für Kulturfragen.) In Mexiko entstehen die großen geschichtlichen Entwürfe, die einen Neuanfang nicht nur politisch-pragmatisch, sondern aus der deutschen Geschichte heraus begründen wollen. (S. dazu: Paul Merker, Deutschland – Sein oder Nicht sein? 2 Bde., Mexico 1944, Verlag El Libro Libre [Verlag der deutschen Emigranten in Mexiko unter Walter Jankas Leitung]. 1943 war bereits Merkers Broschüre »Was wird aus Deutschland? Das Hitlerregime auf dem Wege zum Abgrund« im gleichen Verlag erschienen. Merker war Mitglied des ZK der KPD; er lebte seit 1942 in Mexiko. In der DDR wurde er von Ulbricht unter der für solche Fälle üblichen Anschuldigung, Agent des Imperialismus zu sein, entmachtet. [Zu Merkers Biographie und seiner politischen Arbeit s. Kießling, Exil in Lateinamerika, Leipzig 1984, S. 252 ff.] Ludwig Renn, damals Professor für europäische Geschichte an der Universität in Morelia, rezensierte beide Bücher zustimmend und empfahl ihre Lektüre [Renn, In Mexiko, Berlin 1979, S. 138–140, 183–185]. Von erheblichem Einfluß war Alexander Abuschs Buch »Der Irrweg einer Nation. Ein Beitrag zum Verständnis der deutschen Geschichte«, 1945 in Mexiko erschienen, dann seit 1946 in mehreren Auflagen im Aufbau-Verlag Berlin. [Über Merkers und Abuschs Bücher s. Kießling, 1984, S. 552–574.])

Anna Seghers' Deutschland-Bild kommt in dem Wort »Zwiespalt« (ÜKW I, 187) am deutlichsten zum Ausdruck. Gemeint ist der Zwiespalt der deutschen Geschichte und der Zwiespalt des deutschen Volkes. Anna Seghers folgt hier (wie übrigens auch Merker und vor allem Abusch) der von Karl Marx in die Geschichtsanalyse eingeführten These von der deutschen Misere seit den Tagen der frühbürgerlichen Revolution. Diese These besagt: In Deutschland sind die sozialen Revolutionen nie zu Ende geführt worden, so daß der gesellschaftliche Fortschritt sich in einem langwierigen, das revolutionäre Bewußtsein immer wieder zersetzenden Prozeß durchsetzen muß.

Der zweite ausschlaggebende Aspekt in der deutschen Geschichte ist für Anna Seghers die seit Jahrhunderten beklagte Zerrissenheit der deutschen Nation. »Die Herausbildung des modernen Vaterlandsbegriffes begann um die Wende des vorigen Jahrhunderts, durch die Intervention der europäischen Mächte gegen das Frankreich der französischen Revolution; später durch die Auflehnung der unterdrückten Völker gegen Napoleon. Dieser Prozeß ist noch lange nicht zu Ende« (ÜKW I, 187). Er wurde in Deutschland, so führt Anna Seghers den Gedanken fort, gehemmt und auf aggressiv-imperialistische Bahnen geleitet durch den verhängnisvollen »Zusammenschluß Deutschlands zur Nation unter Bismarck«, also durch den Zusammenschluß von oben und nicht durch die »freiheitlichen Kräfte des Volkes«.

Die deutsche Misere hat also zwei Gesichter. Sie besteht nicht nur aus Versäumnissen und Fehlschlägen, sondern auch aus falschen Lösungen. »Daher ist [...] das Lebensgefühl der Deutschen zwiespältig, belastet von seiner Geschichte.« Und dieser Zwiespalt – so Anna Seghers weiter – ist im faschistischen Deutschland ins Extreme gesteigert worden. Das Nationale ist nunmehr offen chauvinistisch und unverhohlen kriegerisch und aggressiv, so daß jedes andere Volk voller Angst und Abscheu auf die Deutschen blickt. Der soziale Antagonismus der alten Gesellschaft wurde nicht überwunden – entgegen allen scheinheiligen Versprechungen der faschistischen Propaganda. Deutschland steht nicht nur als ein zerrissenes Land da, sondern als ein Land, das jede Humanität erstickt hat.

Trotzdem war die Lage für Anna Seghers keinesfalls vollkommen aussichtslos. Abgesehen davon, daß sie als Marxistin und Kommunistin grundsätzlich von der Veränderbarkeit der Welt und des Menschen überzeugt war, sah sie folgende konkrete Konstellation, die sie hoffnungsvoll auf ein Deutschland nach Hitler blicken ließ. (Wir fassen Gedanken aus Anna Seghers' Publizistik jener Jahre zusammen.)

Da sind zum einen die großen einzelnen, außergewöhnlich mutigen Menschen, die selbst in den bedrohlichsten Zeiten für ein anderes Deutschland wirkten bzw. zu wirken versuchten (»Blutzeugen der deutschen Freiheit« [ÜKW I, 188]). Diese beispielhaften Antifaschisten (die Märtyrergestalten in den Romanen und Erzählungen) würden ganz sicher eine herausragende Rolle bei der Neugestaltung Deutschlands spielen, sofern sie nicht von den Nazis umgebracht worden waren. Und es gibt weiterhin die große humanistische Überlieferung in Deutschland: Dichtung, Musik, Sprache, die man nicht einfach innerhalb von zwölf Jahren tilgen könne. Aus ihrer Wirkung verspricht sich Anna Seghers einen wichtigen Beitrag zur Neubesinnung des deutschen Volkes (ÜKW I, 190). (Vgl. dazu J.R. Bechers ›Anrufung‹ der deutschen, vor allem der klassischen, Kunst in den 30er und 40er Jahren.)

Schließlich bedenkt Anna Seghers in diesem Zusammenhang ihre eigene, schriftstellerische Arbeit, das Wozu und Für-Wen. Sie stellt sich die Frage, was die deutschen Schriftsteller und Künstler für ein neues Deutschland tun können bzw. müssen. Ihre Antwort: Sie können aufklären, sie können bewußtmachen, was geschehen ist, die »Scheinwirklichkeit« entlarven und dem Leser die »unverfälschte, die echte Wirklichkeit« (ÜKW I, 191) vor Augen führen. Bewußtmachen der Wirklichkeit (ÜKW I, 74, 197, 211; ÜKW II, 66), und zwar in diesem aufklärerischen Sinn, ist für Anna Seghers in jenen Jahren die grundlegende Aufgabe der Kunst. (Das Wort ›Aufklärung‹ bzw. ›aufklären‹ kommt übrigens bei ihr nicht vor, vielleicht war es ihr zu ›bürgerlich‹.) So ist es ganz gewiß nicht auf eine zufällige Vorliebe zurückzuführen, daß Anna Seghers 1945 dem Aufklärer und unerschrockenen Kritiker Lessing einen umfangreichen Essay widmet. Lessing war für deutsche Schriftsteller immer dann von besonderem Interesse, wenn nach Leitfiguren für eine ›eingreifende‹, operativ auf die jeweilige Gegenwart bezogene Literatur gesucht wurde.

Zu dieser aufklärerisch-kritischen Zielrichtung des historischen und ästhetischen Selbstverständnisses tritt zunehmend eine positive inhaltliche Bestimmung. Anna Seghers geht in den letzten Jahren ihres Exils davon aus, daß die kommende geschichtliche Entwicklung die bisherige »Volksfremdheit der deutschen Intellektuellen und Künstler« (ÜKW I, 203) überwinden werde und eine ganz neue und enge Verbundenheit zwischen Volk und Künstler möglich sein wird. Hier in Mexiko entwickelt sie die Vorstellung von einem Schriftsteller, der inmitten seines Volkes lebt und wahre »Volksbücher« (ÜKW I, 203) schreibe. Und darin dürfen wir nicht nur eine theoretisch und politisch inspirierte Vorstellung vermuten; dieser Gedanke beruht auf ganz konkreten Erfahrungen. Anna Seghers war sehr angetan von dem Land Mexiko (das »seltsame Land« [ÜKW I, 205]) und vor allem von seinem Volk. Die Mexiko-Erzählungen »Crisanta« (1950) und »Das wirkliche Blau« (1967) sind ohne diese Erfahrung gar nicht denkbar. Das mexikanische Volk, wie Anna Seghers es in ihren Essays und Erzählungen darstellt, zeichnet sich aus durch nationale Identität, ein starkes Selbstwertgefühl und ein natürliches und sinnliches Verhalten. Dieses Bild gewinnt seine Konturen immer auch, bewußt oder unbewußt, im Kontrast zur eigenen Nation, die durch ihr Verhalten in den 30er und 40er Jahren die ganze Welt in Angst und Schrecken versetzte.

Den künstlerischen Ausdruck dieses Verhaltens fand Anna Seghers ebenfalls an Ort und Stelle in der Fresken- und Wandmalerei von Diego Rivera, David Alfaro Siqueiros, Xavier Guerrero. Diese Malerei – Anna Seghers kannte viele Maler persönlich sehr gut –, und das Ethos, das ihr zugrunde liegt, war für Anna Seghers ein Beispiel echter Volkskunst, die ihr für die Zukunft, nicht zuletzt für ihre eigene Zukunft als Schriftstellerin, vorschwebte. Die mexikanische Freskenmalerei nannte sie schlichtweg »Die gemalte Zeit« (ÜKW II, 69–73). (Man muß hier allerdings beachten, daß sie ihre Aufsätze über diese Malerei zu einem Zeitpunkt schrieb, als sie schon nicht mehr in Mexiko lebte und deshalb bereits mit etwas Abstand urteilen kann.) »Gemalte Zeit«, damit ist gemeint: im Mittelpunkt steht nicht das Individuum, sondern das ganze Volk mit seinem vielgestaltigen Dasein und seiner Geschichte. (Sigrid Bock [1990, 15–27] hat die inhaltliche und strukturelle Wirkung dieser Malerei auf Anna Seghers untersucht.) Und das Bedeutsame dabei ist: nicht nur Elemente des äußeren Lebens des Volkes werden abgebildet, sondern das Ziel ist »sein inneres Leben«. Was Anna Seghers mit der zunächst etwas vagen Bezeichnung »inneres Leben« meint (sie spricht sogar, auf den einzelnen bezogen, vom »innerste[n] Innere[n]« [ÜKW II, 70), hat sie noch deutlicher in bezug auf einige Schriftsteller ausgedrückt, die ihr in dieser Hinsicht vorbildhaft waren. So sagt sie über Manzoni, dessen Roman »Die Verlobten« bekanntlich für die Komposition des »Siebten Kreuz« wichtig war, er gebe »das italienische Volk innen und außen als Ganzes«. Er zeige »alle Konflikte seines Volkes in allen Schichten, in allen Individuen« (ÜKW I, 193). Oder Traven, für den sie sicherlich nicht zuletzt wegen seiner Stoffe aus der mexikanischen Geschichte eine besondere Vorliebe hatte. Seine Darstellung gewinne dadurch ihren Realismus, daß sie »die Struktur des mexikanischen Volkes [...] aufdecke« (ÜKW I, 200). (Welche große, vorbildhafte Bedeutung Leo Tolstoi für sie in diesen Jahren gewann, und zwar sowohl wegen seiner Anschauungen über den Roman als besondere epische Form als auch wegen seiner Haltung gegenüber dem russischen Volk, darüber wird im Kapitel über den Roman »Die Entscheidung« noch ausführlich gesprochen.)

Ziehen wir aus all dem das Fazit. Im Exil entwickelt Anna Seghers ein Geschichts- und Deutschlandbild ganz neuer Qualität, das nicht mehr allein sozialgeschichtlich, sondern sehr stark nationalgeschichtlich geprägt ist. Dementsprechend ist ihr Verständnis der Kunst und der künstlerischen Arbeit in diesen Jahren erheblich weiter gefaßt als nur im Sinne einer politischen Ideologie.

VI. »Die Toten bleiben jung« – Panorama der deutschen Geschichte 1918–1945

Diesen Roman – es ist ihr umfangreichster – hat Anna Seghers so gut wie fertiggestellt aus dem Exil mit nach Deutschland gebracht. Aus dem Briefwechsel mit Wieland Herzfelde kann man die Entstehungsgeschichte ziemlich eindeutig ablesen: Beginn etwa 1944, dauernde Arbeit daran bis 1947, dann, in Deutschland, wohl nur noch Änderungen und die Endredaktion (Seghers/ Herzfelde, 1985, 52, 53, 67, 72, 111). Das Buch erscheint, von großen Erwartungen begleitet, 1949, also im Gründungsjahr der Deutschen Demokratischen Republik, der sie sich fortan sehr eng und persönlich verbunden fühlt.

»Die Toten bleiben jung« ist kein Buch über die ›neue Wirklichkeit‹, es ist der Versuch, die deutsche Entwicklung nach 1933 geschichtlich zu erklären, und zwar nicht allein, wie oft geschehen, aus den politischen und ökonomischen Wirrnissen am Ende der Weimarer Republik, sondern aus der deutschen Geschichte seit 1918, ja sogar – in Gestalt von Rückblenden und Erinnerungssplittern – seit der Reichseinigung von 1871. Die Handlungszeit (erzählte Zeit) reicht von der Niederschlagung der Novemberrevolution 1918 bis kurz vor Ende des Krieges (Winter 1944 auf 1945). Die geschichtlichen Eckdaten, die Säulen, auf denen das geschichtliche Bauwerk dieses Romans ruht, sind mithin 1918, 1933 und 1945. Die politische Geschichte wird so ganz unmittelbar zum Strukturprinzip eines erzählerischen Werks. »Die Toten bleiben jung« ist ein Geschichtspanorama mit geradezu chronikhaften Zügen. Die strikt nach sozialen Klassen gegliederte Welt ist in jeder ihrer Schichten vorhanden. Jedes bedeutungsvolle geschichtliche und politische Datum findet seinen Widerhall in Gedanken oder Empfindungen einzelner Figuren. Chronikhaft ist dieser Roman also mehr auf eine versteckte Art und Weise. Die Daten und Ereignisse werden nicht dokumentarisch vermerkt (wie es beispielsweise Döblin in seinem großen Zyklus »November 1918« getan hat, der ebenfalls im Exil entstand), sie werden vielmehr konsequent aus der Figurenperspektive mitgeteilt. Den Ausbruch des 2. Weltkriegs am 1. September 1939 erfährt der Leser beispielsweise nicht vom allwissenden Erzähler, sondern aus der Sicht Christian Nadlers, der die entsprechende Nachricht aus dem Radio erfährt. In der »Entscheidung« wird dementsprechend die Gründung der DDR, das historische ›Schlüsseldatum‹ des ganzen Romans, ebenfalls als Rundfunkmeldung bekannt gegeben.

Nicht die Utopie (die kommunistische Utopie), sondern die abgeschlossenen geschichtlichen und politischen Gegebenheiten selbst bestimmen die Erzählperspektive. Und das unterscheidet »Die Toten bleiben jung« doch beträchtlich von den übrigen Seghers-Romanen, die allesamt viel stärker auf eine kommunistische Perspektive ausgerichtet sind. (Mit Ausnahme von »Transit«, s. o.)

Diese Besonderheit von »Die Toten bleiben jung« bringt aber zugleich eine problematische Seite mit sich, nämlich die Gefahr, daß die objektiven Abläufe als ein starres Gerüst fungieren, in das alles Individuelle lediglich eingegliedert wird. Daß also das Individuelle am Ende nur nach Maßgabe seiner geschichtlichen Determination vorhanden ist. Bisher hatten wir von der Abstraktheit gesprochen, die sich aus der Bindung des menschlichen Daseins an den utopischen Vorgriff ergeben kann, jetzt ist von einer Abstraktheit aufgrund der ›Verrechnung‹ alles Individuellen mit dem geschichtlichen Verlauf die Rede. Bernhard Greiner, (1983, 342) spricht aus solchen Überlegungen heraus sogar von einem »Mißlingen« einiger Seghers-Bücher (»Die Toten bleiben jung«, »Die Entscheidung«, »Das Vertrauen«):

»Wenn sie sich [die genannten Romane, A. Sch.] auf den realen Geschichts- und Gesellschaftsprozeß einlassen, was nach ihrem Konzept der Identitätsfindung ja nicht notwendig ist, entfalten sie nicht Prozesse der Vermittlung, sondern statten sie vorgegebenes Wissen über die Wirklichkeit mit Bilderbögen von Figuren, Handlungen, Episoden aus. [...] ›Bebildern von Wissen‹, das eine falsche Unmittelbarkeit vorgaukelt. Die geschichtliche Wirklichkeit erscheint in ein riesiges Konglomerat von Figuren und Episoden gebrochen, ohne neue Erkenntnis oder Erfahrung zu vermitteln, da vorgegebenes Wissen nur illustriert wird.«

So konsequent und folgerichtig verhält es sich in der konkreten Ausgestaltung des Romans allerdings nicht. Zuspitzungen solcher Art können zunächst ein Weg sein zu mehr Klarheit über die geschichtsphilosophische Konzeption – jedoch nicht in jedem Fall zur Wirklichkeit des Romans. (Sigrid Bock [1986, 128]: »Noch heute sind Gehalt und künstlerische Struktur gerade dieses Buches nicht ausgelotet.«) Die Spontaneität des Erzählens, der Episoden, des Atmosphärischen und der Figuren überspielen immer wieder die geschichtsphilosophische Konstruktion, die dem Ganzen zugrunde liegt. (Was Greiner außer acht läßt.) Dieses Buch ist voll von beeindruckenden Ereignissen und Episoden, es besitzt einige der unvergeßlichsten Gestalten, die die Seghers je geschaffen hat. (Das ist auch der Grund, weshalb Hermann Hesse diesen Roman beinahe uneingeschränkt gelobt und empfohlen hat [Hesse, Über Literatur, Berlin 1978, S. 466].) Mehrfach wird in der Sekundärliteratur über die Darstellung eines längst überlebten Preußentums in der Gestalt der sonderbaren Tante Amalie (von Wenzlow) aus Potsdam gesprochen. Einige sehen hier eine bewußte Anknüpfung an die Preußenkritik Fontanes und Arnold Zweigs (Batt, 1973, 202).

Wie kunstvoll Anna Seghers die einzelen Episoden ausgestaltete, davon kann uns folgendes Beispiel einen Begriff geben. Marie, die am Anfang des Romans auf den Arbeiter und Revolutionär Erwin wartet, der inzwischen von Reichswehrleuten erschossen wird (das ist der furiose Auftakt des Buches), Marie ist schwanger und wird also eine Waise zur Welt bringen. Nun gibt es eine Episode, in der dieses schüchterne, leicht beeinflußbare Mädchen sich gewissermaßen aufrichtet zu einem ganz neuen Selbstbewußtsein. Sie folgt zunächst dem Rat ihrer Freundin und geht zu einem Arzt, um sich das Kind abtreiben zu lassen. Aber auf dem Weg dorthin und dann im Wartezimmer wird ihr bewußt, daß sie diese Abtreibung eigentlich gar nicht will – und sie findet das erste Mal in ihrem Leben die Kraft zu einer selbständigen, sehr weitreichenden Entscheidung. Sie behält das Kind. Es ist Hans, der später das Leben seines Vaters fortführen und im Laufe des Romans zu einer der tragenden Figuren wird. Das Kunstvolle dieser Episode besteht nun aber darin, daß Anna Seghers mit großer Diskretion und beinahe unmerklich diesem Vorgang die Geschichte der Empfängnis der Mutter Maria aus dem Neuen Testament unterlegt, somit also dem Ganzen eine neue Dimension erschließt. Die Tötung von Hans und von Erwin – der Sohn wird am Ende des Romans von den gleichen Männern erschossen wie sein Vater – wird auf diese Weise in die Nähe des Opfertodes Jesu Christi gestellt, der über sich hinaus auf eine bessere Zukunft weist.

»Die Toten bleiben jung« besitzt eine ziemlich leicht erkennbare Komposition und Struktur. Die äußere Untergliederung ist ähnlich wie in der »Rettung« und wie sie sich auch in der »Entscheidung« und im »Vertrauen« wiederholen wird: größere Kapitel von 30 bis 40 Seiten Länge, und diese wiederum unterteilt in vier bis fünf kleinere Abschnitte. Jedes Kapitel bringt das Romangeschehen insgesamt, also auf allen sozialen Ebenen, vertreten durch die jeweiligen ›Repräsentanten‹, einen Schritt weiter. Die kleineren Einheiten innerhalb der Kapitel sind immer einem ganz bestimmten Repräsentanten und seinem sozialen Umfeld gewidmet. Eine »Gliederung nach der Breite und nach der Tiefe« (Rilla, 1955, 309). Also ein Makro- und ein Mikrokosmos, welche durch ein übergeordnetes Prinzip, die sozialgeschichtliche Determination, miteinander verzahnt sind.

Diese Verzahnung oder Verklammerung ist wiederum in einen kompositorischen Bogen eingerahmt, der den Roman insgesamt umschließt: das ist die Episode, die dem Geschehen quasi als Prolog vorangestellt ist und sich am Ende in ähnlicher Weise wiederholt (die Ermordung von Erwin 1918 und von Hans 1945, beide lassen eine Frau zurück, die ein Kind erwartet). In der Eröffnungsepisode ist bereits der Kernbestand des gesamten Personals versammelt, aufgeschlüsselt nach ihrer sozialen und gesellschaftlichen Position. Von Wenzlow, alte preußische Offiziersfamilie (s. dazu die erwähnte Amalie von Wenzlow), gewöhnt an Befehlsgehorsam, Karriere als Offizier im zurückliegenden Krieg. Von Lieven, aus bäuerlich-ostpreußischem Adelsgeschlecht, Abenteurer, Ästhet, Nietzschesche Traditionen verkörpernd (d.h., Anna Seghers' sehr einseitige Vorstellungen davon); auf die Gegenwart bezogen ist dies vielleicht eine indirekte Auseinandersetzung mit Ernst Jünger, zumindest mit der Jüngerschen Richtung. (S. dazu Batt, 1973, 202.) Von Klemm, rheinischer Industrieller, Geschäftsmann und moderner Bourgeois. Schließlich die willfährigen Werkzeuge Wilhlem Nadler, von Beruf Bauer, Soldat im 1. Weltkrieg, dann im Freikorps, und Becker, im Krieg Bursche von Klemms, später sein Chauffeur. (Einer aus seiner sozialen Schicht nennt ihn einen »reine[n] Leibeigene[n]« [VI, 192].) Sehr charakteristisch für ihn: Er fährt von Klemm und sich selbst in den Tod, als er merkt, daß er nur als seelenloses Werkzeug und nicht als wirklicher Mitstreiter angesehen wird (VI, 249). Eine Episode, die Anna Seghers der frühen Erzählung »Der Führerschein« (IX, 186–187) nachgestaltet hat. Diese Figuren sind im Figurenverzeichnis – Anna Seghers hat solche Verzeichnisse allen großen Romanen vorangestellt – durch Großdruck hervorgehoben, und es steht ausdrücklich darüber: »An Erwins Ermordung beteiligt«. Wichtig für die geschichtliche Konstruktion des Romans ist die Tatsache, daß von Klemm den Befehl zur Erschießung gibt, der junge Leutnant Wenzlow ihn ausführt. Das will sagen: Die Macht ist in den Händen der Industrie, der Großindustriellen, nicht der ›alten Familien‹.

Dieser Anfang ist eine Exposition nach klassischem Muster:

Ort und Zeit, Vorstellung der Hauptpersonen (von denen alle folgenden abgeleitet werden) und der Abhängigkeitsverhältnisse zwischen ihnen, die nicht psychologisch, sondern von der sozialen und gesellschaftlichen Hierarchie her bestimmt sind. Der Verlauf einer klar umrissenen epischen Fabel war hier dagegen nicht vorzubereiten. Die Handlung ist nicht nach dem Muster einer geschlossenen, sich steigernden und Spannung erzeugenden Verlaufskurve aufgebaut, wie es beispielsweise in den Romanen Feuchtwangers, Heinrich Manns oder Arnold Zweigs der Fall ist. (Vgl. dazu Zweigs berühmt gewordenes Bild von der »Fischgräte« als dem Fabelschema eines Romans [A. Zweig, Essays, 1. Bd., Berlin 1959, S. 383].) Eben darum bedurfte es ja solcher Verzahnungen, damit die ungeheure Fülle des epischen Geschehens und Personals nicht auseinanderfällt. Auch der Titel des Romans trug zu diesem Zusammenhalt bei. Er ist zugleich das Motiv, das die geschichtliche Erkenntnis gewissermaßen ins Anthropologisch-Individuelle überträgt: Erwin, der einzelne, wird zwar ermordet und am Ende auch sein Sohn Hans, aber die geschichtliche Entwicklung insgesamt weist in die umgekehrte Richtung. Die soziale Revolution der Proletarier, die die Toten verkörpert haben, dringt allmählich durch. Die Akteure der Anfangsszene durchlaufen eine Entwicklung, die am Schluß zur Handlungsunfähigkeit und zur vollständigen Niederlage führt. (Hans' Ermordung steht nicht mehr unter dem Zeichen der Machtausübung, sondern ist bereits eine verzweifelte Tat des Rückzugs.) Die proletarischen Akteure verkörpern die umgekehrte Richtung. »Die Toten bleiben jung« war von der Autorin nicht nur als ein Buch der nationalen Katastrophe geschrieben worden, sondern vor allem mit der Absicht, dem verwirrten Leser der Nachkriegszeit eine nationale Perspektive vorzuführen. In keinem anderen Roman der Seghers war der historisch-aufklärerische Impetus so vorherrschend wie in diesem. Hans Kaufmann (Über DDR-Literatur, Berlin 1986, S. 141) sprach deshalb sogar von der Absicht der Autorin, »Grundwissen vermitteln« zu wollen »über den Faschismus als imperialistische Klassenherrschaft«. Wir fügen hinzu: und über die Degeneration der ehemals glanzvollen preußischen Geschichte zum aggressiven, gesamtdeutschen Militarismus.

Trotzdem wurde der Roman von der SED-Führung harsch kritisiert. Angeblich seien die Proletariergestalten, im Gegensatz zur bürgerlichen bzw. altpreußisch-adligen Seite, schwach und abstrakt geschildert. (Vgl. dazu: Peter Kast, Die Rolle der Partei in der fortschrittlichen Literatur. Ein Diskussionsbeitrag über Anna Seghers' Roman »Die Totem bleiben jung«, in: Neues Deutschland, Zentralorgan der SED, vom 16. 8. 1950, S. 3. S. weiterhin Fritz Erpenbeck, Das Werk einer großen Realistin, in: Neues Deutschland vom 20. 1. 1950, S. 3. Diesen Vorwurf wiederholte zehn Jahre später Inge Diersen [1960, 49–53]. Sie versucht allerdings zu objektivieren, indem sie die geschilderten Verhältnisse und nicht die Autorin für den Mangel verantwortlich macht.)

Diese Kritik gibt schon einen Vorgeschmack auf die kommenden ästhetischen Diskussionen in der DDR: Die Schriftsteller werden fortan mit einem Kunstverständnis konfrontiert, das unter realistischer Darstellung vor allem die Apologie der bestehenden Verhältnisse versteht. Dieser Literaturbegriff äußerte sich z.B. dergestalt, daß der Standpunkt des Autors ganz einfach mit dem der Figuren gleichgesetzt wird, wie im Falle des Romans »Die Toten bleiben jung« geschehen. Anna Seghers hat zu solcher Kritik an ihrem Buch 1962 noch einmal Stellung genommen; zu dem Zeitpunkt, als Peter Hacks, einer der talentiertesten jungen Schriftsteller der DDR, mit dem gleichen Vorwurf in die Schranken gewiesen werden sollte (ÜKW II, 135).

Das ästhetische Problem, das hier unausgesprochen im Hintergrund steht, hat Paul Rilla in seiner Besprechung des Romans bewußt gemacht: die spätestens seit dem Paar Faust/Mephistopheles in der Ästhetik und Kritik immer wieder diskutierte Erscheinung, daß die negativen Figuren aufreizender und interessanter wirken als die positiven. Er nennt das die »kompromittierende Interessantheit« (Rilla, 1950, 791–793). (Vgl. dazu ferner Herbert Jhering, Kleine Bemerkungen zur Kritik, in: Aufbau 3/1950, S. 226.) (Inzwischen ist bekannt, daß Rilla, damals zweifellos der beste Literaturkritiker der DDR, nach diesen Vorfällen um den neuen Seghers-Roman beschloß, nicht mehr publizistisch und literaturkritisch zu arbeiten. Er beschränkte sich in den ihm bis zu seinem Tod 1955 noch verbleibenden Jahren ganz auf die Arbeit an seiner Lessing-Ausgabe und -Monographie.)

Um eine bessere Vorstellung von solchen Vorgängen zu bekommen, soll noch ein Zeitzeuge zu Wort kommen, der diese Diskussion über Anna Seghers' Roman aus nächster Nähe erlebte, der Gesellschaftswissenschaftler und Publizist Jürgen Kuczynski. Er erinnert sich an folgendes Erlebnis: »Als Fadejew 1945 seinen Roman ›Die junge Garde‹ geschrieben hatte, wurde das Buch begeistert begrüßt – bis auf eine Bemerkung von Stalin hin die Kritik ins Gegenteil umschlug und die Kritiker die Äußerung Stalins ›wo bleibt die Partei?‹ (deren Rolle seiner Meinung nach nicht genügend hervorgehoben wurde) in den verschiedensten Variationen wiederholten. [...] Als aber Walter Ulbricht, dem Beispiel Stalins folgend, die gleiche Frage betreffend ›Die Toten bleiben jung‹ von Anna Seghers stellte und schon Kritik in dieser Richtung veröffentlicht wurde, sagte ihm Ilja Ehrenburg, als er in dessen Gegenwart die Frage wiederholte: ›Ja, Genosse Ulbricht, diese Frage haben wir uns während des Krieges gestellt‹, und damit war die Kritik in dieser Richtung an dem Buch von Anna Seghers zu unserem Glück zu Ende« (J. Kuczynski, Ich bin der Meinung. Bemerkungen zur Kritik, Halle, Leipzig 1982, S. 69).

VII. Erste Erzählungen der Nachkriegszeit

»Das Ende«

Die erste Erzählung, mit der Anna Seghers sich nach Kriegsende auf einen deutschen Gegenwartsschauplatz wagte, ist »Das Ende«, eine düstere Geschichte, die das Leben einer Figur aus dem »Siebten Kreuz« weiterführt. Und zwar nicht einer Figur aus dem Umfeld Heislers oder Marnets, sondern einer von der Gegenseite: Zillich, der sadistische Aufseher aus dem Konzentrationslager Westhofen. Diese Erzählung entstand noch 1945 und ist 1946 im Aurora-Verlag New York als Teil des Erzählungsbandes »Der Ausflug der toten Mädchen« erschienen. (Der Aurora-Verlag wurde von Wieland Herzfelde in New York mit der Absicht gegründet, zukunftsweisende deutschsprachige Exilliteratur herauszubringen.) Von Mexiko aus über das Deutschland nach dem 8. Mai 1945 konnte man offensichtlich nur schreiben, wenn man eine klar umrissene Haltung aus der Vergangenheit in die Gegenwart übertrug und die Gegenwart zunächst nur in ihrer Relation zum Vergangenen ins Spiel brachte. Eine Konstellation etwa von der Art: Heisler oder Marnet gehen nach dem Krieg daran, ein neues Deutschland zu schaffen, war aus der Exilperspektive unmöglich zu leisten. So hält sich Anna Seghers bei der Darstellung äußerer Wirklichkeit in dieser Erzählung sehr zurück. Trotzdem hat man ihr von verschiedenen Seiten den Vorwurf gemacht, diese Wirklichkeit zu verzeichnen (Batt, 1973, 190; G. Fischer, 1966, 11 ff.).

Die entscheidende Problemstellung dieser Erzählung lautet – und die stellte sich sowohl in Berlin wie für jemand, der in Mexiko-City die gegenwärtige Lage in Deutschland überdachte: Wie waren Vergangenheit und Gegenwart nach solch einer Zeitenwende, nach solch einer Katastrophe, die Menschen und Völker tief verfeindet hatte, fortan miteinander zu versöhnen? Das konnte natürlich am ehesten an zugespitzten Beispielen gezeigt werden. Der ehemalige Aufseher in einem Konzentrationslager und ein Kommunist, der dort inhaftiert war (so das äußere Geschehen dieser Erzählung), also Täter (»einem Todesvogel gleich« [X, 7]) und Opfer begegnen sich nach dem Krieg. Die Vergangenheit lebt in beiden unvermindert fort. Und das

Ausschlaggebende an dieser Erzählung ist, daß beide die Vergangenheit als eine zerstörerische Macht erleben.

Zwei Menschen stehen unter dem Bann ihrer Erlebnisse in der Nazizeit. Den ehemaligen Aufseher, der hofft, in seinem abgelegenen Dorf unerkannt zu bleiben, trifft sie mit der ganzen Wucht einer unsühnbaren Schuld. Er wird identifiziert, versucht sich durch Flucht der Verhaftung zu entziehen und ergibt sich schließlich wie ein gehetztes »Tier« (X, 45) dem Tod. Anna Seghers hat hier auf sehr beeindruckende Weise die innere Aufzehrung eines Menschen gestaltet, der im wahrsten Sinne des Wortes als ein Unmensch gelebt hat und dann gejagt wird. In einer ihrer letzten Erzählungen, »Steinzeit« von 1976, wird sie dieses Motiv noch einmal ausgestalten.

Aber auch der Kommunist und ehemalige Häftling, für den der 8. Mai 1945 eine wirkliche Befreiung ist, findet keinen neuen Anfang. Das Vergangene und nicht die Gegenwart bestimmt sein Lebensgefühl. Er lebt in einem Zwischenreich, nicht mehr in der Vergangenheit und noch nicht in der Gegenwart. Eine tragische Konstellation, die so gar nicht paßte zu der Euphorie eines neuen Anfangs, die damals viele politische Parteien und Organisationen, nicht zuletzt die Kommunistische Partei, verbreiten wollten. Man sollte diesen Aspekt nicht vergessen und deshalb »Das Ende« nicht als unbedeutendes Nebenprodukt ansehen. Anna Seghers hatte bereits 1941 vorausgesagt (in »Deutschland und wir«): »Der Prozeß der Entfaschisierung des deutschen Volkes wird durch furchtbare Leiden gehn [...] durch die grausamsten Erfahrungen, mit denen verglichen die ›Erziehung vor Verdun‹ eine zarte milde Erziehung war« (ÜKW I, 191).

»Die Saboteure«

Ebenfalls 1945 entstand die Erzählung »Die Saboteure«. Auch sie führt eine Gestalt aus dem »Siebten Kreuz« weiter. Diesmal ist es Franz Marnet, neben Georg Heisler die Hauptfigur des Romans. Zwischen beiden Erzählungen gibt es ansonsten äußerlich keinerlei Verbindungen, aber innerlich, von ihrer Problemstellung, ihrer Intention her korrespondieren sie miteinander. »Die Saboteure« schildern den mutigen Schritt, zu dem sich Marnet und einer seiner Kollegen nach dem Einmarsch der Deutschen in die Sowjetunion entschließen: Sie manipulieren an der Munition, die in ihrer Fabrik für den Einsatz an der Ostfront hergestellt wird. Der Kollege Marnets wird bald darauf verhaftet und kommt in ein Konzentrationslager. Franz, der an die Front geschickt wird, überlebt das Ende des Krieges. (Die Erzählung umfaßt einen Zeitraum von etwa vier Jahren.) Das Entscheidende aber ist – und hier liegt die Verbindung zum »Ende« –, daß »Die Saboteure« die Schuldfrage in bezug auf die faschistische Vergangenheit nicht mehr nur indirekt stellen, durch die Konfrontation von Täter und Opfer, sondern scharf und unmittelbar. (Zur Behandlung der Schuldfrage bei Anna Seghers vgl. Keßler, 1970, 232 ff.) Die Erzählung urteilt sehr entschieden und hart über jene, die still gehalten und sich geduckt haben. In »Der Mann und sein Name« und in der »Entscheidung« fällt dieses Urteil dann beträchtlich milder aus. Das liegt ganz sicher daran, daß die Autorin 1945 noch keine Verbindung zu Menschen hatte, die das faschistische Regime am eigenen Leib ertragen mußten. In den »Saboteuren« wird eigentlich nur denen ein würdiges Leben zuerkannt, die sich widersetzt hatten und sich nicht, wie eine Figur in der Erzählung sagt, »durch die Zeit durchschleichen« (X, 109). (Vgl. dazu die Skizze »Die Unschuldigen«, ebenfalls von 1945 [ÜKW III, 212–216], wo Anna Seghers in greller Zuspitzung vorwegnimmt, was dann tatsächlich eintrat, daß nämlich niemand sich schuldig fühlte, selbst die höchsten Nazigrößen nicht.)

»Das Argonautenschiff«

Eine der ersten erzählerischen Arbeiten, die Anna Seghers nach ihrer Rückkehr nach Deutschland schrieb, ist »Das «Argonautenschiff». (Zuerst in «Sinn und Form», Heft 6/1949 veröffentlicht; dann in Buchform in «Der Bienenstock», Ausgewählte Erzählungen, 2 Bde., 1953, 1. Bd., S. 339–361.) Ein schwieriger Text, dem man damals mit Unverständnis und Ignoranz begegnete (darüber Diersen, 1988, 83; Diersen, 1990, 99; Pallus, 1986, 186 ff.), offensichtlich entstanden aus dem Bedürfnis nach gründlichem Nachdenken über das, was jetzt vielleicht Wirklichkeit werden könnte, die Revolution, die sozialistische Umgestaltung einer Gesellschaft. Inge Diersen (1988, 80–84; 1990, 81–84) hat im Anschluß an Archivstudien die Genese dieser Erzählung belegt und dabei offenlegen können, daß es eine inhaltlich-thematische Beziehung zwischen ihr und den Antillengeschichten von 1949 gibt.

  »Das Argonautenschiff« gehört zu den Seghers-Texten, die an Mythen oder Legenden anknüpfen und so aus einem ganz anderen Blickwinkel an weltanschauliche Grundfragen herangehen.

Dazu gehören die schon besprochenen Woynok-Sagen (1936), »Die Sagen von Artemis« (1937) und die kurzen Parabeln »Die drei Bäume« von 1940.

Man kann vermuten, daß zwei Erfahrungsbereiche in diese Erzählung eingegangen sind: die Rückkehr nach Deutschland, die ja so unproblematisch, wie sie Anna Seghers öffentlich beschrieb, gar nicht war; und das gewaltige Vorhaben einer gesellschaftlichen Umgestaltung, an dem die SED 1947/1948 keinen Zweifel mehr ließ. Man muß hier sehr vorsichtig sein: ein Infragestellen dessen, was Anna Seghers' bisheriges Leben bestimmt hatte, ist im »Argonautenschiff« nirgends zu finden. Es ist bei dieser Autorin auch schwer vorstellbar. Wohl aber ist ein tiefes, sozusagen existentielles Überdenken eines gesellschaftlichen Vorhabens erkennbar, das alles Bisherige in der deutschen Geschichte übersteigen würde. Es wäre deswegen grundfalsch, Jasons Absicht beispielsweise einfach mit konkreten gesellschaftlichen oder gar parteipolitischen Unternehmungen gleichzusetzen. »Das Argonautenschiff« sollte man weder als eine allegorische Darstellung der revolutionären Umgestaltung verstehen noch als eine Polemik gegen spätbürgerliches Geschichtsdenken. (Für letzteres plädiert Frank Wagner [1978, 272] und wird darin in der umfangreichen, m.E. in die falsche Richtung weisenden Arbeit von Pallus über die Erzählung [1986, 186–206] bestärkt.)

Jason bricht auf, um sein Schiff, sein Lebenswerk, wiederzufinden. Das gelingt ihm am Schluß auch; aber indem er das Schiff wieder hat, stürzt es auf ihn herab und begräbt ihn unter sich. Soll man das als ein krasses Bild dafür verstehen, wie eine lebenslange Anstrengung sich in Illusionen oder Selbsttäuschungen auflöst? Man kann wohl davon ausgehen, daß viele Kommunisten und Revolutionäre ab und zu von solchen Gedanken und Zweifeln heimgesucht wurden. Aber so weit ist Anna Seghers in ihren Überlegungen nie gegangen. Es verhält sich eher umgekehrt. Die Erzählung zeigt in der Jason-Gestalt, wie ein starker, charismatischer einzelner sich mehr und mehr von den Menschen entfernt (Diersen [1990, 88] sieht in Jason eine Fortsetzung der Hull- und Grubetsch-Problematik) – soweit, daß er am Ende keinen Glauben mehr hat an »die Götter« und »(erst recht nicht mehr) an die Menschen« (X, 141). Jason hat sein Leben einer großen Aufgabe gewidmet – und dabei das wirkliche Leben aus dem Blick verloren. (Diese Interpretation wird unterstützt durch die Hinweise Diersens [1988, 83] aus dem Nachlaßmaterial, in dem Anna Seghers die lateinamerikanischen Revolutionäre Bolivar und Miranda in eine Art »Jason-Sphäre« taucht.) Jason wird nicht etwa angeklagt, aber die Erzählung konstatiert sehr genau – wertfrei, ohne moralische Entrüstung: Man kann sich im Dienst einer großen Aufgabe in Abstraktionen verlieren und dabei vergessen, daß alle noch so gewaltigen Vorhaben nur einen Sinn haben, wenn sie den Menschen von Nutzen sind. (Sauer [1978, 121] spricht von »seiner [Jasons, A.Sch.] Schicksalsfrömmigkeit«, an der er zugrunde geht.)

Diese Erzählung läßt sich aber nicht so einfach ›ausschöpfen‹ wie die Gegenwartserzählungen aus den folgenden Jahren. Z.B. wäre es sicherlich lohnend, Jasons Auseinandersetzung mit dem Schicksal, das viel höher steht als die Menschen und selbst die Götter (X, 236ff., 141), in dem oben beschriebenen Sinne zu interpretieren. (Vgl. dazu Diersen 1990, 90ff.) Autobiographisch aufschlußreich sind einige Reminiszenzen am Anfang, die das Thema Rückkehr bzw. Heimkehr beleuchten.

»Die Hochzeit von Haiti«

In dieser Zeit, also 1947/48, entstehen zwei weitere Erzählungen, in denen Anna Seghers den aktuell-politischen Gegenwartsstoff hinter sich läßt, um auf grundlegende Fragen ihrer Weltanschauung einzugehen. Es handelt sich um die Erzählungen, die sie später um eine dritte ergänzt und unter dem Titel »Karibische Geschichten« 1962 herausgeben wird. 1949 erscheint der Band »Die Hochzeit von Haiti«, neben der Titelerzählung noch »Wiedereinführung der Sklaverei in Guadeloupe« enthält.

Das »Argonautenschiff« ist ein Text, der weit in Regionen vordringt, in die der Leser der Nachkriegszeit nur schwer folgen konnte. Die beiden Karibischen Geschichten sind keine mythologischen, sondern historische Erzählungen. Der Stoff, den sie verarbeiten, sind die Aufstände auf den Karibischen Inseln in der Folge der Französischen Revolution am Ende des 18. Jahrhunderts. (Diese Inseln waren Kolonien Frankreichs.) Anna Seghers spricht in einem ihrer »Briefe an Leser« von der »Negerrevolution« (Berlin 1970, S. 72). Wie jede Revolution, so hat auch diese ihren Führer und Helden. Er heißt Toussaint L'Ouverture, wurde schließlich von der französischen Besatzungsmacht gefangengenommen und nach Paris deportiert.

Die beiden Erzählungen umspannen zeitlich und inhaltlich den gesamten Verlauf der revolutionären Erhebungen auf den

Karibischen Inseln. Anna Seghers und ihre Familie waren hier einige Wochen während der Überfahrt von Marseille nach den USA interniert worden. In dieser Zeit hörte sie wahrscheinlich zum ersten Mal etwas über Toussaint und die revolutionären Kämpfe auf den Inseln. Später hat sie ihre Kenntnisse darüber vertieft und mehr und mehr das Modellhafte an diesen Ereignissen erkannt. »Ich las (im mexikanischen Exil – A. Sch.) in englischer Sprache die Biographie des Negers Toussaint L'Ouverture, der einer der bedeutendsten Menschen ist, die sich in der Zeit der Französischen Revolution entwickelt haben« (a.a.O., S. 69). Sie hatte übrigens vor, diesen Erzählungen noch weitere Arbeiten zu diesem Thema folgen zu lassen. Die biographischen Porträts, die sie über drei führende Gestalten der »Negerrevolution«, unter ihnen Toussaint (»Ein Neger gegen Napoleon«), in der Zeitschrift »Ost und West« veröffentlichte (Heft 2/1947 und Heft 3/1948), sollten zu einer ganzen Serie (»Große Unbekannte«) und auf diese Weise zu einer Art Gesamtbild einer Revolution ausgeweitet werden. (In der kurzen Einleitung dazu steht z.B. folgender Satz: »Lateinamerika enthält unbekannte Gestalten und abgelegene Begebenheiten, in denen sich oft noch greller und schärfer als bei uns unter anderen Sternen ausdrückt, was auch uns in Atem hält« [ÜKW III, 217].) Vergleichbar sind diese Porträts etwa mit dem Buch »Die erste Reihe« (1951) von Stephan Hermlin, wo dieser in knappen Lebensbildern Antifaschisten vorstellt, die von den Nazis ermordet worden waren.

Die erste Erzählung, »Die Hochzeit von Haiti«, schildert den Beginn der Revolution, ihre Steigerung auf den höchsten Punkt, von dem aus es kein Zurückweichen mehr gibt. Die Erzählung endet (wie historisch verbürgt) mit der Niederlage – die aber nicht als endgültig gewertet wird. Ein Motiv, das wir schon aus Anna Seghers' erstem Buch, »Aufstand der Fischer von St. Barbara« kennen, und das in ihrem Werk immer wiederkehrt. (Haas [1975, 75] kritisiert dieses Motiv als Ausdruck eines teleologischen Geschichtsdenkens.) – Ein junger Franzose, Michael Nathan, kommt aus geschäftlichen Gründen nach Haiti und wird hier aus zweierlei Gründen festgehalten: zunächst durch die Liebesbeziehung zu einer Einheimischen und dann durch sein immer rigoroser werdendes Engagement für die revolutionären Kämpfe, die sich vorbereiten und schließlich ausbrechen. Durch seine Geliebte kommt Michael in Verbindung mit Toussaint, der im Laufe der Handlung (und das ist wiederum historisch verbürgt) zum Führer der Revolution wird.

(Zur Biographie dieses Mannes vgl. C.L.R. James, Die schwarzen Jakobiner, Berlin 1984.) Kommissare der französischen Republik, dem sog. Mutterland der kolonialisierten Antilleninseln, überbringen die Nachricht über die Aufhebung der Sklaverei. Es kommt zu Zusammenstößen mit den Adligen und Weißen, deren Ergebnis ein Sieg der aufständischen Kräfte ist. Die Weißen verlassen daraufhin die Insel. (Das ›Losbrechen‹ dieses Aufstandes hat Anna Seghers sehr eindrucksvoll und symbolisch mit dem Beginn der Regenzeit gekoppelt [XI, 248 ff.].) Nach kurzer Regierungszeit kommt die Gegenwehr schließlich aus dem Ursprungsland der Revolution selbst: Napoleon hat sich eigenständig zum Ersten Konsul von Frankreich ernannt. Er lehnt die von Toussaint neu geschaffene Verfassung ab und schickt Truppen auf die Insel. Jetzt stellt sich heraus, daß Toussaint einen großen Fehler gemacht hat. Er hat die im Lande verbliebenen Weißen und Adligen nicht enteignet und nicht konsequent genug entmachtet. Sie verbünden sich rasch mit dem französischen Heer, Toussaint wird verhaftet und nach Frankreich deportiert. Die alten Machtverhältnisse sind wieder hergestellt – aber der revolutionäre Geist, das neue Selbstbewußtsein der Schwarzen läßt sich nicht mehr auslöschen.

Diese Erzählung entwickelt aus einem manchmal kaum noch durchschaubaren Geflecht von Zwischenpositionen und Übergängen die unterschiedlichsten Haltungen zur Revolution. An erster Stelle stehen die Unterschiede, die aus der ökonomischen Situation resultieren (Besitzer, Besitzlose). Damit eng verflochten sind die Unterschiede der Rassenzugehörigkeit: Schwarze, Weiße und Juden (so die Rangfolge der revolutionären Entschlossenheit). Michael Nathan, die Hauptfigur, ist Weißer und Jude.

Anna Seghers hat ihre Leser davor gewarnt, »historische Parallelen (zu) ziehen« (Briefe an Leser, S. 71). Nichtsdestoweniger besitzen die Erzählungen natürlich Modellcharakter für die Gegenwart, die am historischen Material klarer und verständlicher gemacht werden kann. In »Hochzeit von Haiti« gibt es eine Stelle, die das ganz direkt sagt: »Hier glühte ihr Rot noch röter (die Trikolore – A. Sch.); ihr Blau noch blauer; ihr Weiß glänzte noch weißer« (XI, 262). Ebenso in »Wiedereinführung der Sklaverei in Guadeloupe«: »[...] es fehlte den Ereignissen nicht an Klarheit. Sie waren so nackt und so einfach wie möglich. Man brauchte nicht von ihnen zu reden, sie redeten für sich selbst« (XI, S. 330). (Vgl. auch den oben zitierten Satz aus der Einleitung zu »Große Unbekannte«.)

Schließlich ist für ein umfassendes Verständnis der »Hochzeit von Haiti« noch zu bedenken, daß diese Erzählung im bewußten Kontrast zu Heinrich von Kleists Novelle »Verlobung von St. Domingo« (1811) geschrieben wurde. (Batt [1973, 219] spricht von dem »sozusagen verschränkt zitiert[en]« Titel der Kleistnovelle.) Anna Seghers schreibt dazu in dem schon mehrfach angegebenen Brief: »Kleist, den ich sehr bewundere, kann nichts dafür, daß er von der Negerrevolution nicht viel verstand. Für ihn war San Domingo etwas Phantastisches, Exotisches.« Kleist interessierten die unauflösbaren und tragischen Verwirrungen, in die Menschen durch unmäßige, z.B. revolutionäre, Leidenschaften geraten. Anna Seghers dagegen sah in der Revolution nicht nur ein unvermeidbares, sondern vor allem wünschenswertes Geschehen, die Verwirklichung des zur Humanisierung führenden Gesetzes der Geschichte.

Die zweite Erzählung dieses Bandes von 1949, »Wiedereinführung der Sklaverei in Guadeloupe«, setzt mit ihrer Handlung ein, als die Revolution bereits in der »rückläufigen Phase« begriffen ist (Walter Markov/Albert Soboul, 1789. Die Große Revolution der Franzosen, Berlin 1977, S. 387 ff.) (Der »Rücklauf der Revolution« beginnt nach Markov/Soboul mit dem Thermidor 1794 und mündet in das Napoleonische Kaiserreich.) Es ist eine Erzählung über das erfolglose Bemühen, die sozialen Errungenschaften der Revolution festzuhalten bzw. überhaupt auf breiter Ebene durchzusetzen. Der Mulatte Berenger und der Weiße Beauvais, beide aus Paris, sind zusammen mit dem einheimischen Schwarzen Paul Rohan, ihrem engsten Verbündeten, die Träger der Handlung. Beide orientieren sich an Hugues, den Abgesandten des französischen Konvents, dem sie »in einer fast grenzenlosen Liebe« (XI, 281) ergeben sind. Hugues muß nach Frankreich zurück. Ein neuer Kommissar ist aus Paris, wo inzwischen Robespierre gestürzt wurde, angekündigt worden. Als Frankreich den 18. Brumaire 1799 erlebt (Napoleon stürzt in einem Handstreich die Regierung), haben die Verordnungen, die jetzt von dort kommen, »nichts Freiheitsfunkelndes in sich« (XI, 302). Abermals kommt ein neuer Kommissar. Dieser vollendet, was sich bereits mit der Ablösung Hugues' leise ankündigte: das Zurückdrängen der Revolution.

Die Niederlage erscheint aber nicht nur als das Ergebnis der entsprechenden politischen Wendungen in Frankreich. Ein ebenso wichtiger Grund dafür ist die Unfähigkeit der Einheimischen, den errungenen Sieg durch disziplinierte Arbeit zu erhalten und gesellschaftlich umzumünzen. Beauvais, Berenger und

Rohan sind so etwas wie die Funktionäre und Propagandisten der Revolution. Sie reisen unermüdlich im Land umher und versuchen, den Schwarzen bewußt zu machen, daß die Phase des Kampfes, den sie wie in einem Rausch erlebt haben, vorüber sei und nun die ›Arbeit‹, d.h. der Aufbau der neuen Verhältnisse, beginnen müsse. Die drei stoßen aber nur auf Unverständnis. Die ehemaligen Sklaven sehen in der Forderung nach disziplinierter Arbeit nur eine neue Form der Unterdrückung. Der Ausgang ist daher unvermeidlich die Wiedereinführung der Sklaverei, wie es Napoleon angeordnet hat. (Vgl. dazu die kritischen Anmerkungen von Gutzmann [1988, 189 ff.] über das »eurozentristische Welt- und Menschenbild« in den Karibischen Geschichten.)

Wiederum beläßt es Anna Seghers nicht bei diesem Resultat. Die Erzählung endet mit dem Ausblick auf die Fortführung der Revolution, die momentan eine Niederlage erlitten hat. Die Generation der Kinder – so die Pointe des Schlußbildes – wird da weitermachen, wo die Elterngeneration zum Rückzug gezwungen worden war. Zum zweiten erhält die Erzählung durch den ins Symbolische überhöhten Tod Jean Rohans eine Perspektive über die Niederlage hinaus.

Dieser Jean Rohan, Bruder Paul Rohans, will sich mit einem Leben nach dem Scheitern der Revolution nicht abfinden und flieht deshalb in die Berge. Er wird schließlich doch aufgestöbert und erschossen. Diese Abschnitte sind die eindrucksvollsten der ganzen Erzählung. Rohans Tod erscheint nicht als Ende, sondern als eine Art Anfang, ein Aufgehen in einer höheren, tröstlichen Wirklichkeit. Erika Haas (1975, 169) spricht von einem »Transformationsvorgang, der zum Aufgehen der Einzelexistenz in einen umfassenderen Lebenszusammenhang führt«, von einer »Verwandlung«, die sich »in der Auslieferung an den kreatürlichen Bereich (vollzieht)«. Die Revolution, das revolutionäre Tun und Denken erhalten auf diese Weise eine Art naturrechtliche Begründung und Perspektive, die über das Soziale und Temporäre hinausweisen soll.

VIII. Der Schriftsteller als Propagandist des sozialistischen Aufbaus. Standortbestimmung nach der Rückkehr aus dem Exil

Am 22. April 1947 traf Anna Seghers in Berlin ein. Über Paris, wo ihre beiden Kinder schon seit einiger Zeit studierten, war sie nach Deutschland zurückgekehrt. Sie hat sich nie über diese Rückkehr geäußert. Wir wissen nur, daß sie zunächst in ihre Heimat fuhr, ins Rheinland, nach Mainz, und daß sie dort Bekannte aus der Jugendzeit, z. B. eine ihrer Lehrerinnen, zu der sie noch bis zu deren Tod Kontakt hielt, besuchte. Ihre Eltern, die Deutschland nicht verlassen hatten, waren nicht mehr am Leben. Einige Briefe an Bruno Frei und Georg Lukács aus dieser Zeit sind bisher das einzige bekannt gewordene persönliche Zeugnis, aus dem man ihre tiefe Niedergeschlagenheit ersehen kann (ÜKW IV, 150–154). Zwar gibt es Passagen in der »Entscheidung« (1959), im »Vertrauen« (1968) und vor allem in der Erzählung »Überfahrt. Eine Liebesgeschichte« (1971), die man zweifellos als autobiographische Reminiszensen lesen kann. Die bittere Enttäuschung über das Mißtrauen, das dem jungen Arzt Ernst Triebel (in der »Überfahrt«) entgegengebracht wird, als er nach langen inneren Kämpfen in die Heimat zurückfährt – das ist keine Fiktion im Sinne einer reinen Erfindung. (Denken wir hier vor allem an das schändliche Mißtrauen gegen die sog. Westemigranten von seiten der kommunistischen Führung, die das Exil in Moskau zugebracht hatte.)

Wir wissen von vielen Schriftstellern, daß sie vor ihrer Rückkehr lange zögerten. Wie sollten sie auch leichten Herzens in ein Land zurückgehen, in dem sie als ›Feinde des Volkes‹ galten und ihre Bücher verbrannt worden waren? Und das alles war, wie die Schriftsteller sehr wohl wußten, nicht nur auf das Geheiß einer kleinen Naziclique geschehen. Wonach sie sich in der Emigration gesehnt hatten, war nicht das gegenwärtige, sondern war entweder ein vergangenes oder ein zukünftiges Deutschland. Die ersten, die in die Sowjetische Besatzungszone (SBZ) kamen, waren kommunistische Schriftsteller aus Moskau, allen voran Johannes R. Becher (er war mit der sog. Ulbricht-Gruppe schon im Mai 1945 in Berlin eingetroffen). Für Anna Seghers war es eine folgerichtige Konsequenz ihres bisherigen Lebens, daß sie jetzt dorthin ging, wo einige ihrer politischen Freunde aus den 20er und 30er Jahren damit begannen, ein antifaschistisches Deutschland zu errichten.

Es war eine schwere Zeit für Anna Seghers. Sie war ohne ihre Familie gekommen und hatte in Mexiko einen engen Freundeskreis zurückgelassen, wie er wohl später nie wieder zustande kam. (»Der Heinrich-Heine-Klub bedeutet mehr als eine Erinnerung, er bedeutet das Bewußtsein, daß wir zusammengehören« [ÜKW I, 207].) Allerdings hatte sie in späteren Jahren sehr viel Wert darauf gelegt, diese ersten Wochen und Monate in Nachkriegsdeutschland immer unter dem Zeichen der politischen Verantwortlichkeit und der Übereinstimmung mit den Gesinnungsgenossen erscheinen zu lassen. (In ihrem Aufsatz »Die DDR und ihre Schriftsteller« [XIV, 372ff.], zum 25. Jahrestag der Gründung der DDR verfaßt, entwirft sie ein viel freundlicheres Bild von ihrer ersten Zeit in Berlin als in den Briefen an Frei und Lukács.) Darin äußert sich wohl ihre moralische Verantwortung gegenüber dem großen Ganzen, die die Zurückstellung der eigenen Person einschließt. Aber man kann darin zugleich eine ganz bestimmte Haltung zur Wirklichkeit erkennen, die zu Verdrängung und Schönfärberei führt.

Bereits wenige Tage nach ihrer Ankunft in Berlin gibt Anna Seghers der »Täglichen Rundschau« (24. 4. 1947, S. 3) ein Interview und sagt hier sehr klar, was sie jetzt tun will: »[...] sie neige dazu«, berichtet der Redakteur, »neben ihrer literarischen Tätigkeit sich dem Volksbildungswesen und den Universitäten zur Verfügung zu stellen.« Das war Anna Seghers' ganz persönliche Antwort auf die Situation, in die das deutsche Volk geraten war: Im Augenblick nehmen auch für den Schriftsteller die praktischen Fragen der gesellschaftlichen Umgestaltung einen großen Raum ein – nicht nur als ›Gegenstand‹, sondern als eigentliches Feld seiner Arbeit. (Vgl. dazu das Gespräch mit Anna Seghers im »Sonntag« vom 27. 4. 1947, in dem sie die Rückkehr stärker mit ihrem Selbstverständnis als Schriftstellerin verbindet.) Anna Seghers teilte die Alternative ›littérature pure‹ oder ›littérature engagée‹ nicht, die zu dieser Zeit von Frankreich aus (Sartre) viele Literaten und Künstler herausforderte. (S. dazu eine Passage in der »Entscheidung«, wo mit deutlicher Distanz über Sartre und seine Freunde geredet wird [VII, 330].) In der deutschen Version hieß diese Fragestellung: reine Kunst oder Tendenzkunst? Anna Seghers hat in vielen Aufsätzen der 40er Jahre darauf geantwortet (die entsprechenden Abschnitte tragen durchweg polemischen Charakter): »[...] gute Kunst, wenn sie wirklich ›rein‹ ist, (bekommt) eine

›Tendenz‹ und (wird) ›angewandt‹« (ÜKW II, 88). Vielleicht ist diese Antwort etwas zu rasch in ihrer apodiktischen Folgerung. Aber sie zeigt doch sehr deutlich, worauf es Anna Seghers ankommt. Kein Dualismus! Das ist immer ihre Devise gewesen – nicht zwischen politischer und reiner Kunst, und nicht zwischen Kunst und Volk. Die Einheit – so kann man Anna Seghers' Gedankengang zusammenfassen – kann jeder Künstler erreichen, wenn er die Verbindung zum Volk nur ernsthaft will und sich nicht hochmütig oder sektiererisch von ihm abwendet. Wir staunen heute über den idealistischen Voluntarismus dieser Auffassung, der ja nicht nur von Anna Seghers, sondern von fast allen kommunistischen Schriftstellern und Theoretikern vertreten wurde und der nicht selten zu Arroganz und Herablassung gegenüber bürgerlichen Autoren führte. (Das beschämendste Beispiel ist der ungeheuerliche Angriff, den Fadejew 1948 auf dem »Weltkongreß der Kulturschaffenden« in Wroclaw gegen Jean-Paul Sartre und andere vortrug. [Vgl. dazu den Kommentar von Max Frisch, der in Wroclaw anwesend war: M. Frisch, Tagebuch 1946–1949, Berlin 1987, S. 262.]) Dahinter steht bei vielen deutschen Schriftstellern zweifellos der große Einfluß von Georg Lukács' ideologiekritischer und moralischer Abrechnung mit der sog. Dekadenz der meisten bürgerlichen Kunst dieses Jahrhunderts. Was Anna Seghers angeht, so ist dieser Einfluß überall präsent. (Vgl. insbesondere »Aufgaben der Kunst« von 1944 [ÜKW I, 197–201].)

Zu Anna Seghers' konkreter Position in einem Land, das nach dem Willen der führenden Partei sozialistisch werden sollte, sei noch einmal auf das Interview in der »Täglichen Rundschau« verwiesen. Niemand wird daran zweifeln, daß Anna Seghers ihre Ankündigung wahrmachen wollte. Bekannt ist ihr Vortrag an der Berliner Humboldt-Universität (ÜKW III, 87–93), wo sie die Studenten, aber auch die Wissenschaftler zur Teilnahme an der antifaschistischen Erneuerung Deutschlands aufrief. Wie wichtig eine wahrhaftige, humanistische Erziehung der Jugend ist, hat Anna Seghers schon angesichts der faschistischen ›Vereinnahmung‹ der Jugend in den 30er Jahren inständig angemahnt. Sie war allerdings in keinem entsprechenden Gremium innerhalb des Ministeriums oder der Partei. Hat sie also ihre Ankündigung nun doch nicht in dem Umfang wahrgemacht, wie sie es ursprünglich vorhatte? Oder waren diejenigen, die in der SBZ alles ›fest in den Griff‹ zu bekommen versuchten, gar nicht daran interessiert, Anna Seghers direkt an der politischen Arbeit zu beteiligen? Aus der Kenntnis der Absichten und Verfahrensweisen der führenden SED-Funktionäre ist diese Behauptung gar nicht so abwegig. Wenn von Anna Seghers' politischer Aktivität in den 40er und 50er Jahren die Rede ist, dann denkt kaum jemand an das Volksbildungsministerium, sondern vor allem an ihre unermüdliche Arbeit in dem – internationalen! – Weltfriedensrat. Sozialismus und Frieden waren für Anna Seghers eine Einheit – und es war vor allem eine Aufgabe für jeden aufrechten Humanisten, den gerade erst errungenen und bereits wieder gefährdeten Frieden zu erhalten. Im Präsidium des Weltfriedensrates, dessen Mitglied sie war, traf Anna Seghers viele ihrer Freunde aus den verschiedenen Ländern und Erdteilen. Hier gab es auch nicht das unbedingte Geltungsrecht einer ganz bestimmten ideologischen oder weltanschaulichen Position. Man kann sich von heute aus gut vorstellen, daß die Arbeit in diesem Gremium eine Art Ausgleich darstellte zu dem weitaus strengeren Regime innerhalb der politischen Partei, der Anna Seghers angehörte.

Natürlich hat sie auch weiterhin über ihr Selbstverständnis als Schriftstellerin und Künstlerin nachgedacht. Es wäre Anna Seghers aber ganz fremd gewesen, frühere Positionen aus dem Exil einfach zu übernehmen, um sie jetzt ›anzuwenden‹. In einigen Punkten gab es natürlich solche Übereinstimmungen mit Positionen aus der ersten Hälfte der 40er Jahre. Das Programm des Volksschriftstellers war ja nicht zuletzt im Hinblick auf die Nachkriegszeit entworfen worden. In ihrer Rede auf dem I. Deutschen Schriftstellerkongreß 1947 (vom 4. bis 10. Oktober, Anna Seghers war also gerade erst ein halbes Jahr wieder in Deutschland) spricht sie bereits von dem deutschen Schriftsteller der Gegenwart, der in der »Mitte« (ÜKW I, 70) des Volkes lebe und dessen Aufgabe es sei, »das Bild des deutschen Volkes« (74) zu entwerfen. (Die »Volkserzählungen« des alten Tolstoi schweben ihr als Leitbild dafür vor, »die wie Legenden, wie Volkslieder wirken« [72].) Keine leichte Aufgabe – denn wer von den Schriftstellern konnte schon im Jahre 1947 von sich sagen, er kenne das deutsche Volk? Die Lösung, die Anna Seghers für diese Schwierigkeit bereithält, ist symptomatisch für ihren weiteren Weg. In gewisser Weise überspringt sie nämlich die Wirklichkeit (»das Bild des deutschen Volkes«) und bietet eine Verfahrensweise an, die dem Künstler in jedem Fall die Möglichkeit zur Abbildung der Wirklichkeit gibt. Sie sagt: »[...] denn das Wichtige ist nicht nur etwas Statisches, in einem einzelnen Bild faßbar, es ist auch etwas Dynamisches. Es ist die Richtung auf etwas. Es kommt darauf an, [...] diese Punkte herauszufinden, sie so herauszufinden, daß sie bleiben, die Punkte, die in die Zukunft gehen auf die Einheit, auf eine Zukunft, die anders gestaltet sein soll und anders werden soll als das, was war und was ist« (74).

Das ist der Ausgangspunkt und der Grundpfeiler ihres ästhetischen Programms der folgenden Jahre. Nicht die vorhandene Realität, sondern ein Programm. Das war natürlich nur vertretbar, wenn man eine Richtung zu erkennen meinte und die Geschichte sogar in die Zukunft hinein für erkennbar hielt. Und das war der Fall bei Anna Seghers und vielen anderen, und das war auch der Grund einer gewissen Überheblichkeit gegenüber denjenigen, die diese Zukunftsgewißheit nicht teilen konnten. (Die Zukunft wurde ja nicht nur als schlechthin ›berechenbar‹, sondern geradezu als paradiesisch hingestellt.) Illusionäres Herangehen an die Ausgestaltung der Geschichte, so wohlgemeint es auch sein mag, schlägt immer in krisenhafte Situationen um. Deshalb müssen wir heute an die Erzählerin und Romanautorin Seghers die Frage richten: »Bewußtmachung der Wirklichkeit« (auch ein Wort aus der Rede von 1947), »das Bild des deutschen Volkes« – da wird niemand widersprechen; aber kann nicht das Beharren auf der »Richtung auf etwas« diese Absicht entkräften, sogar »entrealisierend« (ÜKW I, 176) wirken? Die ›Perspektive‹ war ein regelrechtes Zauberwort der damaligen ästhetischen Diskussion geworden. Dahinter stand die Doktrin des sozialistischen Realismus, wie er in der UdSSR in den 30er Jahren entwickelt und oft genug noch in einer vereinfachten Version als ›kulturpolitische Linie‹ (Shdanow) in Umlauf gebracht worden war. Lukács hatte in seiner Rede auf dem IV. Deutschen Schriftstellerkongreß 1956 (Protokoll, Heft 1, S. 775–82, Reihe: Beiträge zur Gegenwartsliteratur) den Widerspruch zwischen Vorausschau in die Zukunft auf der einen Seite und dem Gebot zur Realitätsverbundenheit auf der anderen aufzulösen versucht. Er sah wohl mit großem Unbehagen, wie sich das ›Kriterium‹ der Perspektive mehr und mehr verselbständigte und zum Abrücken von der Wirklichkeit führte. Theoretisch ließ sich diese Einheit des Blickwinkels, der nach vorn und auf das unmittelbar Gegebene gerichtet war, relativ leicht postulieren – aber war sie auch tatsächlich angebracht, immer und immer wieder den Grund für die künstlerische Arbeit abzugeben? Mußte diese Sichtweise nicht notgedrungen und vielleicht unbemerkt zu Retuschen an diesem unmittelbar Gegebenen führen? Lukács warnte vor der Abstraktheit der Perspektive und wollte sie ganz direkt aus dem Denken, Fühlen und Handeln der Menschen abgeleitet wissen. So habe es beispielsweise Tolstoi getan oder Balzac. Aber diese Art Perspektive meint nicht das gleiche wie die der Schriftsteller in den 50er Jahren. Jene sahen in eine Zukunft, weil sie der allgemeinen Gattung Mensch eine Humanisierung zutrauten, diese sprachen von einer ganz konkreten sozialgeschichtlichen Perspektive – ein gravierender Unterschied. Der Widerspruch war nicht lösbar in jenen Jahren – nicht für Anna Seghers und nicht für alle anderen Autoren. Sie waren Gefangene ihrer Weltanschauung, die sie als die einzig wahre ansahen und deshalb nicht merkten, wie sie ihre Aussagen über die gegebene Realität nach der Maßgabe aktueller Erfordernisse verbogen.

Anna Seghers' Rede auf dem II. Deutschen Schriftstellerkongreß 1950 – inzwischen ist die DDR gegründet worden, die sozialistischen Schriftsteller sind jetzt quasi unter sich – gibt wohl am deutlichsten eine Vorstellung davon, welche neuen Möglichkeiten Anna Seghers für den Schriftsteller kommen sieht. Aber sie spricht nicht nur von den Möglichkeiten, sondern auch von den Forderungen, die damit verbunden sind, und von der großen Verantwortung. Der Gedanke vom Volksschriftsteller wird nicht mehr expressis verbis vorgetragen, er schimmert vielmehr als tragender Grund hindurch. Anna Seghers konstatiert ein völlig verändertes Verhältnis zwischen Autor und Leser unter den neuen Verhältnissen. Das »stellt unsere Kultur und unsere schriftstellerische Arbeit«, sagt sie mit Worten Simonows, »vor nie dagewesene ganz neue literarisch-künstlerische Probleme« (ÜKW I, 76), nicht etwa politische. Sie fragt also nach dem Kommunikationsraum, in dem sich sozialistische Literatur von jetzt ab bewegen könne.

Der künstlerische Schaffensprozeß ist ein Vorgang, der ganz wesentlich durch das dialogische Verhältnis von Autor und Leser (von Künstler und Rezipient) geprägt wird. In Mexiko denkt Anna Seghers noch viel stärker vom Standpunkt der schöpferischen Autonomie des einzelnen aus. Der Leser ist hier nicht derjenige, mit dem man »gemeinsam auf die Wahrheit kommen« will (so die berühmte Formulierung im Vorwort zur Neuausgabe der »Rettung« 1947 [ÜKW II, 17]), vielmehr ist er das Ziel (›das Objekt‹) einer allein durch den jeweiligen Autor getragenen Aufklärungsarbeit. Durch die in der DDR in Angriff genommenen Veränderungen im sozialen und ökonomischen Bereich, so schlußfolgert Anna Seghers, entwickele sich nun eine neue Leserschaft – und damit ein neues künstlerisches Problem. Wie soll man denn über die gegenwärtige Epoche schreiben, ohne »mit zahlreichen Menschen [...] gearbeitet zu haben. Das kann ich mir nicht aus den Fingern saugen«. »Dies Aufräumen und gleichzeitig die grandiose, einzig mögliche Zukunft zeigen, – das gehört alles zu der Arbeit des Schriftstellers. [...] Dabei hat er die Hilfe von jedem einzelnen Leser nötig [...]« (ÜKW I, 81).

Das bedeutet in der Tat eine neue Situation für den Schriftsteller. Inwieweit die Veränderung des Lesers und damit der Rezeptionsbedingungen, die der Schriftsteller vorfindet, zu Veränderungen in der konkreten künstlerischen Arbeit führen, ist Anna Seghers als eine sehr brisante Fragestellung bewußt. Sie findet jedoch zu keiner konkreten Antwort – jedenfalls nicht auf dem Gebiet der ästhetischen Reflexion. Vielleicht ist auch die Zeit innerhalb der kommunistischen Literatur für diese Frage noch nicht gekommen. Nur ihre kühnsten und selbständigsten Autoren (z.B. Brecht) sind schon damals sowohl theoretisch wie praktisch mit dieser Fragestellung umgegangen. Eine Lösung dieses Problems wurde in den 50er Jahren durch viele Umstände erheblich erschwert. Obenan stand dabei die ästhetische Doktrin, zu der sich fast alle Schriftsteller mehr oder weniger bekannten und die jedes künstlerische Experimentieren verhinderte (eklatantestes Beispiel dafür: die Unterschätzung Brechts). Und nicht zuletzt war die tatsächliche geistige Verfassung der Menschen (»das Problem Leser – Schriftsteller« [ÜKW I, 76]) solchen Experimenten nicht günstig. Denn ein so souveränes geschichtliches Subjekt war der deutsche Leser in diesen Jahren wohl doch nicht, wie Anna Seghers sich und andere glauben machen will. Was es wirklich heißt, den Leser als einen völlig gleichberechtigten Bestandteil der Wirklichkeit eines Kunstwerkes zu verstehen und nicht bloß als Empfänger einer Botschaft, das hat erst die DDR-Literatur der 60er und 70er Jahre gelehrt. Das Kunstwerk ist nunmehr nicht nur objektiv, sondern aufgrund der ausdrücklichen Absicht des Autors offen gegenüber der Sinndeutung durch den jeweiligen Leser. (Darüber ausführlich: Dieter Schlenstedt, Wirkungsästhetische Analysen. Poetologie und Prosa in der neueren DDR–Literatur, Berlin 1979.)

Die Einbeziehung des mündig gewordenen Lesers, wozu Anna Seghers die Schriftsteller auffordert, führt um 1950 noch zu keiner grundlegenden Revidierung des Selbstverständnisses der Autorin. Denn die Grundlage dieses Selbstverständnisses ist, wie in den 30er und 40er Jahren, die feste Überzeugung, daß die Welt sich vom Kapitalismus zum Sozialismus entwickele und daß diese Entwicklung den entscheidenden weltgeschichtlichen Schritt zur Humanisierung des menschlichen Zusammenlebens darstelle. Darauf ruht Anna Seghers' Auffassung von der Geschichte und der Stellung des einzelnen Menschen in ihr. Sich selbst versteht Anna Seghers als eine Chronistin der kommunistischen und Arbeiterbewegung, die sie weit bis in die 60er Jahre hinein als einen unaufhörlich fortschreitenden Prozeß – nach ›aufsteigender Linie‹ – ansieht.

Das Neue in den 50er Jahren bewirkte also keineswegs eine Erschütterung ihrer Weltanschauung oder auch nur eine gelegentliche Veränderung, sondern die lange vorbereitete, nun möglich scheinende Versöhnung zwischen Weltanschauung und geschichtlicher Realität, die Wende zu einem positiven (kritisch-provozierend gesagt: apologetischen) Wirklichkeitsverhältnis, von dem Anna Seghers glaubt, daß es nicht nur den Schriftsteller, sondern das ganze Volk betrifft. Eine Heilserwartung, so kann man wohl sagen, mit politischem Inhalt.

Daß damit ganz neue ästhetische Probleme aufgeworfen werden, sieht Anna Seghers sehr wohl. Man spürt in ihren Reden und Aufsätzen aus dieser Zeit allenthalben, daß sie sich nicht nur offen halten will für die Vorgänge, die eine Umgestaltung der Gesellschaft mit sich bringen, sondern auch für die schwierige Frage, wie dieser Vorgang in einem Kunstwerk zum Ausdruck gebracht werden kann – und das heißt für Anna Seghers, wie er in seiner tiefsten Sinnhaftigkeit erfaßbar ist. Dieser Sinn ist nach ihrer Auffassung nicht etwa in unerreichbaren Tiefen verborgen, denen man sich auf irgendeine Weise zu nähern trachten soll. Dieser Sinn spricht sich nach Anna Seghers aus in den äußeren Tatsachen und Geschehnissen des sog. ›Neuen Lebens‹ – natürlich unter der Voraussetzung, daß man in der Lage ist, sie in ihren geschichtlichen Zusammenhängen zu erkennen. Darauf komme es an, das mache den Realismus eines Kunstwerkes aus: den Zusammenhang des gesellschaftlichen Daseins der Menschen aufzuzeigen. Nur auf diese Weise ist für die Marxistin Seghers dem Wesen der Geschichte und des Menschen auf die Spur zu kommen. Dem Schriftsteller spricht sie die Rolle des Propagandisten dieses Neuen zu, das auch ohne ihn da ist, aber mit seiner Hilfe vielleicht gestärkt, befördert oder auch nur erklärt werden kann. Seine Aufgabe ist es, »zu zeigen und zu beweisen« (ÜKW I, 85), daß der eingeschlagene Weg der einzig richtige, weil wahrhaft menschliche ist.

Ihr Blick läßt einen kritischen oder skeptischen Befund über die DDR–Wirklichkeit jener Jahre gar nicht zu. Anna Seghers, sicherlich bewußt und unbewußt, ist vollkommen fixiert auf eine positive Einordnung dieser Realität in das Bild einer zur Humanisierung fortschreitenden menschlichen Gesellschaft. (Das gilt bis in die 60er Jahre hinein.) Eine tragische Verstrikkung in Illusionen und in ein aufklärerisches Geschichtsbild, das gerade in dieser Zeit wieder einmal, und diesmal auf eine ganz vertrackte Art und Weise, ad absurdum geführt wird. Tragisch deshalb, weil das vom Subjekt her vollkommen aufrichtig, mit großer Wahrhaftigkeit geschieht, so daß eine Subjektivierung der sog. Schuldfrage den Sachverhalt nicht erfaßt.

IX. Wege zur Darstellung des Neuen

1. Erste Annäherungen – »Friedensgeschichten«

In den Jahren 1944 bis 1947 hatte Anna Seghers sehr intensiv an »Die Toten bleiben jung« gearbeitet, dem Roman, der stofflich – nicht in der angestrebten geschichtlichen Perspektive – noch ganz in der Vergangenheit verankert ist. Die Erzählungen aus der Zeit zwischen 1945 und 1947 waren dann der Versuch, die neue Situation (Ende des Krieges, Zerschlagung des Faschismus als politische Macht) zu erfassen und vorsichtig im weltanschaulichen und politischen Sinn der Autorin zu interpretieren. Inge Diersen (1990, 76 ff.) hat auf sechs im Nachlaß liegende, unvollendet gebliebene kürzere Erzählungen mit Gegenwartssujet, an denen Seghers 1947/48 arbeitete, hingewiesen. In einem Aufsatz, der ebenfalls im Skizzenhaften steckenblieb und aus dem Diersen zitiert, versucht Anna Seghers sich Rechenschaft über ihr Scheitern zu geben. »Die Welt zu der ich gehörte, war mir als Künstler noch unfassbar. Sie war mir in ihr. Ursachen u. ihren Zielen klar. Sie war aber dennoch noch nicht ausdrückbar, noch nicht aufschreibbar« (Diersen, 77).

Um 1950, da für Anna Seghers entschieden zu sein scheint, daß zumindest Ostdeutschland den Weg einer sozialistischen Umgestaltung wagen wird, fühlte sie sich erneut und nun unabweisbar zu einer direkten Darstellung der ›neuen Wirklichkeit‹ gedrängt.

Das entscheidende Kriterium dieses neuen Anfangs war für Anna Seghers die Überzeugung, daß die Menschen im Nachkriegsdeutschland bereits eine gründliche Veränderung durchlebt hätten. Sie faßt das in dem damals geläufigen Wort vom ›neuen Menschen‹ zusammen, also jener im Grunde christlich-religiösen Metapher, die in der Theologie den plötzlich von der Botschaft Jesu Christi beseelten und erleuchteten Menschen meint. Wenige Jahre zuvor hatte Anna Seghers noch ein ganz anderes Bild von den Nachkriegsdeutschen entworfen. In der Rede auf dem II. Deutschen Schriftstellerkongreß 1950 kommt sie zu folgendem Urteil über die Gegenwart: »Durch unsere Republik, durch die Partei, durch die Befreiung vor allem durch die Rote Armee hat sich unser Volk in ungeheurer, nie dagewesener Transformation umgebildet, unsere Schulen, unsere Gehirne, alles, alles« (ÜKW I, 83). Man spürt hier sehr deutlich, wie die ideologische Vormeinung alle nüchterne Beobachtungsgabe überschwemmt.

Im gleichen Jahr entstehen dann jene kleinen Prosatexte, die diese neue Position am Beispiel einzelner Lebensschicksale vor Augen führen sollen, die »Friedensgeschichten«, von denen einzelne Teile 1950 in Zeitschriften publiziert wurden; 1953 erschien dann der gesamte Zyklus in der heute bekannten Form in der zweibändigen Sammlung der Erzählungen. Ebenfalls 1950 entsteht die Reportage »Über die Entstehung des neuen Menschen«, im Anschluß an einen Aufenthalt im Schriftstellerheim in Wiepersdorf, dem ehemaligen Sitz der Familie von Arnim.

Die Reportage gehört zweifellos zu Anna Seghers' schwächsten, heute kaum noch genießbaren Arbeiten. Sie ist aber noch historisch von Interesse, da sie den Voluntarismus, mit dem Anna Seghers damals die geschichtliche Realität in der DDR betrachtete, am deutlichsten, gewissermaßen überdreht, zum Ausdruck bringt. Sie meinte offensichtlich, daß der von Grund auf veränderte Mensch, der nicht mehr selbstbezogen, sondern auf das Wohl der Gesellschaft bedacht seine Arbeit verrichtet, tatsächlich da sei. Es klingt heute beinahe komisch, wenn Anna Seghers davon berichtet, wie sie diesen Typus Mensch in Wiepersdorf und Umgebung angetroffen habe. Am auffälligsten wird dieses Dilemma, wenn man sich die Sprache der Reportage ansieht. Sie ist verschwommen, ihr Pathos hohl und sperrig.

Die »Friedensgeschichten« kann man damit nicht auf eine Stufe stellen. Obwohl auch sie vollständig von der Zustimmung der Autorin zu der Umwälzung im Osten Deutschlands beherrscht sind, ist ihre unmittelbare Zeibezogenheit nicht von dieser platten, propagandistischen Art. Alles was Anna Seghers in jenen Jahren schrieb, ist geprägt von der vorsätzlichen Bindung an ein ganz bestimmtes politisches Programm und eine ganz bestimmte politische Partei. Heißt das aber, alle Werke aus dieser Zeit sind ›überholt‹, wie jedes politische Programm irgendwann ›überholt‹ ist? Für viele Gedichte, Erzählungen usw., die damals in der DDR geschrieben wurden, trifft das sicherlich zu; z.B. die erwähnte Reportage und vor allem die Fülle der sog. Traktoren- und Weltfestspiellyrik und -publizistik. (1951 fanden in Ostberlin die Weltfestspiele statt, ein Treffen von Jugendlichen aus vielen Ländern, außenpolitisch natürlich ein großer Erfolg für die junge DDR. Aus diesem Anlaß wurden alle Künstler und Schriftsteller des Landes aufgerufen, Gedichte, Lieder usw. zu verfassen.) Der Leser empfindet solche Arbeiten heute als ›leer‹ und ausgeschöpft, weil sie tatsächlich nicht mehr zu sagen haben als ein politisches Programm. Vor der puren Ideologisierung aller Lebenstatsachen hat Anna Seghers jedoch immer ihre Empfänglichkeit für das Einzelne und Individuelle bewahrt. Die »Richtung auf die Realität« (Briefwechsel mit Lukács 1938, ÜKW I, 184) bedeutete um 1950, im Überschwang der Zukunftsgewißheit und der Überzeugungskraft der kommunistischen Gesellschaftslehre auf keinen Fall das »Kräutlein Faktum« (ÜKW IV, 107) aus den Augen zu verlieren. Trotzdem war Anna Seghers, die wie kein anderer vergleichbarer Autor davor gewarnt hat, doch auch selbst nicht gefeit vor ideologischen und politischen Abstraktionen.

In den »Friedensgeschichten« will sie das ›neue Leben‹ nicht nur mit dem bekannten politischen Programm, sondern mit einem viel umfassenderen Leitgedanken verbinden. Der Zyklus von 1950 heißt »Friedensgeschichten«, nicht »Geschichten über das neue Leben«. Anna Seghers hat mit großem persönlichen Einsatz an der organisierten Friedensbewegung nach 1945 teilgenommen. Es gab wohl kaum einen internationalen Friedenskongreß, eine Friedenstagung oder -konferenz, auf der sie nicht ihre Stimme erhoben hat. (Vgl. dazu die ausführliche Übersicht von Ernst Albrecht: Die DDR–Schriftsteller im Kampf für Frieden und Völkerverständigung, in: Deutsch als Fremdsprache, Leipzig 1986 (Sonderheft), S. 1–10.) Diese sechs kurzen Erzählungen bzw. Skizzen sind aber nicht allein Texte über den Frieden, der am 8. Mai 1945 begann (und der um 1950 schon wieder gefährdet war). Sie meinen nicht nur das Ende des Krieges, den »bloße[n] Waffenstillstand, Aufschub der Feindseligkeiten« (I. Kant), sondern sie stehen durchaus unter dem Horizont, den Immanuel Kant in seiner berühmten Schrift »Zum ewigen Frieden« für das Nachdenken über ein friedvolles Zusammenleben der Menschen eröffnet hat. (»Der Friede« als »das Ende aller Hostilitäten«, »dem das Beiwort ewig anzuhängen ein schon verdächtiger Pleonasmus ist« [Kant, Von den Träumen der Vernunft, Kleine Schriften, Leipzig 1979, S. 415].)

Die Vision eines friedlichen Zusammenlebens der Menschen und Völker ist so alt wie die Menschheitsgeschichte – und sie ist immer wieder bitter enttäuscht worden. Die deutschen Kommunisten hatten darauf nach dem 2. Weltkrieg eine klare (und leider illusionäre) Antwort: Der Krieg ist das Produkt der überwundenen Gesellschaftsformation, der »ewige Frieden« kann nunmehr Realität werden. Es gab wohl in jenen Jahren des

Nachkriegs kein überzeugenderes Argument für den Sozialismus als eben dieses, daß er Frieden bringe und nicht neuen Krieg. So ist auch folgerichtig die Eröffnung der »Friedensgeschichten« ganz diesem Gedanken verpflichtet.

In der ersten Erzählung (»Das Urteil«) wird dieses Thema zunächst aus einer ganz einfachen Gegenüberstellung gewonnen: auf der einen Seite die Gesellschaft, die wiederum Krieg will (aber dafür Verlockungen jeder Art, z.B. Geld, bietet), auf der anderen die neue Gesellschaft, die Frieden verheißt. Krieg oder Frieden – eine einfache Entscheidung für die Hauptgestalt, einen Landarbeiter der Nachkriegszeit. Aber das ist es nicht allein, woraus diese kleine Geschichte das Motiv des ›ersten Schrittes‹ entwickelt. (Vgl. dazu den Erzählzyklus »Der erste Schritt« von 1953, der aus den Berichten sehr unterschiedlicher Menschen über ihren ersten, oft noch kaum bewußten Schritt zum Sozialismus besteht.) »Das Urteil« schließt bereits die positive, nicht nur aus der Konfrontation mit der Gegenseite resultierende Wirkung des Neuen mit ein. Der Landarbeiter Müller erwartet einen Prozeß, ein »Urteil«, aber es geschieht etwas ganz anderes: Alle verhalten sich »zutunlich« (XI, 272) zu ihm; er hat den Eindruck, »das Dorf sei in seiner Abwesenheit viel besser geworden, die Nachbarschaft, die Arbeit, seine Frau und die Republik«. Das ist wahrhafter Frieden (so die Erzählung): nicht Strafe, keinen Prozeß für jemanden, der verwirrt war und einen Fehler beging, sondern das »zutunliche«, das friedvolle Miteinander der Menschen. Der Gegensatz von Krieg und Frieden erhält seine in die Zukunft reichende, positive Bedeutung durch eine neue Qualität der Beziehungen zwischen den Menschen. (Vgl. dazu Kaufmann, 1986, 21.)

Der moralische Impetus dieser Geschichte bedarf keiner weiteren Erklärung, er ist sehr klar und ohne weiteres nachvollziehbar. Aber dieses Bild »der Republik« ist eine Abstraktion, ist Ideologie, nicht Nähe zu der Wirklichkeit, in die die Menschen damals lebten.

Die erste und die letzte Geschichte sind von dieser abstrakten Art. (Sie sind auch mit Abstand die kürzesten des ganzen Zyklus.) Die anderen Texte dringen tiefer. Sie geben in stärkerem Maße ein Bild von der menschlichen Problematik der gesellschaftlichen Erneuerung.

»Die Umsiedlerin« ist eine Art ›Erweckungsgeschichte‹. Anna Nieth, ›der Flüchtling‹ (wie sie von den angestammten Dorfbewohnern herablassend genannt wird), ›erwacht‹ zu einem ganz neuen Selbstbewußtsein. Sie tritt plötzlich aus dem

Hintergrund hervor und macht in einer Situation der tiefsten Erniedrigung und Wehrlosigkeit Ansprüche geltend. Diese vorher undenkbare Haltung haben ihr die Erkenntnis und die Erfahrung eingegeben: Was mir widerfährt und was ich will, das ist auch in dem neuen politischen Programm enthalten.

Heiner Müller, der ein Jahrzehnt später aus dem gleichen Stoff ein Theaterstück über die DDR schreibt (»Die Umsiedlerin oder Das Leben auf dem Lande«, 1961, nach einer Bearbeitung unter dem Titel »Die Bauern«), steht bereits auf einer neuen geschichtlichen Stufe. Das ›Erwachen‹ Anna Nieths ruft in seinem Stück, kaum daß die alten Bedrückungen abgeschüttelt sind, bereits Schwierigkeiten ganz neuer Art hervor. Die unerschrocken in die gesellschaftlichen Vorgänge eingreifende Persönlichkeit (denken wir auch an die Stücke »Moritz Tassow«, 1961, von Peter Hacks oder »Marski«, 1962, von Hartmut Lange) stößt sehr rasch an die neu gezogenen Grenzen – und macht dadurch Widersprüche von neuer geschichtlicher Qualität sichtbar. (Dieter Schlenstedt hat in diesem Zusammenhang von der »Wendung zur sozialismusinternen Auseinandersetzung« gesprochen: D. Schlenstedt, Wirkungsästhetische Analysen. Poetologie und Prosa in der neueren DDR-Literatur, Berlin 1979, S. 16.)

Anna Nieht in der »Umsiedlerin« ist nicht das ideologische Sprachrohr der Autorin. Sie besitzt durchaus ein individuelles Eigenleben, das nicht einfach ideologisch oder politisch ›verrechnet‹ werden kann. Der Unterschied zwischen den Figuren von Anna Seghers und denen anderer Autoren liegt in der Konkretheit der Motivation. Anna Nieth kann tatsächlich das neue gesellschaftliche Programm ganz unmittelbar auf ihr eigenes Leben beziehen. Die Leute fragen sie: »›Warum strengst du dich jetzt an, als wärst du daheim?‹ – ›Weil man gerecht war‹« (XI, 278). Das ist konkret und gleichzeitig allgemein gesagt. Gerechtigkeit – das ist die Zusammenfassung alles dessen, was die neuen Machthaber auf der Ebene des individuell-privaten Lebens erreichen wollen. So empfindet es jedenfalls Anna Nieth und deshalb wagt sie auch, aus ihrer lebenslangen Zurückhaltung herauszutreten.

Von einer Geschichte (»Der Landvermesser«) hat man zu Unrecht gesagt, sie passe eigentlich gar nicht in diesen Zyklus (Batt, 1971, S. 59). Der Landvermesser Hübner wendet sich gegen das »neue Leben« (XI, 287). In seinem Innern steht er noch ganz auf dem Boden der alten Zeit. »Die neuen Pläne auf seinem Zeichenbrett sind ihm zuwider. Das nächtliche Land da

draußen. – Falsch. Verzeichnet« (290). Und doch ist dieses
»schäbige Männlein« ein Bestandteil der neuen Wirklichkeit. Sie
kann ihn aushalten – ja, sie muß es tun, wenn das Friedensgebot
wirklich ernst gemeint sein soll. Das Gewährenlassen der »un-
zuverlässigen Träume« (Heiner Müller, Rez. von: Der Bienenstock, in: Sonntag, Berlin, v. 31. 5. 1953, S. 4), das ist nicht
kriegerisch. Kriegerisch ist vielmehr die Vorstellung, das gesamte Volk auf einen ideologischen Nenner bringen zu wollen.
Frieden ist nicht widerspruchslos: er muß ausgleichen, nicht
beseitigen.

Die »Friedensgeschichten« stehen in einem geschichtlichen
Zwischenreich: die Perspektive eines neuen friedvollen Zeitalters scheint greifbar nahe gerückt, aber es herrscht noch große
Unklarheit über ihre praktische Verwirklichung. Was diesen
Erzählungen ihre literaturgeschichtliche Bedeutung verleiht, ist
das punktuelle Aufspüren des Neuen in der Zeit des Umbruchs,
die von vielen Menschen hauptsächlich als eine Zeit des Zerfalls
und der Zerstörung erlebt wurde. Es ging um das Neue im
Leben, nicht nur in den politischen Absichtserklärungen. Bei
einer Autorin, die gerade erst das umfangreiche Geschichtspanorama »Die Toten bleiben jung« (1949) herausgebracht hatte,
konnte man wohl mit allem Recht erwarten, daß sie diese Problematik noch entscheidend vertiefen würde. Damit ist das
große Thema von Anna Seghers in den 50er Jahren umrissen.

2. Der revolutionäre Umbruch als individuelles
Identitätsproblem – »Der Mann und sein Name«

Diese Erzählung bleibt bis zum Erscheinen der »Entscheidung«
1959 der einzige Versuch von Anna Seghers, den revolutionären
Umbruch der Nachkriegsära umfassend zu gestalten. Er steht
hier noch ganz auf der Stufe der ersten Annäherung, weit entfernt von der gestalterischen und weltanschaulich-konzeptio-
nellen Dimension des großen Romans. Aber das muß nicht nur
ein Mangel sein – wenn man nach der Entwicklungsgeschichte
einer ganz bestimmten Problemstellung fragt und nicht zuerst
nach dem künstlerischen ›Gelingen‹. In der vollen, ›abgerunde-
ten‹ Ausgestaltung der »Entscheidung« sind Anna Seghers'
ursprüngliche Anliegen nicht mehr so deutlich zu erkennen.
Sicherlich wird »Der Mann und sein Name« heute nur noch

schwer Leser finden, die nach dem Widerhall ihrer eigenen Erfahrungen fragen. Aber die Erzählung wird andere dafür anziehen, die ein ausgeprägtes geschichtliches (ideologiegeschichtliches) Interesse bewegt.

»Der Mann und sein Name« konfrontiert Vergangenheit und Gegenwart, den alten und den neuen Menschen nicht mehr in verschiedenen Personen, wie das in »Das Ende« und in den »Friedensgeschichten« der Fall war, sondern im Innern ein und desselben Menschen. Das war ein äußerst wichtiger Schritt auf dem Weg zu einer tiefgründigen Gestaltung der Nachkriegszeit.

Die Hauptgestalt kommt rasch in den Strudel eines Zeitenwechsels, ohne sich gleich auf eine der widerstreitenden Seiten zu schlagen. Walter Retzlow, der sich in der neuen Zeit Heinz Brenner nennt, repräsentiert zweifellos die Bewußtseinslage vieler Deutschen im Jahre 1945 recht genau: Nazianhänger, sogar im letzten Kriegsjahr noch SS–Mann geworden (einer derjenigen, die als letztes Aufgebot, mehr oder weniger durch eigenen Willen, in die SS kamen), und doch bei weitem nicht das Abbild eines fanatischen Faschisten.

Viele fanden das damals eher befremdlich und wollten den klaren Schnitt – wie Anna Seghers selbst zwei bis drei Jahre zuvor, wie oben gezeigt – zwischen faschistischer Vergangenheit und angeblich schon gründlich veränderter Gegenwart. (S. dazu: »Der Mann und sein Name«. Protokoll einer Diskussion im Schriftstellerverband [1953, 4–5]. Anna Seghers sagte am Ende dieser Dikussion, in der sie scharf angegriffen wurde: »Was bedeutet positiv? Vor allem doch, was eine positive Wirkung hat, daher ist es berechtigt, diesen Menschen Retzlow so zu schildern. […] Wir sind ein wenig verwöhnt im Lesen. Es wird uns meist klipp und klar in Büchern gezeigt, was jeder macht und machen muß, und was jeder zuletzt doch macht.«)

Die Erzählung besitzt eine Hauptgestalt, eine einzelne Figur, auf die sich die gesamte Handlung bezieht. Deren Geschick, deren Entwicklung vom alten zum neuen Menschen ist das tragende Motiv. Der Zeitraum dieser Entwicklung ist bedeutsam genug: Herbst 1945 bis ca. 1950 – jene Jahre, die die Nachkriegsentwicklung auf deutschem Boden zur Entscheidung bringen, d.h., die Divergenz zweier gesellschaftlicher und politischer Richtungen befestigen.

Der Ausgangspunkt ist das Schreckensbild des zerstörten Deutschland nach 1945, wie Anna Seghers es später nie wieder in solcher Härte gezeichnet hat (ein Aspekt, der bei der Bewertung dieser Erzählung immer wieder vergessen wird), und der

Entwicklungsweg eines einzelnen Menschen, der die Entmachtung der Vergangenheit und des Alten verkörpert.

Das entscheidende Motiv für Retzlows Veränderung oder Wandlung (Anna Seghers bevorzugt den Begriff Veränderung) ist sein Verhältnis zur Arbeit. So wie Retzlow sich irgendwann zu seinem richtigen Namen bekennen muß und will (er hatte aus Angst vor Strafverfolgung seinen Namen gewechselt), so wird auch mehr und mehr der Wunsch in ihm rege, mit seiner Arbeit als Schlosser, die von allen geschätzt wird, sich vorsätzlich an der gesellschaftlichen Veränderung zu beteiligen. In der Bewußtseinsspaltung sich einzurichten, wie es der Landvermesser Hübner aus den »Friedensgeschichten« getan hat, ist Retzlows Sache nicht. Der Namenswechsel ist das Signal der Identitätskrise, die Arbeit ist der praktische Ausweg aus ihr. (Vgl. dazu ÜKW I, 80.)

Die Schwierigkeit bei der Darstellung solcher Vorgänge bestand um 1950 vor allem darin, daß die ›neue Wirklichkeit‹ – sie mußte ja letztlich das Unterpfand der Veränderung Retzlow abgeben – noch kaum eine geschichtliche Gegebenheit war. Sie war zum größten Teil nicht mehr als eine Idee, eine Vorstellung ein Programm im Kopf einiger Menschen, so daß das Übergewicht des Ideellen in der künstlerischen Darstellung kaum zu vermeiden war. Anna Seghers versuchte z. B. das Ideell-Abstrakte durch eine vielfach variierte Metaphorik der Helligkeit zurückzudrängen: das Licht des neuen Zeitalters überstrahle das Dunkel und die Dumpfheit der Vergangenheit (XI, 49, 51, 85, 88). Trotzdem gibt es immer wieder angestrengt-rhetorische, auch geradezu schwärmerische Passagen, die uns heute sehr fremd sind (s. vor allem 79 und 105).

Die Problematik, die sich aus dem weltanschaulichen und ästhetischen Konzept der Erzählung ergibt, also die Gründung des geschichtlichen Entwurfs (das neue Leben, die neue Zeit) auf die Veränderung eines einzelnen Menschen, zeigt den Weg, den Anna Seghers zunächst einschlug bei der Bewältigung der künstlerischen Aufgabe der 50er Jahre. Eine Umgestaltung von dem Ausmaß, wie sie in der DDR in Angriff genommen wurde, konnte aber nicht allein als ein Vorgang der individuellen Selbstbesinnung wiedergegeben werden (vgl. Pallus, 1986, 221 f.). Darüber war sich Anna Seghers schon um 1950 im klaren und nicht erst, als sie die »Entscheidung« schrieb. Wenn allerdings die extensive Abbildung des Neuen nicht möglich war, bleibt nur die Konzentration auf das Verhältnis eines einzelnen Menschen zu ihm.

Beides ist in dieser Erzählung enthalten: der Versuch, dennoch ein möglichst umfassendes Bild der neuen geschichtlichen Epoche zu geben, und die Verlagerung der Darstellung auf die Entwicklung des Selbstverständnisses eines einzelnen Menschen über das Geschehen. So kann man vielleicht sagen: eine Erzählung auf dem Sprung zum großen Epochenroman.

X. »Die Entscheidung« –
Epochenumbruch als einheitlicher Prozeß

1954 scheint Anna Seghers endgültig Ernst gemacht zu haben
mit ihrem Plan, einen Roman über die ›neue Wirklichkeit‹ zu
schreiben. Warum sie so lange gezögert hatte und noch fünf
Jahre vergehen werden, bis dieser Roman endlich erscheint – für
Anna Seghers eine ungewöhnlich lange Entstehungszeit –, ist
bereits in den vorangegangenen Kapiteln ausführlich bespro-
chen worden. Es gibt bisher keine Zeugnisse darüber, wann
genau Anna Seghers den Entschluß faßte, solch einen Roman zu
schreiben; daß sie es sehr bald nach ihrer Rückkehr nach
Deutschland tat, ist ziemlich gewiß. Ihre publizistischen Beiträge aus dieser Zeit befassen sich immer wieder mit dem
Thema: Darstellung der neuen Wirklichkeit. Anna Seghers war
diesbezüglich auch einem großen Erwartungsdruck ausgesetzt.
Man ließ sie offensichtlich sehr deutlich spüren: sie, wer denn
sonst, müsse das epische Hauptwerk über die gesellschaftliche
Umgestaltung im Osten vorlegen. Und Anna Seghers war inzwischen weit davon entfernt, solche Erwartungen abzuwehren
oder gar unter ihrem Druck zu versagen. Im Gegenteil, sie sah
sie als Zeichen der gewachsenen Verantwortung, die nunmehr
den Schriftstellern zukomme. (Vgl. dazu ihre Rede auf dem II.
Deutschen Schriftstellerkongreß 1950 [ÜKW I, 76–84.)

1954 unternimmt sie nun etwas, was auf den ersten Blick gar
nichts mit diesem geplanten Roman zu tun zu haben scheint:
Sie fährt nach Moskau und arbeitet dort im Tolstoi-Archiv, um
die Entstehungsgeschichte von »Krieg und Frieden« zu rekonstruieren. Äußerlich sichtbares Resultat ist der umfangreiche
Essay »Über die Entstehung von ›Krieg und Frieden‹. Brief an
Jorge Amado« (zuerst veröffentlicht in der Täglichen Rundschau« v. 29. 5. 1954, dann in dem Band «Über Tolstoi. Über
Dostojewski», 1963, S. 23 ff.). Daß Anna Seghers schon lange
eine besondere Vorliebe für diesen großen russischen Romancier hatte, war bekannt. Sie hatte bereits mehrere Aufsätze über
ihn veröffentlicht (ÜKW II, 145 ff.). In den 20er Jahren interessierte sie vor allem Dostojewski, dann rückte allmählich Tolstoi
und «Krieg und Frieden» in den Vordergrund. Sie nennt Tolstoi
noch im Exil «eine fast unbegreiflich große Begabung», einen

«Gigant[en]» mit genialisch[er] Kraft«. »Krieg und Frieden« ist für sie das »größte Epos seines Volkes« (ÜKW II, 145 f.).

Ihr Ausgangspunkt für das Archivstudium war die Fragestellung: Was bewegte diesen Epiker dazu, einen Stoff zu wählen, der fünfzig Jahre zurücklag? (Die Arbeit an diesem Roman begann Tolstoi 1863.) Anna Seghers machte nun eine sehr interessante Entdeckung: Aus Tolstois Vorarbeiten geht eindeutig hervor, daß er nicht von Anfang an, sondern erst nach und nach auf die Zeit 1806–1812 verfallen war. Sein Ziel war überaus hoch gesteckt. Er wollte die Totalität des menschlichen und geschichtlichen Raums wiedergeben; das »ganze Volk«, »alle Klassen und Schichten« (ÜKW II, 167, 172) sollten in dem Roman anwesend sein. Tolstoi kommt dabei zu der tiefsinnigen geschichtlichen Erkenntnis: Das Volk kann nur dann in seiner Gesamtheit abgebildet werden, wenn es als geschichtliche Kraft in seiner Einheitlichkeit sichtbar wird. Für ihn war die entsprechende geschichtliche Situation im Widerstand der Russen gegen den Napoleonischen Eindringling gegeben. Die Gegenwart bot ihm dagegen ein zerrissenes Bild: starke Regungen hier und da, aber keine Einheit. Und das war der entscheidende Gedanke, den Anna Seghers auf ihre eigene Problemstellung übertragen konnte. Sie sieht einen solchen vergleichbaren geschichtlichen Zustand der Einheitlichkeit in der Aufbruchstimmung der sog. Aufbaujahre (Handlungszeit der »Entscheidung«: 1947–1951). Die philologischen Archivstudien stehen also ganz direkt im Zusammenhang mit dem eigenen Romanvorhaben. Sie sind eine Art konzeptionelle Vorarbeit (bzw. Bestätigung) für das eigene Projekt, die ›neue Wirklichkeit‹ in ihren tiefen geschichtlichen Dimensionen zu erfassen.

Es ist ganz gewiß kein Zufall, daß Anna Seghers diese Überlegungen über den Roman gerade in der Form eines Briefes an Jorge Amado festgehalten hat. »Krieg und Frieden« ist für sie ein literaturgeschichtliches Beispiel für die geschichtliche Determiniertheit eines ganz bestimmten Romantypus, Amado begreift sie als einen entsprechenden Fall in der gegenwärtigen Weltliteratur. In einem Aufsatz von 1949 (eine Besprechung des Amado-Romans »Rerras in fin«, den Seghers in der französischen Übersetzung las; in der DDR erscheint er acht Jahre später u.d. T. »Kakao«) heißt es:

»Gerade weil Amados Milieu keinen unmittelbaren Berührungspunkt mit dem unseren hat, ist sein Roman besonders zu Fragen geeignet, die sonst leicht im voraus exakt beantwortet werden. Es geht in dem Land, in der von Amado gewählten Epoche, noch um einen kondottierimäßigen Kampf, nicht gleich um die Märkte und Waren, sondern noch um ihre Voraussetzung, um die Rodung des Urwaldes selbst. Daraus versteht man seine Balzachafte Begabung. [...] Die Fülle von unbebautem, jungfräulichem Boden, die Situation in einer Gesellschaft, die ihn gerade erst unter sich teilt, das hilft dem Dichter, noch einmal zu ähnlichen Formen zu kommen wie die großen bürgerlichen, europäischen Romanciers.« Und schließlich: »Der Roman (Amados Roman «Kakao» – A. Sch.) widerlegt auch die Anschauung: Daß unsere zerklüftete, vielfältige Epoche den Roman im alten Sinn unmöglich gemacht hat. Weil ein Künstler die Unsumme von widerspruchsvollen Erscheinungen nicht mehr in einem einzelnen, geschlossenen Ablauf erfassen kann« (ÜKW II, 82–84).

Nimmt man die beiden Äußerungen zusammen, die über »Krieg und Frieden« und die über Amado (mit dem Anna Seghers übrigens eng befreundet war), so hat man das allgemeine konzeptionelle Gerüst des geplanten Romans über die »große Veränderung« vor sich. (»Die große Veränderung und die Literatur«: ursprünglicher Titel der Rede auf dem IV. Deutschen Schriftstellerkongreß 1956. So im Sonderdruck Berlin 1956. Später u.d.T. »Der Anteil der Literatur an der Bewußtseinsbildung des Volkes« [ÜKW I, 90 ff.].) Dem Amado-Aufsatz merkt man deutlich an, daß es der Verfasserin sehr um das Warum und das Wie einer ganz bestimmten Romanform zu tun ist. Und diese Romanform entsprach ja auch in wesentlichen Punkten (strukturell-konzeptionell) den bisherigen Seghers-Romanen. Die besondere Schwierigkeit, die alles Frühere übertraf, ergab sich daraus, daß die angestrebte Totalität diesmal einen geschichtlichen Vorgang betraf, der bisher nicht dagewesene Dimensionen besaß bzw. zeitigen würde.

Hier beginnt, zugespitzt gesagt, die Vorherrschaft der Ideologie und Theorie über die Realität. Das ist das grundsätzlich Problematische an diesem Roman und wohl noch heute der Grund, weshalb ihm viele Leser so fremd gegenüberstehen. Bernhard Greiner, dessen Einwand gegen das »Bebildern von Wissen« in einigen Seghers-Werken oben bereits zitiert wurde, hat in diesem Zusammenhang den generalisierenden Vorwurf erhoben, die DDR–Literatur sei in den 50er Jahren aus Mangel an erfahrbarer sozialistischer Wirklichkeit zunächst in die Allegorie und dann in die Idylle geflüchtet (Greiner, Von der Allegorie zur Idylle. Die Literatur der Arbeitswelt in der DDR. Heidelberg 1974, S. 60, 200 ff.). Realität und humanistische Perspektive bewegen sich im Verständnis von Anna Seghers (und anderer sozialistischer Schriftsteller dieser Jahre) auf eine

Einheit zu. Das ist für die Romanautorin Seghers das wichtigste Zeichen der epochalen Wende. Weder positive noch negative Utopie, sondern das historische Material (der Stoff) ist zugleich das Symbol des humanistischen Ideals; also die Einheit von konkret-geschichtlicher Dokumentation und Symbolik. (Anna Seghers äußerte sich dazu ausführlich in einem Gespräch mit Christa Wolf kurz nach Erscheinen der »Entscheidung«, in: XIV, 399 ff.) (Vgl. dazu M. Straubs Recherchen [1990, 1582 ff.] im Nachlaß der Autorin, die belegen, daß Anna Seghers das ungewöhnlich umfangreiche zeitgeschichtliche Material, das sie heranzog, während der Ausarbeitung des Romans mehr und mehr in ein vorgegebenes »Erklärungsmuster« [1585] zwängte.)

Es gibt aber auch Momente und Konstellationen im Roman, die dieser geschichtlichen Perspektive indirekt widersprechen. Was Anna Seghers nämlich konzeptionell als eine Volksbewegung intendiert, nimmt partiell die Gestalt einer ›Revolution von oben‹ an. Schon die erste Szene (Belegschaftsversammlung im Stahlwerk Kossin) gibt davon ein Bild. Sie zeigt – wahrscheinlich gegen die Absicht der Autorin – nicht nur die Übereinkunft, sondern auch den Abstand zwischen den Funktionären (oben auf der Bühne) und den Arbeitern (unten im Saal).

Die Handlungszeit der »Entscheidung« umfaßt die Jahre 1947 bis 1951. Die Gründung der Deutschen Demokratischen Republik 1949 liegt also zeitlich genau in der Mitte. Im Zentrum steht eine Personengruppe, die sich um zwei Arbeiter versammelt: Robert Lohse und Richard Hagen, die sich nach langen Jahren der Trennung zufällig wiederfinden. Die Konstituierung der Erzählperspektive durch eine Zentralgestalt, wie es noch in »Der Mann und sein Name« und in den mit der »Entscheidung« thematisch vergleichbaren Romanen »Roheisen« (1955) von Hans Marchwitza (Seghers über diesen Roman: ÜKW I, 101) und »Ein neues Kapitel« (1959) von Willi Bredel der Fall ist, schied aus konzeptionellen Gründen von vornherein aus. Anna Seghers schließt hier an ihren bereits in den 30er Jahren entwickelten Romantypus an.

Die Beziehung zwischen Robert und Richard durchläuft alle Phasen menschlichen Miteinanders: Annäherung, Abstoßung, Mißtrauen und Entfremdung, wiederum Annäherung, schließlich unverbrüchliches Vertrauen. Das Hauptaugenmerk der Erzählerin liegt auf Robert Lohse. Anna Seghers bedient sich hier eines Verfahrens, das sie schon in früheren Büchern praktiziert hatte. Nicht der vollkommene, ›unkantige‹ Repräsentant rückt in den Vordergrund, sondern der, der »es nicht leicht hat«, der

nur unter Kämpfen und Leiden auf die Höhe des geschichtlichen Augenblicks gelangt. »Ich habe Lohse gern, weil er es
nicht leicht hat. Menschen, die es immer leicht haben und besonders strahlend sind, mißtraut man etwas, ehe man sie nicht
auf die Probe gestellt sieht« (Gespr. m. C. Wolf, XIV, 401). Ein
nach innen gekehrter, sehr spröder Mann, von dem man alle
möglichen Fähigkeiten erwartet, die er aber partout nicht besitzt. (»Bei Lohse übrigens hat mich ein Thema besonders interessiert [...] Ich meine das Verhältnis zwischen den Fähigkeiten
eines Menschen und seinen Leistungen.«) Am Ende des Romans findet er schließlich seinen Platz in der Gesellschaft, er will
Anlerner (heute: Lehrausbilder) werden und besteht die dafür
erforderliche Aufnahmeprüfung.

Diese schwer errungene Selbstgewißheit Lohses über seinen
zukünftigen Weg ist zugleich das deutlichste Zeichen der Identitätsfindung, der Einheit und Ganzheit, auf die die »Entscheidung« von der ersten Seite an zustrebt. (Symbolisch zusammengefaßt dann im Schlußbild.) Indem Lohse die Diskrepanz zwischen dem früheren und dem gegenwärtigen Leben
(VII, 224, 232, 492) in einem ganzheitlichen Gefühl der Zugehö-
rigkeit aufhebt (560), verkörpert er insgesamt die geschichtliche
Perspektive des Romans.

Die politische Konstellation Europas bot für Anna Seghers
nach 1945 die Alternative: entweder Restauration oder Umgestaltung im sozialistischen Sinne. Bürgerlich-demokratische
Vorstellungen, wie sie etwa die Sozialdemokraten nach 1945
vertraten, kamen für Anna Seghers nicht in Betracht. Sie sah
darin nur eine versteckte Form der Restauration. Deutschland
versteht sie als den Hauptschauplatz dieser epochalen Enschei-
dungssituation.

»Mir war die Hauptsache, zu zeigen, wie in unserer Zeit der Bruch, der
die Welt in zwei Lager spaltet, auf alle, selbst auf die privatesten, selbst
auf die intimsten Teile unseres Lebens einwirkt« (XIV, 400).

Dieser Ost-West-Gegensatz konstituiert den geschichtlichen
Raum des Romans, einmal durch die Wahl der verschiedenen
Schauplätze (Kossin, also der Osten, Westdeutschland, USA,
Mexiko) mit dem jeweiligen Personal, zum anderen durch die
ideologische und philosophische Auseinandersetzung, die übrigens zumeist von Personen bestritten wird, die, aus dem Osten
kommend, den Westen erleben. (Vgl. dazu Labroisse, 1977,
133 ff., der das Bild Westdeutschlands in »Die Entscheidung«
und in »Das Vertrauen« gegen den Vorwurf der angeblich »un-

erträglichen Schwarz-Weiß-Malerei« [Werner Brettschneider, Zwischen literarischer Autonomie und Staatsdienst. Die Literatur in der DDR, Berlin 1972, S. 82] in Schutz nimmt.) Der Westen ist der Ort der sozialökonomischen und politischen Restauration (Handlungsstrang, der mit den Namen Castricius, Bentheim, Spranger verbunden ist), der Osten (das Stahlwerk Kossin) verkörpert die geschichtliche Perspektive: der Entwurf eines gesellschaftlichen Zusammenlebens ganz neuer Qualität.

Das Problematische an dieser geschichtlichen Aussage ist heute offenkundiger denn je. Trotzdem bleiben die individuellen Lebenswege wahr, die aus tiefster Überzeugung der Verwirklichung der kommunistischen Utopie gewidmet waren. Es wäre geschichtsloses Denken und Handeln, wollte man aufgrund ihrer falschen geschichtlichen Perspektive solche Werke wie »Die Entscheidung« für immer beiseite tun.

»Die Entscheidung« kann man als ein künstlerisches Experiment ansehen, als den wohl letzten Versuch in der Romanliteratur des 20. Jahrhunderts, eine ganze geschichtliche Epoche in ein erzählerisches Gesamtbild zu bannen, das perspektivisch den unaufhaltsamen Weg zum Sozialismus zeigt. Dabei ist der Roman nicht vollständig illusionär und doktrinär – und selbst dieses Illusionäre und Doktrinäre ist heute noch immer lehrreich für eine geschichtliche Standortbestimmung.

XI. »Das Vertrauen« – Die neue Gesellschaft als Einheit der Widersprüche

1. Gesellschaftliche Entwicklung und Figurenkonstellation

Daß die »Entscheidung« eine Fortsetzung erhalten sollte, darüber wurde sich Anna Seghers noch im Verlauf ihrer Arbeit an diesem Roman klar. Auf der Ebene des Handlungsverlaufs – dieselben Orte, dieselben Personen – schließt das »Vertrauen« auch tatsächlich unmittelbar an den Roman von 1959 an. Im ästhetischen Sinne weicht das »Vertrauen« jedoch erheblich von seinem Vorgänger ab. Es besitzt weniger Handlungsstränge und Erzählebenen, folglich ist auch das Personal erheblich geschmälert, der Handlungsverlauf dadurch konzentrierter.

Zwei Gründe für diese Veränderungen in der epischen Struktur kann man sofort anführen. Erstens unterscheidet sich das zeitgeschichtlich-dokumentarische Material maßgeblich von demjenigen, das der »Entscheidung« zugrunde liegt. Das Jahr 1953 – Stalins Tod, der 17. Juni – schließt nicht bruchlos an die Zeitspanne 1947–1951 an. (»Das Vertrauen« spielt in der Zeit Herbst 1952 bis Sommer 1953). Und zweitens hat sich die Sicht der Autorin auf ihren Gegenstand verändert. »Das Vertrauen« entsteht vor dem Hintergrund neuer geschichtlicher Erfahrungen: sowohl hinsichtlich der Entwicklung in der DDR als auch hinsichtlich der internationalen revolutionären Bewegung.

Einerseits übernimmt Anna Seghers im »Vertrauen« das Verfahren ihrer großen Gesellschaftsromane (»Die Toten bleiben jung«, »Die Entscheidung«), bringt es aber andererseits gewissermaßen zum Stillstand, d.h., die Methode, möglichst ein ganzes Volk zum Träger des Romangeschehens zu machen, wird hier nicht weiterentwickelt. Zwei Handlungsstränge sind gegenüber der »Entscheidung« vollkommen eliminiert: die Familie des Herbert Melzer in Westdeutschland (mit Jochem und Liesel im Zentrum), damit im Zusammenhang Max Kemphoff/ Hermann Lange (ebenfalls Westdeutschland); das Ehepaar Meunier in Frankreich (wo Robert Lohse in den gefährlichen Zeiten der deutschen Besetzung Unterschlupf gefunden hatte). Außerdem fehlen noch einzelne Figuren bzw. Vorgänge, die in der »Entscheidung« keinen kompletten Handlungsstrang gebildet hatten.

Zu diesen Streichungen im Figurenensemble kommt eine gravierende Veränderung der Wertigkeit und Bedeutung einzelner Figuren. Das Personal, das im Mittelpunkt der »Entscheidung« steht, ist selbstverständlich noch da, aber die Beziehungen zwischen den Personen, die Bezüge auf die epische ›Welt‹ insgesamt haben sich gewandelt.

Der legendenumwobene Martin kommt nicht mehr vor. Martin verkörpert in der »Entscheidung« die Spitze der politischen Avantgarde. Er repräsentiert am deutlichsten die heroische Phase der Arbeiterbewegung, den Heroismus, das Märtyrertum, das diese Bewegung in den ärgsten Zeiten ihrer Bedrängnis hervorbrachte. Und er ist in der Gegenwartshandlung die institutionelle Spitze der revolutionären Bewegung (Regierungsebene). Wo immer er in der »Entscheidung« auftritt, wird ein Problem gelöst, eine Schwierigkeit beseitigt. Die Souveränität, mit der einige Figuren in dem Roman aus den 50er Jahren die neue Wirklichkeit erfassen und gestalten, besitzt kein einziger mehr aus dem Figurenensemble des »Vertrauen«. Im Roman ist häufig von der »schweren, schwer faßbaren Zeit« (VIII, 139) die Rede. Robert Lohse sagt sich z. B.: »Das Durcheinander ist groß« (103). Und Richard Hagen macht sich schmerzlich bewußt: Es gibt Anzeichen von Widerstand gegen die gesellschaftliche Erneuerung, und dieser Widerstand scheint eher zu- als abzunehmen (VIII, 70 f.).

Eine zweite wichtige Veränderung betrifft das Verhältnis zwischen Robert Lohse und Richard Hagen. In der »Entscheidung« ist Richard das Leitbild von Robert. Im »Vertrauen« verkehrt sich nun die Situation. Robert hatte am Ende der »Entscheidung« seinen Platz in der Gesellschaft gefunden. Er braucht also Richard nicht mehr in dem Sinne wie am Anfang seines Lebens in Kossin. (Äußerlich vollzieht sich auch ein entsprechender Ortswechsel: Robert verläßt Kossin, Richard kommt als neuer Parteisekretär hierher.) Jetzt wird nicht mehr Robert, sondern Richard von tiefen Selbstzweifeln heimgesucht, und er sehnt sich nach Gesprächen mit Robert, von denen er sich Zuspruch und Klärung erhofft. (Vgl. dazu Bock, 1969, 140 f.) Und der Roman setzt alles daran, diese Unsicherheit nicht etwa als eine persönliche Problematik Richard Hagens erscheinen zu lassen. Richards Irritation entspringt gesellschaftlichen Widersprüchen, die den gerade erst begonnenen Aufbau der neuen Ordnung von Grund auf gefährden.

Anna Seghers läßt den Roman nicht zu Ende gehen, ohne die beiden Freunde noch einmal zusammenzuführen. Das geschieht auf der letzten Seite. Das Schlußbild des »Vertrauen« entspricht dem der »Entscheidung«: im Garten des Lehrers Waldstein treffen sich alle jene, die von Waldstein (eine ähnlich legendäre Gestalt wie Martin) entscheidend geprägt wurden, Hagen, Lohse und der Vertreter der neuen Generation, Thomas Helger. Man weiß, mit welcher Sorgfalt Anna Seghers die Schlüsse ihrer Erzählungen und Romane gestaltete. (Vgl. dazu Nalewski, 1975, 35–55.) Sie entspringen nie zufälligen Wendungen, immer haftet ihnen eine symbolische und oft zusammenfassende Bedeutung an.

Richard und Robert treffen also noch einmal aufeinander. Es ist eigentlich gleichgültig, worüber sie sprechen – ihre Begegnung, die Äußerung tiefster Verbundenheit ist wichtig. Hierin liegt ein wesentlicher Unterschied zu dem Schluß der »Entscheidung«. 1959 beendete Anna Seghers den Roman mit einem abschließenden Urteil darüber, was in den zurückliegenden Jahren geschehen war. Sie gibt gewissermaßen das geschichtliche Losungswort. »Auf einmal fühlte er [Robert – A. Sch.] deutlich, daß nichts abgeschlossen war; etwas Neues hatte begonnen« (VII, 625). Der Romanschluß ist Bilanz und Ausblick in einem: im Sinne einer fest gegründeten Kontinuität des geschichtlichen Verlaufs. Das Fazit im »Vertrauen« bestreitet nicht diese Kontinuität; es wird allerdings nicht mehr von der Sicherheit getragen, mit der zehn Jahre zuvor der Blick auf die konkrete Zukunft gerichtet ist. Am Ende des »Vertrauen« steht nicht das resümierende Gespräch, das zugleich die Perspektive eröffnet. Im »Vertrauen« finden wir an dieser Stelle Ruhepunkte, Geschehnisse, in denen das aufwühlende Auf und Ab des Romans endlich zur Ruhe kommt (das Betriebsfest, das die schwierige Liebesgeschichte zwischen Thomas und Toni zu einem guten Ende führt, und dann die Begegnung zwischen Robert und Richard bei Waldstein): ein Ausklang in ganz individuell geprägten harmonischen Beziehungen einzelner Menschen. (Allerdings muß man auch dazu sagen: Diese Harmonie wird teilweise durch kolportagehafte, seichte Gestaltungsmittel erkauft, die früher bei Anna Seghers nicht vorkamen.)

Schließlich die dritte und wohl auffälligste Veränderung in der Figurenkonstellation auf dem Hauptschauplatz: Thomas Helger tritt in den Vordergrund. Die neue Generation, die die nächste Etappe der sozialistischen Gesellschaft bestimmen wird, meldet sich mit dieser Figur am eindringlichsten zu Wort. Anna Seghers hat Thomas schon im Schlußbild der »Entscheidung« in den Personenkreis, der den Mittelpunkt des Geschehens bildet, aufrücken lassen. Jetzt wird er sogar zu der Gestalt, in der sich die geschichtliche Problematik des ganzen Romans wie in einem Brennspiegel bündelt.

Dieser junge Stahlarbeiter durchläuft einen schwierigen, immer wieder von Krisen und Rückschlägen gezeichneten Lebensweg. Am Ende des »Vertrauen« steht er gleichberechtigt neben Waldstein, Hagen und Lohse: »Thomas, der der jüngste von ihnen war« (VIII, 464). (Die Schlußworte des Romans.) Der individuelle Konflikt, in den er gerät, führt in das Zentrum der gesellschaftlichen Problematik des Romans. Durch mißliche Umstände gerät er in den Verdacht, ein ›Abtrünniger‹ oder gar ein ›Verräter‹ zu sein. Äußerer Anlaß dazu ist eine Fahrt nach Westberlin (was damals vor allem unter jungen Ostdeutschen gang und gäbe war).

Die Beschreibung dieses Berlinerlebnisses ist interessanterweise von einem Widerspruch geprägt, in dem zweifellos auch das Denken und Fühlen der Autorin selbst verfangen war: Einerseits die betonte Neugier Thomas Helgers auf alles Unbekannte (»[…] er war wie versessen auf Unbekanntes« [VIII, 200]), andererseits seine nur wenig ausgeprägte Bereitschaft, das Unbekannte, das andere Leben auch wirklich aufzunehmen, geschweige denn gelten zu lassen. Er hat gerade den ersten Fuß in diese Welt gesetzt – und schon steht das Urteil über sie fest (VIII, 198f., 201). Das Selbstbewußtsein, der Stolz, mit dem dieser junge Arbeiter und Kommunist auf die westliche Welt reagiert, ist durch ein gehöriges Maß an Dünkel und provinzieller Enge gekennzeichnet.

Die Auswirkungen dieses Wochenendausfluges sind nicht nur für Thomas Helger gravierend – die ganze geschichtsphilosophische Konzeption des Romans wird in diesem Handlungsstrang deutlich zum Ausdruck gebracht. Thomas wird das *Vertrauen* entzogen. Er sieht sich mit einemmal zurückgeworfen in die Zeit vor seiner Entscheidung, die ihn nach Kossin und schließlich in die Reihen der SED geführt hatte. Die Verhandlung des ›Falles‹ Thomas Helger gestaltet sich zu einer Bewährungsprobe auf den unterschiedlichsten Ebenen, zu einer Bewährungsprobe des neuen gesellschaftlichen Systems überhaupt.

Die Westberlinfahrt ist mit einem anderen Vorfall gekoppelt: Thomas' Wiedersehen mit einer Bekannten aus früheren Jahren, die inzwischen, was Thomas nicht weiß, straffällig geworden ist. Dadurch erhält der Konflikt noch eine strafrechtliche Komponente. Die entsprechenden Szenen (Verhör durch die Polizei) sind überaus bedrückend und schildern eher ein Fortleben der Entfremdung zwischen Staatsmaschinerie und Individuum als deren Überwindung (VIII, 213 ff.). Als dann noch entsprechende Verhöre durch die Partei und die FDJ folgen – und zwar mit dem Vorsatz, Thomas anzuklagen, nicht, um ihm zu helfen –, fühlt sich Thomas immer mehr in Einsamkeit und Kälte gestoßen (221).

Erst nach Erscheinen der unvollendet gebliebenen Erzählung »Der gerechte Richter« aus dem Nachlaß (1990) weiß man, daß Anna Seghers hier auf ein Thema zurückgreift, das ihr aus eigener Erfahrung gut bekannt war. Sie selbst war im Gerichtssaal anwesend, als Ende der 50er Jahre der Prozeß gegen den Leiter des Aufbau-Verlags (dessen prominente Autorin Anna Seghers war), Walter Janka, geführt wurde. Der Prozeß entbehrte jeder juristischen Grundlage und hatte nur eine Abrechnung mit politisch Andersdenkenden zum Ziel. (S. dazu W. Janka, Schwierigkeiten mit der Wahrheit, Reinbek 1989.) Die Erzählung gibt eine Vorstellung davon, wie bitter die Erfahrung für Anna Seghers gewesen sein muß, daß die Rechtsprechung in der neuen Gesellschaft keineswegs vom Prinzip der Gerechtigkeit geleitet war, sondern daß das alte Muster der Beugung des Rechts durch politische Machtausübung fortlebte. (Vgl. die ausführliche Analyse, die auch entstehungsgeschichtliche Umstände, soweit möglich, aufdeckt, von S. Bock [1990, 7–22] und die dort im Anhang abgedruckte, von Hans Berkessel zusammengestellte zeitgeschichtliche Dokumentation zu dieser Erzählung.) In der Öffentlichkeit hat Anna Seghers darüber Stillschweigen gewahrt – was ihr Walter Janka wohl mit Recht vorwirft. (Vgl. im vorliegenden Band S. VIII f.)

Thomas Helgers Weg durch Mißtrauen und Anschuldigungen ist eine eindringliche Warnung davor, wohin es führt, wenn nicht Vertrauen, sondern Mißtrauen die menschlichen und gesellschaftlichen Beziehungen regiert. Thomas wird vorsätzlich in einen Zustand zurückgedrängt, aus dem er sich mit großer Anstrengung, unter Irrtümern und Irrwegen gerade erst befreit hatte. Anna Seghers treibt diesen Konflikt sehr weit (das ist bei Erscheinen des »Vertrauen« erstaunlicherweise gar nicht bemerkt worden), aber doch nicht so weit, daß am Ende alles in Erstarrung verharrt. Die Gesamtperspektive des Romans läßt eine tragische Lösung dieses Falles nicht zu. Thomas Helger werden zwar Steine in den Weg gelegt, aber weder zerbricht er daran noch wird seine Aussicht auf eine Zukunft nach eigenen Vorstellungen vollkommen ausgeräumt.

2. Der 17. Juni – Bewährung, nicht Entscheidung

Höhepunkt des Romans und Höhepunkt der allgemeinen Unruhe und Widersprüchlichkeit in der Gesellschaft ist der 17. Juni 1953. Das 11. Kapitel, das diesem Tag gewidmet ist, ist auch bei weitem das umfangreichste und dramatischste. Es zeigt noch einmal, zu welcher Spannung und Dramatik im Erzählen Anna Seghers in der Lage war. Nach diesem Kapitel hat der Roman nur noch einige Schlußfolgerungen zu ziehen, um dann rasch seinem Ende zuzustreben.

Anna Seghers beschränkte ihre Schilderung des 17. Juni auf den Ort, der sowohl in der »Entscheidung« wie im »Vertrauen« der Ort der »großen Veränderung« ist, das Stahlwerk Kossin. Die Perspektive des Erzählers schwenkt nicht hinüber auf die Straßen, die öffentlichen Plätze, die Gaststätten und Wälder, wo die dramatischen Höhepunkte dieses Tages zu finden waren. (Stefan Heym hat das in seinem Roman »Fünf Tage im Juni«, schon in den 50er Jahren verfaßt, erstmalig 1974 veröffentlicht, ausgiebig getan.) Dennoch gibt es den großen Zug aufgebrachter, streikender Arbeiter durch das Werkgelände, gibt es Sprechchöre, hochfahrende Emotionen und auch Gewalt. Dargestellt wird das alles aus der Sicht einer Figur, die ansonsten nicht im Brennpunkt der Ereignisse steht: Ella Busch, eine jener beeindruckenden Frauengestalten der Anna Seghers, von denen schon im Hinblick auf Katharina aus der »Rettung« die Rede war. Daß gerade sie auf dem Höhepunkt des Romans so in den Vordergrund rückt, ist wichtig für das Urteil über den 17. Juni, das der Roman insgesamt entwickelt. Ella Busch stirbt an diesem Tag, das einzige Todesopfer des 17. Juni in Kossin. Gerade in dieser Tatsache, daß Ella Busch von den Arbeitern niedergetrampelt wird und nicht Richard Hagen oder Thomas Helger, liegt die große Aussagekraft dieser Szene. Der Tod Hagens oder Helgers wäre der Ausdruck einer plausiblen Gegnerschaft in ihrer höchsten Zuspitzung und Deutlichkeit. Das Ende dieser im Grunde unpolitischen Frau, die obendrein hochschwanger ist, bringt eine Verwirrung von Absichten und Folgen in die Ereignisse, die es auch tatsächlich gegeben hat.

Der 17. Juni ist in den Augen von Anna Seghers eine Bündelung von Widersprüchen, die mit den bisher geübten politischen Praktiken nicht mehr zu lösen sind. Das Wichtigste hierbei ist, daß Anna Seghers die Ursachen nicht allein in der Wirkung von außen sieht (eingeschleuste Provokateure aus dem Westen), sondern nicht minder in der falschen politischen Praxis in der DDR selbst.

Hier gelangt der Roman zu einer durchaus kritischen, wenn auch nicht konsequenten Stalinismuskritik, bezogen sowohl auf die Person Stalins selbst als auch auf das politische System, die politische Praxis, die mit seinem Namen verbunden ist – entgegen den Behauptungen vieler westdeutscher Kritiker, die in ihm ein staatstreues, stalinistisches Buch sehen (Günther Zehm, Eine gigantische Puppenstube, in: Die Welt v. 13. 2. 1969; M. Reich-Ranicki, Bankrott einer Erzählerin, in: Die Zeit v. 14. 3. 1969; Heinz Ludwig Arnold, Gepredigte Staatsräson, in: Frankfurter Rundschau v. 4. 10. 1969; ders., Die Staatsautorin, in: Der Monat, Heft 253/1969; sachlich und verständnisvoll dagegen: Jürgen Beckelmann, Wem nützt Anna Seghers?, in: Christ und Welt v. 9. 5. 1969). Anders als in ihrer Huldigung anläßlich des Todes von Stalin »Zum 5. März 1953« (in: Anna Seghers, Frieden der Welt. Ansprachen und Aufsätze 1947–1953, Berlin 1953, S. 166–169) enthält »Das Vertrauen« Ansätze zu einer Kritik der geschichtlichen Bedeutung des Stalinismus als einer politischen Praxis, die gesellschaftliche Humanität und Produktivität nicht unterstützt, sondern untergräbt. (S. dazu vor allem: VIII, 41, 61 f., 136 f.) Für Anna Seghers eine zutiefst tragische, im Roman insgesamt allerdings ungelöste Problematik. Die Grenzen der Stalin- und Stalinismuskritik liegen bei Anna Seghers dort, wo die entsprechenden geschichtlichen Phänomene individualisiert und psychologisiert werden. Anna Seghers war nicht in der Lage, den Stalinismus als eine geschichtlich gewachsene gesellschaftliche Struktur zu erkennen und entsprechend zu bewerten.

Alles spricht dafür, daß Richard Hagens Auffassung über den 17. Juni ein abschließendes Fazit des Romans ist. Hagen sieht in dem Demonstrationszug nicht den Feind vor sich, sondern den deutschen Arbeiter, der aufgrund der zurückliegenden geschichtlichen Entwicklung (Schaffung eines sozialistischen Staates ›von oben‹ mit Hilfe der Siegermacht Sowjetunion) und nicht zuletzt durch die schweren Fehler der Regierung und Parteiführung zutiefst verunsichert ist (VIII, 353). Deshalb gibt es für Hagen, als die Frage der gewaltsamen Niederschlagung des Aufstands zur Debatte steht, nur eine Antwort: Man müsse es aus eigener Kraft schaffen, ohne den Einsatz der sowjetischen Armee (VIII, 362 f.).

Nach dem 17. Juni zieht Hagen Bilanz: »Gewiß, er war durchgedrungen, der beste Teil der Belegschaft war durchgedrungen. Das Werk war nicht besetzt worden. [...] Der Streik war gebremst worden. Ohne Panzer. Ohne Besetzung. Von innen heraus. [...] Das würde ein Glück sein für die künftige Arbeit« (VIII, 395).

Man muß sich die Bedeutung dieser Lösung vor Augen halten. Die Demonstrationen und Streiks der Arbeiter waren in Berlin und anderswo beendet worden durch die unmißverständliche Drohgebärde des sowjetischen Militärs. Die Lösung, die der Roman vorgibt, steht also im Gegensatz zu jener, die von der Regierung und der Besatzungsmacht tatsächlich angeordnet und durchgesetzt worden war.

Hierin liegt die Antwort, die das Buch gibt: Die Menschen müssen aus sich selbst heraus die gesellschaftliche Umgestaltung ins Werk setzen, wenn diese Umgestaltung zu einer wirklichen Veränderung führen soll. Dies meint sowohl die nationale Selbständigkeit gegenüber der Sowjetunion als auch das Niederreißen der hierarchischen Strukturen, die die Gesellschaft in Befehlende und Ausführende gliedert. Diese revolutionäre Veränderung setzt die Selbstbestimmung jedes einzelnen, der an ihr teilnimmt, voraus. Allein durch Vertrauen, sagt der Roman, sei eine solche Humanisierung der Gesellschaft zu erreichen – »Vertrauen/das schwerste ABC« (Hilde Domin, Gesamm. Gedichte, Frankfurt a.M. 1987, S. 222). (Vgl. dazu »Das Motiv Vertrauen. Diskussion«, 1969, 149–164.)

XII. »Das wirkliche Blau« – Der Mensch außerhalb der modernen geschichtlichen Welt

1. Zur Vorgeschichte –
»Das Licht auf dem Galgen« und »Die Kraft der Schwachen«

In den 50er Jahren war Anna Seghers' Denken ganz von der Frage eingenommen: Wie und mit welchen Resultaten vollzieht sich die revolutionäre Veränderung auf deutschem Boden? Würde sie den vollkommen emanzipierten, den ›neuen Menschen‹ hervorbringen, von dem damals so häufig die Rede war? Und was ist eigentlich dieser »Wendepunkt« (UKW IV, 69) in der Geschichte der europäischen Nachkriegsära? »Die Entscheidung« erwuchs aus solchen Fragen und war der Versuch, die Antworten in einer geschichtsphilosophischen Synthese zusammenzuführen. Dieses Buch ist wohl in der Reihe der Seghers-Romane dasjenige mit dem größten philosophischen Anspruch.

Zwei Jahre später erschien eine Erzählung, die offensichtlich ganz andere Wege einschlug, »Das Licht auf dem Galgen«: Anna Seghers' dritte Darstellung der »Negerrevolution« (Briefe an Leser, 1970, S. 72) auf den Antilleninseln am Ende des 18. Jahrhunderts. Ursprünglich sollte diese Erzählung in einem Zuge mit »Die Hochzeit von Haiti« und »Wiedereinführung der Sklaverei in Guadeloupe« (beide 1949) entstehen.

»Ich begann die Geschichte, ich schrieb ein paar Seiten, doch diese Seiten gefielen mir gar nicht. Ich warf sie weg und ließ die Novelle liegen. (-) Viel später, nachdem ich meinen letzten Roman ›Die Entscheidung‹ beendet hatte, ging ich an diese dritte Novelle. Im großen und ganzen blieb der Entwurf derselbe: [...] Doch diesmal gelang es mir besser, glaube ich, zu schreiben, was ich zu schreiben beabsichtigt hatte« (ebd. S. 75).

»Das Licht auf dem Galgen« setzt einen anderen Akzent als die übrigen Karibischen Geschichten. Sie faßt das Weiterwirken des revolutionären Gedankenguts nach dem Scheitern der Erhebung nicht nur in einem abstrakten Symbol zusammen (so geschehen in »Wiedereinführung der Sklaverei in Guadeloupe«), sondern bezieht es auf den Ausgangsort der Revolution zurück, auf das Paris unter Robespierre. Das ist der Sinn des Rahmens, der das Geschehen auf der Insel Jamaika einfaßt.

Antoine, der persönlich den Auftrag für den ›Export‹ der Revolution auf die Antillen erteilt hat, hat das Gefühl, unter dem Napoleonischen Konsulat zu ersticken. (»[…] ein Konsul hatte hier in Paris die Republik schon ins Schlepptau genommen […]« [XI, 350].) Die Erinnerung an die revolutionären Ereignisse (das Geschehen rollt im Rückblick vor den Augen des Lesers ab), an ihre ungeheuren Taten und Leidenschaften, machen Antoine bewußt, daß seine Zweifel und seine Resignation nur Kleinmut sind. Daß die Revolution weiterlebt, dazu bedarf es allerdings einzelner Menschen, die es auf sich nehmen, das eigene Leben zu opfern. Das ist die bekannte Haltung der Seghersschen Märtyrergestalten. In »Das Licht auf dem Galgen« heißt sie Sasportas. Er wird am Ende hingerichtet und stirbt in dem Bewußtsein, daß noch sein Tod der revolutionären Idee zu ihrem geschichtlichen Weiterleben verhilft.

Diese Lösung, diese Art des geschichtlichen Ausblicks, unterscheidet sich in ihrer konkreten, auf den einzelnen Menschen bezogenen Gestalt sehr auffällig von dem zwei Jahre zuvor erschienenen Roman. Zur Erinnerung: Das Schlußbild der »Entscheidung« bringt die wichtigsten Gestalten noch einmal zusammen – mit dem Ziel, die Zuversicht auf die Fortführung der revolutionären Umgestaltung von mehreren Generationen aussprechen zu lassen. Diese Zuversicht ist auch die Zuversicht von Sasportas. Im abstrakt geschichtsphilosophischen Sinne werden also Roman und Erzählung eng zusammengeschlossen. Man kann folglich von einer Übereinstimmung im geschichtsphilosophischen Paradigma sprechen.

Dieser Vergleich zwischen den beiden Büchern von 1959 und 1961 kann die Augen öffnen für die Besonderheit des nächsten erzählerischen Werks, des Zyklus »Die Kraft der Schwachen« (1965). Jeder einzelne dieser neun Texte steht in einem direkten Zusammenhang zur leitenden Idee des Ganzen, aber jeder bringt ein anderes Volk, eine andere geschichtliche Epoche oder auch Legendenhaft-Mythisches ins Spiel.

»Die Entscheidung« handelt von Deutschland bzw. der Deutschen Demokratischen Republik. Die Handlung beschränkt sich nicht auf ein Land, aber dieses eine Land ist die ausdrücklich gewählte Perspektive. Ob in Deutschland oder auf einer fernen Karibischen Insel (»Das Licht auf dem Galgen«) – überall ist die Revolution das beherrschende Thema. Der Wechsel in einen anderen geographischen und nationalen Raum bringt nicht im mindesten einen Wechsel der geschichtsphilosophischen Position mit sich.

Sowohl in der »Entscheidung« wie im »Licht auf dem Galgen« ist es in erster Linie der Revolutionär, der die Geschichte gestaltet und voranbringt. Den Gipfel bildet hierbei der Märtyrer (Waldstein und Martin in der »Entscheidung«, Sasportas in »Das Licht auf dem Galgen«). Sie haben das Höchste vollbracht: das Selbstopfer für das Fortkommen der menschlichen Gesellschaft.

Hielte man aber an dieser Position fest – mußte das nicht mehr und mehr zu einem Dualismus zwischen den Revolutionären und dem Volk bzw. zwischen Partei und Volk führen?

Der Zyklus »Die Kraft der Schwachen« enthält nicht eine einzige Hauptgestalt, die dem Individualitätsmuster der »Entscheidung« und der Erzählung »Das Licht auf dem Galgen« folgt. Das Signal, das der Titel hierbei setzt, ist schon deutlich genug. Trotzdem wurde es auch mißverstanden. Anna Seghers hat sofort nach den ersten Reaktionen auf ihr Buch versucht, solche Mißverständnisse aus dem Weg zu räumen.

»[...] ich habe etwas auszusetzen an der Meinung [...] es wäre das ›arme, schwache Proletariat‹, das plötzlich unglaublich stark wird. Es handelt sich doch in meinem Buch um besondere Fälle, besondere Menschen, um Menschen, die schwach oder schwächlich oder unwichtig wirkten und in einem ganz entscheidenden Moment ihres Lebens spüren, was sie tun müssen. Dagegen das Proletariat, die Arbeiterklasse, auch dort, wo sie es schwer hat, dort, wo sie nicht die Leitung eines Staates hat, sondern unterdrückt ist [...] kann man nicht schlechthin als ›Schwache‹ bezeichnen« (XIV, 427).

Sozialgeschichtlich gesehen, gehören die meisten »Schwachen« dieser Erzählungen zweifellos zum sog. Kleinbürgertum – also zu einer sozialen Gruppierung, die bei vielen kommunistischen Theoretikern nicht gerade gut wegkommt. Dieser Zyklus bringt in seiner Gesamtheit ein Verständnis der revolutionären »Kraft« zur Sprache, das über der sozialen Bestimmtheit steht bzw. sie ins Menschlich-Existentielle erweitert.

Der Grund für die plötzliche Reise der Titelgestalt der ersten Erzählung, »Agathe Schweigert«, ist nicht ihre soziale Stellung, ihr sozial bedingtes Interesse, sondern die Liebe zu ihrem Sohn. Frau Schweigerts Aufbruch steht ganz im Zeichen der Mutterschaft, er endet in der Einordnung in einen sozialen und politischen Befreiungskampf. Agathe Schweigert ist aber nicht der sinnfällige Beleg, wie menschlich-existentielle ›Antriebe‹ schließlich ihre Ausrichtung im Sozialen und Politischen finden. Eher ist es umgekehrt: der politische Kampf erhält durch die Frau eine wahrhafte Bereicherung und Erweiterung.

Agathe Schweigert trifft gewissermaßen zwei Entscheidungen: die erste, als sie sich entschließt, alles Bisherige hinter sich zu lassen und ihrem Sohn zu folgen; die zweite, als sie nach dem Tod ihres Sohnes für die ›Bewegung‹ arbeiten will. Diese beiden Entscheidungen werden aber nicht voneinander getrennt. Eine Ethik, ein Humanismuskonzept, das zwischen Ichbezogenheit und Gesellschaftsbezogenheit trennen würde, führte zwangsläufig zur Entfremdung. Die Größe des Menschen ist sowohl in den natürlichen Gattungseigenschaften gegenwärtig als auch in den abgeleiteten politischen Handlungen.

Der Zyklus endet mit zwei Erzählungen, die ins Mythische und in die Geschichte hinabreichen. Zweifellos ist das als eine Untermauerung der gegenwärtigen Epochenproblematik durch mythische und geschichtliche Überlieferung zu verstehen.

Im Mittelpunkt der achten Erzählung »Tuomas beschenkt die Halbinsel Sorsa« steht eine Figur, die eng verwandt ist mit der Hauptgestalt des nächsten erzählerischen Werks von Anna Seghers, des »Wirklichen Blau«. In beiden Fällen handelt es sich um einen Töpfer, der auf eine ganz bestimmte Ausstattung seiner Produkte aus ist. Und doch besteht eine tiefe Kluft zwischen diesen beiden Figuren. Tuomas behandelt sein Geschirr lediglich als Ware, die er zum Kauf anbietet. Für Benito Guerrero (»Das wirkliche Blau«) ist das Töpferhandwerk dagegen eine tiefgreifende Frage seiner ganzen Existenz. Tuomas ist das Beispiel, auf welche Weise ein kolonisiertes und folglich zurückgebliebenes Land zu selbständiger Entfaltung des Wirtschaftslebens gelangen kann und wie schwer es ist, politische und ökonomische Vernunft gerade in den Ländern zur Geltung zu bringen, die über Jahrzehnte oder gar Jahrhunderte von eigenständiger Entwicklung abgehalten worden waren.

Die Schlußerzählung dieser Sammlung stimmt den Leser zunächst ganz auf einen legendenhaften Grund ein. Er weiß auf den ersten Seiten noch gar nicht, in welche Räume und Zeiten er versetzt wird. Ist das die Genesis eines noch heute existierenden Volkes? Oder ist es reine Legende, Mythos, märchenhafte Fiktion? Genauso wie das Volk über unzählige Generationen schließlich aus dem Dunkel hervortritt (es lebte im Urwald), so tritt die Erzählung am Ende selbst in die konkrete Geschichte unseres Jahrhunderts ein – eine Wendung, mit der man wahrhaftig nicht mehr gerechnet hat. Sie ist wie ein Zeichen des gesamten Zyklus: die tiefsten Schichten mythischer und geschichtlicher Überlieferung treten durch einen kaum merklichen Schritt in die reale Geschichte unserer Epoche ein.

Es ist die Geschichte des mexikanischen Volkes, die so als eine Bewegung aus dem Dunkel ins Licht vorgestellt wird. Sie endet zur Regierungszeit des demokratischen Präsidenten Cardenas (1934–1940). Damit ist bereits das stoffliche Vorfeld der Erzählung »Das wirkliche Blau« bezeichnet.

2. Die Fragwürdigkeit der individuellen Identität – »Das wirkliche Blau«

Die Erzählung enstand kurz vor der Ferstigstellung des »Vertrauen«. Nun entsprach es durchaus der üblichen Arbeitsweise von Anna Seghers, daß sie ein größeres Romanprojekt zur Niederschrift kleinerer Arbeiten unterbrach – ein Verfahren, das bekanntlich auch andere Romanciers praktizierten. Worauf es hier aber ankommt, ist, die Nähe zwischen diesen beiden Werken, dem Roman und der Erzählung, zu begründen. Denn insofern ist es schon ein unübliches Verfahren, als Anna Seghers kurz vor dem Abschluß des Romans eine Erzählung schreibt, die auf den ersten Blick nicht das Geringste mit dem Roman zu tun hat.

»Das wirkliche Blau« ist die letzte Mexiko-Geschichte von Anna Seghers. Ähnlich den Karibischen Geschichten gibt es bei ihr Mexiko-Geschichten. Allerdings besitzen sie nicht die feste thematische Bestimmtheit der Revolutionserzählungen, die in der Karibik spielen. Mexiko ist für Anna Seghers der lange Weg eines Volkes zur Selbstbestimmumg, Mexiko ist Anna Seghers' Landschaft, ihre Lebenswelt während vieler Jahre des Exils (1941–1947). Ihre letzte Äußerung über Mexiko (1969) faßt noch einmal zusammen, was ihr dieses Land und dieses Volk bedeuten. (Diese Worte sollen zugleich die Leitlinie geben für das Verständnis des »Wirklichen Blau«): »Unter allen Ländern, die ich kenne, hat Mexiko den größten Eindruck auf mich gemacht. (...) Mir ist Mexiko gegenwärtig. Ohne Krankheiten wäre ich schon längst wieder hingefahren.« Die Mexikaner nennt sie ein Volk, »das die Conquista überstanden hat und die Industrialisierung überstehen wird« (ÜKW IV, 89f.).

Die ersten Sätze des »Wirklichen Blau« versetzen uns in eine Welt, die eher wie eine graue Vorzeit aussieht und nicht wie die Realität unseres Jahrhunderts. Der Töpfer Benito Guerrero ist mit seiner Frau und seinem Sohn unterwegs zum Markt in die

Stadt. Sie wirken wie eine Heilige Familie. (Zum Motiv Heilige Familie bei Anna Seghers insgesamt vgl. Haas, [1975, 54–62]; zu diesem Motiv speziell im »Wirklichen Blau« vgl. Kaufmann [1978, 116].) Es gibt keine andere Erzählung von Anna Seghers, die mit so hochgestimmter Harmonie und Innigkeit beginnt. Sogar das Tier, der Esel ist darin einbezogen. – Die Idylle als eine Welt der gelösten Widersprüche – war es nicht unausgesprochen die geheime Sehnsucht nach einer solchen Welt, die die Autorin und ihre Gestalten aus den großen Romanen von 1959 und 1968 umgetrieben hatte? Die idyllischen Momente bedeuten ja Erfüllung, Höhepunkt, Ergebnis der großen Anstrengungen der Aufbaujahre. Das revolutionäre Aufbegehren entspringt aus dieser Sehnsucht nach der vollkommenen Wendung des menschlichen Lebens zum Guten und Verbindlichen. (Insofern hat der bereits zitierte Vorwurf Bernhard Greiners [Von der Allegorie zur Idylle. Die Literatur der Arbeitswelt in dere DDR, Heidelberg 1974, S. 200ff.] seine Berechtigung, die DDR-Literatur der 50er Jahre sei zu einem großen Teil Realitätsflucht in die Idylle. Greiner vergißt allerdings die fundamentale geschichtliche Bedeutung des idyllischen Bewußtseins, seine geschichtlich produktive Seite.)

Die Welt des Benito Guerrero, der Hauptgestalt des »Wirklichen Blau«, ist in sich geschlossen; ja, es ist eine Welt, die sich nach außen verschließt. Man kann, trotz der Reise, die er unternimmt, nicht davon sprechen, daß Benito seinen Erfahrungsraum wirklich vergrößert; er vertieft ihn und gewinnt auf diese Weise eine neue Festigkeit seiner Identität, die durch die Ereignisse der Erzählung erheblich ins Wanken kam. Daran muß man sich von vornherein halten: Die Gefahr, die über Benito hereinbricht, führt ihn nicht über sich selbst hinaus, sondern sie begründet in ihm ein ganz neues Bewußtsein seines ureigenen Status'. Benito entwickelt sich nicht. »Das wirkliche Blau« ist keine Entwicklungsgeschichte. Es ist die Geschichte einer Identitätsprüfung und -stabilisierung. (Kaufmann [1978, 132] spricht dagegen ausdrücklich von einer »Entwicklung« Benitos.)

Über ihn heißt es im Erzählerkommentar: »Er hing an seinem Blau, als ob es sein Schicksal wäre. Und es war wohl auch sein Schicksal. Er mußte es aufstöbern. Man findet schließlich, was einem gehört« (XII, 206). Der Händler, bei dem Benito bisher dieses Blau einkaufte, hat den Farbstoff plötzlich nicht mehr zur Verfügung. Benito steht somit vor der Frage, entweder einen neuen Farbstoff zu wählen oder sich auf die Suche nach dem Blau zu begeben. Er entschließt sich für letzteres.

131

Mit dem Aufbruch Benitos zu der Fahrt quer durch Mexiko beginnt, wenn man so will, der zweite Teil der Erzählung.

Als er das erste Mal aus dem Zug aussteigen und an einem Ort verbleiben muß, ist er sehr erstaunt über die Lebenswelt, die er hier vorfindet. Hier leben Bergleute – Arbeiter unter den Bedingungen der offenbar rasch voranschreitenden Industrialisierung des Landes. Ihre Umgebung stößt ihn ab.

»Es gab einige feste Gebäude aus Stein; es gab hüttenartige Holzhäuser, viel schlechter waren die als sein eignes Haus. In dem Rattern und Pochen, das alles fortwährend beben machte, hätte wohl niemand Zeit gefunden, seine zusammenstürzenden Bretter festzunageln« (XII, 219).

Dieser Zwischenaufenthalt schlägt ein Thema an, das fortan die Suche nach dem Blau begleiten wird: Diese Welt, die nur aus Geröll und Schmutz zu bestehen scheint, ist andererseits die Welt, die den Farbstoff enthält. (»Er konnte es gar nicht fassen, daß das Kostbare, das er suchte, hier zu finden sein sollte« [226].)

Schließlich kommt er nach Absolvierung weiterer Stationen, die jeweils eine Bewährungsprobe für sein Selbstbewußtsein und seine Entschlußkraft darstellen, an dem Ort an, wo Rubén, der Benito als der Hersteller des Blau angegeben wurde, seine geheimnisvolle Werkstatt erbaut hat.

Beider Verhältnis zu dem Farbstoff besitzt übereinstimmende und sehr unterschiedliche Züge. Bei beiden kann man davon sprechen, daß die jeweilige Beziehung zu dem Farbstoff ihre charakteristische Individualität begründet und diese trägt – insofern ist das Blau »wirklich«, das sie herstellen bzw. benutzen.

Und hier liegt dann auch der Unterschied begründet. Der eine stellt es her und hat sein Leben vollkommen darauf ausgerichtet, der andere gebraucht es und wirkt damit auf das Leben anderer ein. Zweifellos ist Rubén die ›höhere Instanz‹. Ohne seine Arbeit wäre Benitos Lebensinhalt dahin. Benito hat diesen ›Inhalt‹ ursprünglich zwischen verschiedenen Möglichkeiten gewählt. Daß jetzt seine Identität daran gebunden ist, ergibt sich aus der Wirkung, die er mit diesem Farbstoff hervorruft. Und diese *Wirkung auf andere* ist das Unterpfand seiner Identität.

Ganz anders Rubén. Er produziert das Blau auch ohne von seiner Anwendung durch Benito oder andere zu wissen. Er braucht dieses Wissen nicht, jedenfalls nicht, um in seiner täglichen Arbeit fortfahren zu können. Aber in Zukunft produziert er mit diesem Wissen – und das ist von großer Bedeutung für ein ganz neuartiges Selbstverständnis. Dieses Wissen gibt seinem Leben eine neue Dimension: es kommt etwas hinzu, was er allein nicht erreichen könnte. (Vgl. das abschließende Gespräch zwischen Rubén und Benito, in dem Rubén selbst die entsprechenden Schlußfolgerungen zieht [XII, 266 f.].)

Man hat diese Erzählung nicht zuletzt wegen dieser Wendung eine Künstlergeschichte genannt (Batt, 1973, 243; Batt, 1975, 302). Das hat ganz gewiß seine Berechtigung. Das, was sie über das Blau zu sagen hat, kann man möglicherweise die ›Wirkungsgeschichte‹ eines Kunstwerkes nennen. Aber wer ist dann der Künstler, Benito oder Rubén? Diejenigen, die sich auf Benito festlegen, haben eines nicht beachtet: Benito bringt nicht aus einem inneren Zwang ganz bestimmte ›Produkte‹, nämlich Kunstwerke, hervor. Erst die Reaktion seiner Kundschaft (resp. der ›Rezipienten‹) rückt den Vorgang in einen Zusammenhang, der von ferne an Kunst und ihre Wirkung denken läßt.

In Rubén könnte man noch am ehesten die symbolische Zusammenfassung eines Künstlertums sehen. Er ›produziert‹, weil er produzieren muß. Wenn man also Rubén ins Auge faßt und obendrein die Wirkung betrachtet, die das blaue Geschirr Benitos hervorruft, so liegt tatsächlich die Schlußfolgerung nahe: Dies ist eine Künstlergeschichte. (Ob es sich darüber hinaus, um einen bewußten Gegenentwurf zur Kunstkonzeption der deutschen Romantik handelt, wie Kusche [1974, 58–79] und Hilzinger, [1988, 260–271] behaupten, ist doch sehr fragwürdig.)

Das alles zugestanden – diese Erzählung ist trotzdem keine Künstlergeschichte. Die Suche nach dem blauen Farbstoff steht für die Identitätssuche im allgemeinen und sollte nicht auf das Künstlerdasein reduziert werden. »Das wirkliche Blau« ist eine Erzählung über die schwierige Aufgabe, die vor jedem Menschen steht, seine eigene Identität und seinen Platz in der Gemeinschaft mit anderen zu finden.

Und das war im Grunde auch das Thema des Romans, dessen Fertigstellung Anna Seghers zur Niederschrift des »Wirklichen Blau« unterbrochen hatte. Woraus sich die Frage ableitet, ob in der Erzählung also nur symbolisch überhöht werden sollte, was das »Vertrauen« sozialgeschichtlich sehr viel konkreter ausspricht. Eine Wiederholung war auf keinen Fall beabsichtigt. Wenn Anna Seghers zu diesem Zeitpunkt so dezidiert eine individuelle Identitätsproblematik behandelt, so ist nur der Schluß möglich: Sie ist ihr im Zusammenhang des Romans problematisch geworden. »Das Vertrauen« hatte unmißverständlich herausgestellt: Die Identität, die Waldstein, Hagen und Lohse in der »Entscheidung« im gesellschaftlichen Leben der Umwälzung finden und befestigen, gerät auf einer neuen geschichtlichen Stufe ins Wanken. Benitos Identität steht am Anfang und am Ende der Erzählung unangefochten da. Aber welches ist ihr gesellschaftlich-geschichtlicher Grund? Benito ist Handwerker, nicht Arbeiter oder Revolutionär. Auch Rubén gehört nicht der Welt des modernen Industiearbeiters an. Ihre Arbeit ist der Mittelpunkt ihres Daseins. Das ist genauso wie in den Romanen von 1959 und 1968. Aber es handelt sich jeweils um Arbeit auf einer ganz anderen geschichtlichen Entwicklungsstufe.

Hat Anna Seghers also den Rückzug angetreten auf die Stufe der vorindustriellen Produktionsweise, um der ungeschmälerten Identität und Einheit des Individuums noch einmal plastischen Ausdruck geben zu können? Das Buch, das sie nach dem »Vertrauen« schrieb, die Erzählung »Überfahrt. Eine Liebesgeschichte« (1971), bestärkt jedenfalls die Annahme, daß die Einheit von Mensch und Geschichte, also die Begründung einer ungefährdeten individuellen Identität, für Anna Seghers immer problematischer wurde. Denn in der »Überfahrt« ist das »Feste« (XII, 411) im Menschen nicht seine Verbundenheit mit einer politischen Bewegung, sondern das Liebeserlebnis zwischen Mann und Frau.

In Anna Seghers' letzter Äußerung über Mexiko, die am Eingang dieses Kapitels zitiert wurde, steht der merkwürdige Satz: Die Mexikaner hätten die »Conquista überstanden« und sie würden auch »die Industrialisierung überstehen«. Nun sollte man darin nicht gleich Zivilisations- oder gar Kulturkritik wittern. Die industrielle Revolution, die alle ökonomisch entwickkelten Länder im 20. Jahrhundert erfaßte und zunehmend auch auf andere Regionen der Erde übergriff, sollte unter sozialistischen Bedingungen nicht zur überall beklagten Entfremdung des Menschen führen, sondern zur »Entstehung des neuen Menschen«. Der Industriearbeiter ist die geschichtliche Kraft, die seit dem 19. Jahrhundert dazu berufen schien, solch eine neue Gesellschaft zu errichten.

Umso verwunderlicher nimmt sich die Gestalt des Töpfers Benito Guerrero aus. Er ist kein Arbeiter (wie Robert Lohse oder Thomas Helger), sondern ein Handwerker, der zudem von der geschichtlichen Realität seiner Zeit kaum etwas weiß und nichts davon begreift. Darüber wurde bisher überhaupt noch nicht gesprochen: Benitos Subjektivität ist an dieses Nichtwissen gebunden, an diese Ignoranz gegenüber den geschichtlichen und politischen Vorgängen, in die sie verstrickt ist. Die Harmonie und Würde, die alle Unternehmungen und Absichten Benitos begleiten, stechen eigenartig hervor aus der Realität der Epoche – nicht weil Benito ihr überlegen ist, sondern weil er sie gar nicht sieht.

Für den Leser ist sie sichtbar durch die Einführung einer zweiten Erzählebene: die Händler, die Zwischenträger und Fabrikanten. »Das wirkliche Blau« zerfällt in zwei Welten, die wie ein Kontrast wirken. Das verblüffende an dieser Konstellation ist, daß beide Sphären, die Benitos und die der Geschäftsleute, sozialgeschichtlich durch eine ganze Epoche voneinander getrennt sind – und doch gleichzeitig in ein und demselben gesellschaftlichen und nationalen Verbund existieren. In Europa war hier längst ein Ausgleich der sozialen Kräfte vonstatten gegangen. In Mexiko bestanden sie noch nebeneinander. Die Erzählung vermittelt also eine Aussage über die Möglichkeiten eines einheitlichen Daseins in dieser Ära der Industrialisierung und sozialen Polarisierung, das Benito in einzigartiger Geschlossenheit verkörpert. Erst durch die Gegenüberstellung mit der Geschäfts- und Fabrikantenwelt gewinnt man die ganze Perspektive auf diese Subjektivität – und ebenso einen neuen Blick auf die Identitätsproblematik, die Anna Seghers zur gleichen Zeit im »Vertrauen« erörtert. Der unsicher gewordene Boden, auf dem die Revolutionäre im Kossiner Stahlwerk agieren, bleibt unsicher, solange sie nach Lösungen innerhalb dieser sozialen Realität suchen. Die durchgehaltene Identität des Ich (Benito) mußte diese Realität aus seinem Selbstverständnis ausschließen.

Am Anfang der Erzählung versucht der Farbenhändler seinem Kunden Benito Guerrero zu erklären, daß es nicht an ihm, sondern an einem Krieg im fernen Europa liege (dem 2. Weltkrieg), weshalb es kein Blau mehr gebe. Darauf Benito (im Einklang mit seiner Frau): »Was hat unser Blau mit dem Krieg zu tun?« (XII, 197) Benito wird auch am Ende der Erzählung nicht gelernt haben, daß dieser Krieg sehr wohl etwas mit seinem Blau zu tun hat – insofern nämlich, als ein großer deutscher Chemiekonzern, der bisher den Farbstoff lieferte, jetzt alle seine Mittel in den Krieg investiert. Das wissen die Händler und Fabrikanten (und mit ihnen der Leser), nicht aber der Töpfer und seine »Mittöpfer« (XII, 251).

Eins kann mit Sicherheit gesagt werden: Benito ist vollkommen aufrichtig. Das Wissen, das nötig ist, um seine Zeit zu verstehen, ist für ihn schlechterdings unerreichbar. Anna Seghers beabsichtigt auf keinen Fall eine Bloßstellung dieses ›einfachen Lebens‹. Genausowenig wie sie auf eine falsche (romantisierende) Glorifizierung verfiel. »Das wirkliche Blau« ist eine

Erzählung darüber, was Einheit der Person, Ich-Identität in der gegenwärtigen geschichtlichen Epoche heißt. Anna Seghers mußte dafür das Ich in ein Refugium versetzen, wo die Teilungen und Unfreiheiten der modernen Gesellschaft nicht gelten. Diese Erzählung macht also nur zu deutlich bewußt, daß auf dem Weg der ›Aufbauromane‹ nicht einfach fortgeschritten werden kann. Noch bevor der letzte Roman erschienen ist, gibt es bereits ein Buch, das zu verstehen gibt: Jetzt beginnt eine Phase, die von der vorherigen, zu der der Roman noch gehört, verschieden ist. »Das wirkliche Blau« steht an der Schwelle zu den späten und letzten Erzählungen, in denen Individuum und Geschichte bzw. Gesellschaft nicht mehr als Einheit gefaßt werden.

XIII. »Überfahrt. Eine Liebesgeschichte« – Die individuelle Beziehung als Grundlage der Identität

Die umfangreiche Erzählung »Überfahrt. Eine Liebesgeschichte« (1971) ist Anna Seghers' letztes erzählerisches Werk mit einem Gegenwartssujet. Zwischen der Erzählung – sie ist mit ihren beinahe 200 Seiten die längste, die Anna Seghers geschrieben hat – und den beiden DDR-Romanen gibt es sehr aufschlußreiche Bezüge im rein Stofflichen, aber vor allem im Konzeptionellen und Geschichtsphilosophischen.

Im vorigen Kapitel wurde dargelegt, wie problematisch Anna Seghers selbst das geschichtliche Erklärungsmodell, das der »Entscheidung« zugrunde liegt, in den 60er Jahren geworden war. Die Einheit von Individuum und Geschichte (Revolution) konnte schon im »Vertrauen« nicht mehr aus dem tatsächlichen Geschichtsprozeß gewonnen, sie mußte bereits aus der moralischen Anstrengung und Besinnung einzelner errungen werden (Wendung nach innen). »Das wirkliche Blau« versetzt dann das Individuum aus der Gegenwart der »Entscheidung« und des »Vertrauen« in vorindustrielle Lebensumstände, um die Einheit und Identität der Person zu bewahren. Schließlich machte das Nebeneinanderstellen von Roman (»Das Vertrauen«) und Erzählung (»Das wirkliche Blau«) endgültig bewußt (als eine Art Zusammenfassung dieser ganzen Problematik), daß die Epoche der allumfassenden Gesellschaftsromane für Anna Seghers zu Ende ist. Von 1973 stammt ein kleiner Aufsatz, »Wird der Roman überflüssig?«, in dem Anna Seghers in eindrucksvollen, ganz unideologischen Worten von der Notwendigkeit der Kunst und des Erzählens spricht – aber nicht von der Notwendigkeit einer ganz bestimmten Romanform.

»Wenn das Innere des Menschen danach strebt, das Innere des anderen Menschen zu begreifen, braucht er die künstlerische Darstellung. In unserer Zeit, in der die Welt trotz Haß und Blut zum Sozialismus übergeht, soll man für immer erfahren, wie es dabei im Innern des Menschen aussieht, und das wird man durch den Roman« (ÜKW IV, 98f.).

In diesem Sinne ist »Überfahrt. Eine Liebesgeschichte« ein Roman. Die Wirklichkeit der »Entscheidung« und des »Vertrauen«, also die Welt des Industriearbeiters unter sozialistischen Bedingungen, war für Anna Seghers offenbar nicht mehr

›erzählbar‹, das heißt, sie war für den Entwurf einer humanistischen Utopie nicht mehr geeignet. Wir haben am Ende des vorigen Kapitels im Hinblick auf »Das wirkliche Blau« die Frage gestellt: Sieht Anna Seghers gar die Gefahr, daß das Individuum in der modernen Welt, ob kapitalistisch oder sozialistisch, verschwindet? Die Erzählzeit der »Überfahrt« ist wohlbedacht auf die Schiffsreise beschränkt. Alles andere wird nur herangezogen, um den gegenwärtigen Bericht, auf den es ankommt, zu unterstützen. Hammer, nachdem er Triebel lange zugehört hatte, erkennt sehr genau, warum Triebel sich zu seinem Lebensbericht gerade hier gedrängt fühlt und nicht an einem Ort, wo sie sonst leben: »Um uns herum ist es still. Triebel braucht diesen Ort. Man braucht einen Ort, um einem Menschen alles erzählen zu können.« (XII, 301). Später erwähnt er noch einmal die »unvergleichliche Stille« auf dem nächtlichen Schiffsdeck. Er stellt sogar »diese ernste Stille« gegen eine »sinnlos wilde Geschäftemacherei« (374), in der viele Menschen ihr Leben zubringen.

Im übrigen ist die »Überfahrt« ein frisch erzähltes Buch, voller Sinnlichkeit und Unmittelbarkeit, die einige Skeptiker der Verfasserin des »Vertrauen« gar nicht mehr zutrauen wollten. Es ist eine Erzählung, die man gewissermaßen ganz naiv, als eine ergreifende, spannende und auch ein wenig exotische Liebesgeschichte zwischen einem Deutschen und einer Brasilianerin lesen kann. Es ist aber zugleich ein Text voller tiefer Bezüge und Zusammenhänge. Kurt Batt (1973, 274 ff.) hat die Erzählung sogar eine »Summe« des Seghersschen Schaffens genannt, hat dabei aber zu wenig in Rechnung gestellt, daß hier nicht nur eine Art Zusammenfassung vieler Motive und Themen der Gesamtwerks vorliegt (z. B. Aufbruch, Warten, Veränderung, Identität, Vertrauen), sondern ebenso ein neuer Ansatz.

Struktur und Handlungsverlauf sind in der »Überfahrt« sehr vielschichtig, und man muß sich zunächst Klarheit über die Erzählweise und -ebenen verschaffen. Die erzählte Zeit umfaßt genau den Zeitraum einer Überfahrt von Brasilien nach Europa, die etwa Mitte der 60er Jahre stattfindet. (Schon damals hegte Anna Seghers den Plan zu diesem Buch [XIV, 455].) In der Erzählung sind, wie Anna Seghers am gleichen Ort berichtet, Erinnerungen ihrer eigenen Reisen nach Brasilien (zu ihrem Freund Jorge Amado) eingeflossen. Die schönsten Erlebnisszenen (brasilianische Landschaft, das Meer, das Kreuz des Südens [329], die fliegenden Fische [310] u. a.) haben hier ihren Grund. Die erzählte Zeit umfaßt dagegen einen großen geschichtlichen

Raum: die wichtigsten Lebensstationen des jungen Arztes Ernst Triebel. Wir erfahren von seiner Flucht mit seinem antifaschistischen Vater nach Südamerika, von seiner Rückkehr nach Deutschland nach dem Krieg, seiner erneuten Reise nach Brasilien, von der er gerade zurückkehrt.

Was Triebel während der Reise aber am meisten bewegt, ist das Ende seiner Liebesbeziehung zu der Brasilianerin Maria-Luisa. Er hatte sie als Schüler in den 40er Jahren kennengelernt, war dann selbst nach langen inneren Kämpfen nach Deutschland zurückgegangen, mit dem festen Vorsatz, Maria-Luisa wenig später nachzuholen. Dazu ist er aber aus immer neuen Gründen – und vor allem aus mangelnder Entschlußkraft – nicht gekommen. Inzwischen hat er endgültig die Gewißheit, daß Maria-Luisa entweder tot ist (bei einem Badeunfall ums Leben gekommen, wie einige behaupten) oder, wie andere sagen, mit einem reichen Geschäftsmann verheiratet und nunmehr in einer Welt lebt, in der für die alte Liebesgeschichte kein Platz mehr ist. (Vgl. dazu die Szene XII, 399.) Das tatsächliche ›Ende‹ der Maria-Luisa läßt die Erzählung wohlweislich offen. Einmal wahrscheinlich deshalb, weil sie eine tiefwirkende Lebensproblematik bewußt machen will und nicht die ›Lösung‹ eines ganz bestimmten Vorfalls. Zum anderen ist dieser offene Schluß sicherlich aus der Art und Weise erklärbar, mit der Anna Seghers hier ihr lebenslanges Thema ›Veränderung des Menschen‹ behandelt. (Vgl. dazu XII, 337, 342, 378f., 400, 402f.) Die Veränderung Hammers (während der Überfahrt), die Veränderung der Beziehung zwischen Triebel und Maria-Luisa (nach Triebels Rückkehr nach Deutschland), dadurch die Veränderung des Verhältnisses zwischen Triebel und seinem Vater. All das sind also Varianten eines Themas, das hier in einer bisher nicht gekannten Zurückhaltung und Differenziertheit behandelt wird. Eine Textstelle belegt das sehr eindrucksvoll:

»[...] nichts ist unmöglich, Hammer, alles, alles ist möglich. Jede Art von Veränderung. Zum furchtbar Schlimmen, zum furchtbar Guten. Nein, doch nicht. Das ist nicht wahr. [...] Es muß [...] im Innern des Menschen einen unverwüstlichen, zwar manchmal im Dunst, sogar im Schlamm verborgenen, dann aber wieder in seinem ursprünglichen Glanz aufleuchtenden Kern geben. Es muß ihn geben« (XIII, 403).

Aber ist in diesen Sätzen nicht auch Verunsicherung zu spüren hinsichtlich des »eiserne[n] Bestand[s]« (IV, 90), also der festen ethischen Grundlagen des Menschen, die letztlich das wichtigste Unterpfand von Anna Seghers Revolutionsauffassung sind?

Daraufhin ist Anna Seghers' Spätwerk überhaupt noch nicht untersucht worden.

Die Erzählweise könnte man eine doppelte Ich-Erzählung nennen. Denn nicht derjenige, dessen Lebensgeschichte im Mittelpunkt steht, ist der eigentliche Erzähler. Dieser ist vielmehr ein Ingenieur aus der DDR, der sich ebenfalls auf der Heimreise befindet, Franz Hammer. Wir erfahren die Lebens- und vor allem die Liebesgeschichte dieses jungen Arztes nicht nur aus erster Hand, sondern bereits mit Reaktionen und Kommentaren versehen. Triebel und Hammer kommentieren sich gewissermaßen gegenseitig (wenn auch sehr sparsam und zurückhaltend). Ein sehr geschickter Kunstgriff von Anna Seghers. Auf diese Weise bewirkt sie eine gewisse Distanz (die Liebesgeschichte zieht ja den Leser stark in den Bann) und schafft damit Raum für eine eigene Position des Lesers. (Ähnlich war Anna Seghers schon in »Transit« verfahren. Der Ich-Erzähler wurde dort immer wieder durch ziemlich ausführliche Berichte anderer Personen unterbrochen, wodurch das erzählende Ich nicht so ausschließlich im Vordergrund stand.) Franz Hammer, obwohl in der Erzählung insgesamt viel weniger gegenwärtig, ist, von der Gesamtanlage der Erzählung her gesehen, neben Triebel eine völlig gleichberechtigte Person. Formal, wie gesagt, nimmt er sogar die erste Stelle ein. Triebels Erlebnisse stehen anschaulich vor uns. Er selbst bleibt aber dabei ziemlich statuarisch. Dagegen durchläuft der etwas trockene, zunächst geradezu abweisende Hammer eine Entwicklung, eine Veränderung, weil er das Leben eines anderen Menschen ganz in sich aufgenommen hat. Triebel äußert sich von Anfang an rückhaltlos. Hammer sträubt sich zu Beginn gegen solche Offenheit – bis ihm allmählich bewußt wird, daß es im Leben vor allem auf Offenheit, Ehrlichkeit, Vertrauen ankommt.

Das Entscheidende ist nun: Diese Erkenntnis Franz Hammers ist an sich bei Anna Seghers nicht neu. Vertrauensvoller, ehrlicher Umgang miteinander, das war immer ein humaner Charakterzug der ›positiven‹ Seghersschen Figuren. Verändert ist allerdings das allgemeine Koordinatensystem, innerhalb dessen diese Werte sich nun behaupten und entfalten. Denken wir nur an den drei Jahre zuvor erschienenen Roman »Das Vertrauen«. Er führte die geschichtliche Bedeutung der moralischen Kategorie Vertrauen vor Augen: Vertrauen nicht nur als eine individuelle Beziehungsqualität, sondern als unabdingbare gesellschaftliche Strategie. In der »Überfahrt« liegt das Augenmerk vielmehr auf der konkreten Ich-Du-Beziehung, ohne sie sofort gesellschaftlich ›zu verrechnen‹. (Das verkennt die ausführliche Interpretation der »Überfahrt« von Elke Mehnert [1984, 629–642]. Sie ordnet die Erzählung in eine bruchlose Linie der bisherigen gesellschaftlichen Thematik bei Anna Seghers ein.)

Ernst Triebel erlebt etwas, was sein Leben dauerhaft bestimmen wird. Er erlebt es nicht außerhalb des geschichtlichen Raums. Die wechselvolle Geschichte dieses Jahrhunderts greift sehr tief in sein Leben ein und auch in seine Liebesbeziehung. Doch was ihm fortan Stabilität und Identität geben wird, ist diese Liebesbeziehung und ihr Zerbrechen, nicht der Zusammenhang mit einer gesellschaftlichen oder politischen Bewegung. Dieses Resümée zieht am Ende der Erzählung der Ingenieur Franz Hammer, dem man auf der ersten Seite solche Einsichten nicht im mindesten zugetraut hätte. (Es sind oft zitierte Sätze, die wohl schon etwas von einem Vermächtnis an sich haben.)

»Wie läßt sich denn solche Trauer wie die von Triebel überwinden? Sie beschwert für immer die Seele, und man wird vielleicht mit mir zürnen, weil ich glaube, das hat auch sein Gutes. In dieser sich ständig verändernden, weiterstrebenden Welt, in der wir jetzt leben, ist es gut, wenn etwas Festes in einem für immer erhalten bleibt, auch wenn das Feste ein unvergeßliches Leid ist. Weil er etwas Schweres erlebte, werden ihm all die Menschen begreiflich sein, die etwas Schweres erlebten. Und dieses ›andere Menschen begreifen‹ wird seinem ganzen Leben nutzen und auch seiner Arbeit« (XII, 410).

Und über sich selbst sagt dieser anfangs so verschlossene Franz Hammer abschließend: »Was sie mir alles erzählten, hat mir die Reise ganz voll und reich gemacht« (411). Ein happy end, eine falsche Idylle ist dieser Abschluß nicht. Es ist der Abschied (nicht ohne Bitterkeit) von allen hochfliegenden Vorstellungen über die Stellung des Menschen in der Geschichte (Einheit von Individuum und Geschichte).

Der rein stoffliche Bezug zwischen der »Überfahrt« und den Romanen »Die Entscheidung« und »Das Vertrauen« ergibt sich aus Rückblenden Triebels in die Geschichte der DDR. Triebel war Ende der 40er Jahre nach Deutschland zurückgekehrt, weil er hier seine endgültige Heimat zu finden hoffte (und die seiner Geliebten, die er ja baldmöglichst nachholen will). Diese Passagen führen die Kritik an den gesellschaftlichen Verhältnissen in der DDR fort, die im »Vertrauen« schon erstaunlich scharf ausgefallen war. Triebel erlebt hier eine allmähliche Veränderung im Verhalten der Menschen, die ihn zutiefst irritiert. In den

Anfangsjahren der DDR beeindruckt ihn die Offenheit in den Diskussionen. »Damals sprachen alle unverblümt ihre Gedanken aus« (XII, 325). »Die Aussprachen waren echt. Niemand hielt mit seiner Ansicht hinter dem Berg« (334). Solche Erlebnisse sind auch der Grund, weshalb er hier relativ schnell Fuß faßt. (Über seine Beziehung zu Maria-Luisa hatte er vorher beispielsweise gesagt: »Maria-Luisa und ich, wir hatten voreinander nie ein Geheimnis. Wir haben über alles auf Erden gesprochen« [301].) Doch mehr und mehr verschwindet diese Haltung aus dem öffentlichen Leben. Die »Menschen (rückten) wieder von uns ab, als sei ich neu angekommen. Sie wurden mir fremd, fast wie ein fremdes Volk« (375).

Als Publizistin spricht Anna Seghers in dieser Zeit allerdings ganz anders über dieses Land und seine politische Entwicklung. Drei Jahre nach der »Überfahrt« schreibt sie z. B. für die Monatsschrift der SED, »Einheit«, den Artikel »Die DDR und ihre Schriftsteller« (anläßlich des 25jährigen Bestehens der DDR), der ein reines Ergebenheitselaborat ist (ÜKW IV, 115–123). Aus den entsprechenden Dokumenten im Nachlaß ist aber interessanterweise zu ersehen, daß die erste, noch nicht vollständige Fassung dieses Aufsatzes nicht ganz diesen liebedienerischen Charakter trägt. Offensichtlich hat Laszlo Radvanyi seine Ehefrau dahin beeinflußt, den Artikel zu ändern.

Solche Diskrepanzen gehören zu dem schwierigen Thema: Das Verhältnis der DDR-Schriftsteller zur gegebenen Realität und zur Macht (das natürlich nach Generationen, Erfahrungen und entsprechender Vorstellungswelt sehr stark differenziert). Wie Anna Seghers selbst solche Diskrepanzen empfunden hat, ist im Augenblick schwer zu rekonstruieren. Aus der »Überfahrt« kann man einiges erahnen, aber, auf den Standpunkt der Autorin selbst bezogen, natürlich nicht mit Bestimmtheit sagen. Hierauf kann in späterer Zeit vielleicht der zum großen Teil noch unzugängliche persönliche Briefwechsel Antwort geben.

Mit solchen Hinweisen für die Interpretation ist die Erzählung natürlich längst nicht ausgeschöpft. Es wäre lohnend, die Vielzahl der Bezüge, Motive, versteckten Themen einmal ausführlich aufzuschlüsseln. Z. B. der Bezug auf die tragische Geschichte Polens; damit im Zusammenhang die Anklänge an die polnischen Dichter Norwid und Joseph Conrad; in der Woytek-Gestalt (ein Pole) die Problematik eines Lebens, das in der Gefahr ist, sich zu verfehlen; die erneute Aufnahme des Religionsthemas (in der Gestalt der Nonne); die Reflexionen über mögliche Wirkungen der Kunst – hier besonders die ausführlich beschriebene Fahrt Triebels und Maria-Luisas zu den monumentalen Skulpturen des brasilianischen Bildhauers Aleidinhos, einer der Höhepunkte der Erzählung; schließlich Reflexionen über die Kunst des Erzählens, die oft als solche gar nicht gleich erkennbar sind. Der Titel »Überfahrt« entfaltet in diesem Geflecht der Motive und Themen seine weitreichende Bedeutung: Überfahrt von Südamerika nach Europa (auf der Ebene der äußeren Handlung); im übertragenen Sinne aber auch Überfahrt von einem Menschen zum anderen (Maria-Luisa – Ernst Triebel; Triebel – Hammer; Triebel und sein Vater); Überfahrt von der alten Welt in die neue, sozialistische, aber auch im alten geschichtlichen Sinne: von der Alten Welt in die Neue (Europa). Man wird hier kein Ende finden – und soll es nach dem Willen der Autorin auch nicht.

XIV. »Sonderbare Begegnungen« und »Steinzeit / Wiederbegegnung« – Fragen der Kunst und Orientierung auf das Individuum

»Sonderbare Begegnungen« (1973) erschien zu einem Zeitpunkt, als man unter Schriftstellern und Kritikern der DDR heftig um die Aufgaben bzw. die Funktion von Kunst und Literatur stritt. Man kann von heute aus sehr deutlich sehen, wie in diesen Jahren mehr und mehr an den Grundfesten einer Realismusvorstellung gerüttelt wurde, die die Schriftsteller letztlich auf die Apologie eines vorgegebenen gesellschaftlichen und politischen Programms festlegen wollte. Dagegen wurde Widerstand rege – ein Widerstand, der sich nur in wenigen Fällen als gesellschaftliche Opposition begriff (es aber im Grunde immer war), sondern als eine ›abweichende Meinung‹ auf dem Gebiet der Kunst. Der Begriff »ästhetische Emanzipation«, den Werner Mittenzwei dafür prägte, faßt diese Veränderungen in der Vorstellungswelt vieler DDR–Schriftsteller sehr treffend zusammen (Mittenzwei, Der Realismusstreit um Brecht. Grundriß der Brecht-Rezeption in der DDR 1945–1975, Berlin 1978, S. 152. Mittenzweis Buch ist zugleich ein knapper, das Wesentliche herausarbeitender Abriß der Theorieentwicklung auf dem Gebiet der Ästhetik in der DDR. Vgl. dazu auch Hans Kaufmann, Veränderte Literaturlandschaft, in: Ders., Über DDR-Literatur, Berlin 1986, S. 165–197.)
Folgende Autoren und Bücher werden in diesem Zusammenhang immer wieder genannt: das Tagebuch »Zweiundzwanzig Tage oder Die Hälfte des Lebens« (1973) von Franz Fühmann, vom gleichen Autor die Aufsatzsammlung »Erfahrungen und Widersprüche« (1975), Stephan Hermlins vielgelobte Essaysammlung »Lektüre« (1973), Erwin Strittmatters 2. Band des »Wundertäter«-Romans (1973 erschienen, nach dem er bereits lange Zeit beim Verlag gelegen hatte), die Essays von Christa Wolf »Lesen und Schreiben« (1971), von Volker Braun »Die einfache Wahrheit« (1975), von Günter Kunert »Warum schreiben« (1976), Günter de Bruyns Roman »Preisverleihung« (1972). Am Ende dieses Jahrzehnts herrschen auf dem Kultursektor eisige Kälte und Rückzugsbewegungen. Infolge der sog. Biermann-Affäre (aber nicht nur wegen ihr) verlassen viele Autoren die DDR, darunter sehr namhafte wie Sarah Kirsch, Jurek Becker, Thomas Brasch. Erinnert sei hier auch an die spektaku-

läre Sitzung des Schriftstellerverbandes Berlin 1979, auf der einige Autoren aus dem Verband ausgeschlossen wurden, u.a. Stefan Heym, Adolf Endler, Klaus Schlesinger. (S. dazu Joachim Walther, Wolf Biermann, Günter de Bruyn u.a. [Hrsg.], Protokoll eines Tribunals. Die Ausschlüsse aus dem DDR–Schriftstellerverband 1979, Reinbek bei Hamburg 1991.)

»Sonderbare Begegnungen« enthält drei Erzählungen. In der Mitte des Bandes steht »Der Treffpunkt«, der das altbekannte Thema der Seghers und der ganzen sozialistischen Literatur der 30er bis 50er Jahre – mit einer neuen Nuance – aufgreift: der antifaschistische Widerstandskampf des Proletariats. Eingerahmt ist diese Erzählung von zwei Texten, die sich sehr direkt mit der Kunstproblematik befassen. Es sind Texte, die sich nicht polemisch gegen diese oder jene These wenden (so geschieht es bei den meisten anderen Autoren), sondern etwas Grundsätzliches sagen über die Bedeutung der Kunst im Leben der Menschen.

Die erste Erzählung, »Sagen von Unirdischen«, erinnert sehr an den »Räuber Woynok«, »Sagen von Artemis«, »Das Argonautenschiff« aus den 30er und 40er Jahren; Texte, die auf bekannte mythologische Muster oder auf Legendenhaftes zurückgreifen. Trotzdem besitzt diese Erzählung von 1970 (die Texte in »Sonderbare Begegnungen« sind datiert und chronologisch abgedruckt) einen ganz eigenen Charakter. Sie verbindet nämlich auf sehr reizvolle Weise das historische Genre mit dem utopischen. Die Erzählung spielt im 16. und 17. Jahrhundert (jedenfalls deuten alle Zeichen darauf hin) und zugleich verarbeitet sie ein gängiges Muster der science-fiction-Literatur: Michael, ein Wesen von einem anderen Stern, landet auf der Erde und ist sehr erstaunt über das, was er hier vorfindet. Es sind zwei Dinge, die ihn zutiefst beeindrucken (denn das gibt es dort, wo er herkommt, nicht): zum einen die »sonderbare« Fähigkeit des Menschen, Kunstwerke zu schaffen; zum anderen die Tatsache, daß in dieser irdischen Welt immer wieder Kriege entstehen, die das von Menschenhand Geschaffene zerstören – ein Widerspruch, der offenbar zur Menschenwelt gehört. »›Ich habe geahnt‹, sagte Michael, ›daß es furchtbar zugeht auf eurem Stern. Daß ihr noch immer gewöhnt seid an Mord und Blut. Ich wußte aber nicht, daß ihr trotzdem so etwas schafft wie dein Vater‹« (XII, 428). (Gemeint ist der Bildhauer Matthias, bei dem man zweifellos an Matthias Grünewald denken kann.) »Beides ist da, das Furchbare und das Herrliche; wieso beides zugleich da ist, weiß ich noch nicht« (XII, 436).

Die Erzählung gliedert sich in zwei Abschnitte, die man chronologisch etwa folgendermaßen zuordnen kann. Der erste Abschnitt ist im 16. Jahrhundert angesiedelt; die Handlung spielt auf dem Höhepunkt der frühbürgerlichen Revolution. Besonders die Aussagen des Meisters Matthias lassen darauf schließen, daß das reformatorische Wirken Luthers bereits in die Bauernschaft eingedrungen ist. Es beginnt der sog. Bauernkrieg (1524/25) mit seinen blutigen Exzessen (»Todeswut« [430]).

Im zweiten Abschnitt deutet alles daraufhin, daß wir uns im 17. Jahrhundert befinden, im Zeitalter des 30jährigen Krieges, der Deutschland vollkommen verwüstete. Und wiederum besteht die Konstellation: das Furchtbare und das Herrliche. War es zuvor die Bildhauerkunst und überhaupt die bildende Kunst, so ist es jetzt die Musik (die Anfänge der großen geistlichen Musik in Deutschland – z. B. Heinrich Schütz –, die dann in den Oratorien und Kantaten Johann Sebastian Bachs ein Jahrhundert später ihren Gipfelpunkt erreichen). In jedem Fall handelt es sich also um die tief religiöse Kunst des ausgehenden Mittelalters und der beginnenden Neuzeit. Das ist sehr wichtig für das Kunstverständnis, das diese Erzählung offenbart. Große Kunst kommt aus einer tiefen Gläubigkeit, die auch angesichts aller Schrecklichkeiten und Grausamkeiten des Menschen ihren Auftrag, »hinter dem Heil herzujagen« (XII, 425) nicht aufgibt. (»Sein Bedürfnis, zu formen, was er sich vorstellte [...] daß das Erdenwesen sich auf diese Art ausdrücken mußte, gerade auf diese Art, bis zum letzten Atemzug« (432). Dagegen steht das Leben, das Michael und sein Nachfolger Melchior von ihrem Stern kennen. Dort gibt es keinen Krieg, aber auch nicht die »Herrlichkeiten« der Kunst. Aber gerade in dieser Spannung der Extreme und nicht im Ausgleich, im ›Mittleren‹ liegt das Wesen und das Staunenswerte des irdischen Daseins.

Anna Seghers hat in ihren späten Erzählungen (und vielleicht am schönsten in diesen »Sagen von Unirdischen«) eine Diktion gefunden, die in ihrer Knappheit, soll sie nicht in Unverständlichkeit übergehen, kaum noch zu steigern ist. Diese Sprache schmückt nicht aus, sie ist kein fabulierender Erzählstrom, den wir von der jüngeren Seghers auch kennen. Vielleicht kann man sie mit einem Holzschnitt vergleichen: auch noch der kleinste Strich ist von Gewicht. Jeder Satz ist eine Mitteilung. Und möglichst kein einziges abgegriffenes Wort; und schon gar keine Ideologeme.

Die Erzählung »Reisebekanntschaft« führt, wenn man so will, diesen Kunstdialog fort, überträgt ihn auf das ureigenste

Gebiet von Anna Seghers, die erzählende Prosa. Diese Erzählung (Seghers: »[...] mir gefällt die Bezeichnung Literatur-Geschichte« [XIV, 461]) ist mit keinem anderen Text der Autorin vergleichbar. Entsprechend groß war die Resonanz und auch die Verwunderung bei vielen Lesern. Drei berühmte Schriftsteller, die tatsächlich gelebt haben – allerdings zu unterschiedlichen Zeiten – treffen sich in einem Prager Café und reden über Literatur: Gogol, E.T.A. Hoffmann, Franz Kafka. Natürlich war das nicht zuletzt ein Hinweis auf Autoren, die Anna Seghers besonders nahe standen. Aber es ging um viel mehr, es ging um die grundsätzliche Frage: Warum schreiben Schriftsteller?

Meister Matthias, der Bildhauer, hatte über die Absicht, die er mit seiner Arbeit verfolgte, gesagt: »Zu Gottes Lob und zur Freude und zur Belehrung der Gemeinde« (XII, 426). Und mit einem Wort des Apostels Paulus: »Wir müssen hinter dem Heil herjagen, wie auf der Rennbahn« (425). Den drei Künstlern der Spätzeit in dem Prager Café ist die tiefe Gläubigkeit ihrer Vorgänger fremd geworden. Der einzige, der überhaupt von einer gesellschaftlichen (überindividuellen) Sinnhaftigkeit seines Tuns überzeugt ist, ist E.T.A. Hoffmann. Nicht zufällig hat er eine Sonderstellung in der Erzählung inne (die allerdings gar nicht so leicht zu erkennen ist). (Gleichzeitig durchzieht den Text eine tiefe Zuneigung zu dem tragischsten unter den dreien, Franz Kafka, der am Ende die «Rechnung für alle drei beglich» [XII, 525]. Dazu ausführlich Hans Richter [1983, 1171–1179]. Über Anna Seghers' Verhältnis zu Kafka generell vgl. Bock [1984, 900–915].)

Hoffmann bewährt seinen »Lebensmut« und seinen »Schreibmut« (XII, 500) bis ans bittere, leidensvolle Ende (noch vom Krankenlager aus kämpft er gegen den »Innenminister«), währenddessen Gogol und Kafka ganz in Resignation verharren. Kafka: »Man wird mir vorwerfen, meine Welt sei ausweglos. Habe ich aber nicht das Recht, wenn mir die Wirklichkeit ausweglos vorkommt, sie darzustellen, wie ich sie sehe?« Darauf Hoffmann: »Man muß aber nach einem Ausweg suchen, nach einer Bresche in der Mauer. Wie ein Gefangener eine sucht, um eine Botschaft durchzustecken von einem Menschen zum anderen. Ein Lichtpünktchen muß man aufglänzen sehen.« Und das abschließende Urteil über Gogol lautet folgendermaßen (ebenfalls aus der Sicht Hoffmanns): »Kein Zweifel, an Gogol kommt keiner ran. Von uns dreien kann keiner schreiben wie er, verwurzelte Wirklichkeit, aus der dann Träume galoppieren; und alles zugleich, so daß sich die Träume auch in den Herzen

verwurzeln./ Nur, leider, geht es mit ihm bergab« (525 f.).
(Damit ist gemeint und wird auch in der Erzählung erklärt:
Gogols Kniefall vor der herrschenden Meinung, entgegen seinen eigenen Ansichten.) Übrigens: wieso eigentlich »von uns
dreien«? Es müßte ja richtigerweise heißen »von uns zweien«.
Offensichtlich bezieht sich Anna Seghers hier stillschweigend
selbst mit ein.

Zwischen diesen beiden Erzählungen besteht ein tiefer Zusammenhang; sie enthalten Anna Seghers' Auffassung über den
Sinn bzw. die Aufgabe der künstlerischen Arbeit – im Zusammenhang mit dem menschlichen Dasein überhaupt. Daß es
hierbei im Verlauf der Geschichte Veränderungen gibt, Ein-
schränkungen, Zurücknahmen (Meister Matthias im Vergleich
zu den drei Schriftstellern), bewegt Anna Seghers aber keinesfalls zu einer Abdankung der grundsätzlichen Aufgabe: den
Menschen die Wahrheit zu sagen (so wie es Hoffmann vertritt),
und sei es unter den widrigsten und gefährlichsten Umständen.
(Vgl. dazu Anna Seghers' Rede auf dem VII. Schriftstellerkongreß der DDR 1974, die letzte Rede, die sie auf einem Schriftstellerkongreß hielt. Hier heißt es u. a.: »Damit viele aufatmen
unter dem Licht der Worte, dazu braucht es Talent, eine eigentümliche, unersetzbare Fähigkeit, und es ist sträflich, ein Talent
zu zerstören« (ÜKW IV, 104).

»Der Treffpunkt« fällt auf den ersten Blick aus dem Kontext
der beiden anderen Erzählungen heraus. Stofflich bewegt sich
dieser Text auf vertrautem Terrain. Zwei Freunde (Arbeiter)
kämpfen gegen das Hitlerregime; sie drucken und verteilen
Flugblätter. Als die Gefahr, gefaßt zu werden, immer größer
wird, ›versagt‹ einer von beiden, d.h., er geht nicht zu dem
vereinbarten Treffpunkt. (Bei diesen regelmäßigen Zusammen-
künften werden Informationen weitergegeben.) Dieses ›Versagen‹ hat keinerlei Folgen für den anderen, auch nicht für den
Widerstandskampf insgesamt – dafür umso mehr für den, der
aus Angst dem »Treffpunkt« fernblieb. »So wild die Zeit um ihn
herum blieb, er blieb träge und gleichgültig. [...] Als hätte einst-
mals Erwins Versagen wie eine schwere Anstrengung seine
Kräfte verzehrt« (XII, 486). Nach dem Krieg sehen sich die
beiden wieder. Erwin will sein Gewissen erleichtern und seinem
Freund alles gestehen. Doch dazu reicht die Zeit ihres Zu-
sammenseins gar nicht aus. Daraufhin schreibt Erwin seinem
Freund einen Brief. Der Brief kommt ungeöffnet zurück:
»Adressat unbekannt verzogen« (XII, 496).

Mit dieser Mitteilung endet die Erzählung, also damit, daß

Erwin wiederum ganz auf sich selbst zurückgeworfen ist (wie damals, als sein Versagen ihn unaufhörlich marterte). Wenn er sich aus diesem bedrückenden Leben befreien will (»Er war fest entschlossen, sein Leben in dieser Wüste aus Schutt und Geröll zu beenden und wegzugehen und eine richtige Arbeit zu suchen [...]« [496]) – dann muß er es aus sich selbst heraus tun, nicht durch den ›Freispruch‹ des anderen. Es geht also um zweierlei: um die Angst, die einen Menschen in großer Gefahr befallen kann, ohne daß er darum gleich zum Feigling wird – die Erzählung ist in diesem Punkt weit entfernt von den Märtyrersujets der früheren Bücher von Anna Seghers –, und es geht um die Gewissensnot, die aus solchem Verhalten aus Angst erwachsen kann. Da ist es trügerisch, ›Befreiung‹, Überwindung aus dem solidarischen Zuspruch anderer zu erhoffen. (»Der Mann und sein Name« behandelt einen ähnlich gelagerten Konflikt und endet in der ›Rettung‹ durch den Beistand der anderen.) Ein innerer Bezug aller drei Erzählungen ist also durchaus gegeben (ganz abgesehen davon, daß sie alle das Motiv der bedeutungsvollen, folgenreichen Begegnung besitzen). Er liegt in der Hervorhebung der jeweils individuellen Verantwortung des Menschen, die durch keinerlei noch so innige Gemeinschaft mit anderen aufgehoben werden kann. Ob in der Arbeit als Künstler oder in der Überwindung einer inneren Not durch ein Verhalten, das als schuldhaft empfunden wird: der »Adressat« ist zuallererst immer das eigene Ich.

Der folgende Erzählungsband ist kein Zyklus, sondern einfach die Zusammenstellung von zwei Erzählungen, die nach dem Band »Sonderbare Begegnungen« entstanden sind »Steinzeit / Wiederbegegnung. Zwei Erzählungen« (1976).

»Wiederbegegnung« führt noch einmal Themen und Motive zusammen, die wir aus vielen Seghers-Werken kennen. Die Erzählung handelt vom Spanischen Bürgerkrieg 1937/38 (Anna Seghers war damals selbst in Spanien und hat mehrfach über die Internationalen Brigaden gegen den spanischen Faschismus geschrieben; vgl. vor allem die Gestalt des Schriftstellers Herbert Melzer in »Die Entscheidung«, der einen Spanien-Roman schreibt). Sie handelt von der Flucht eines spanischen Widerstandskämpfers nach Mexiko. Die Zeitspanne der Erzählung reicht bis kurz vor Ende des 2. Weltkrieges. Wichtige Wendepunkte des Krieges – Überfall auf die Sowjetunion, Schlacht am Kursker Bogen, Landung der Alliierten in der Normandie usw. – sind als zeitgeschichtliche Eckpfeiler in der Erzählung verzeichnet. Damit ist der zeitgeschichtliche Hintergrund für die

Liebe zwischen dem spanischen Widerstandskämpfer Alfonso und Celia gegeben. Das Geschehen wird vollständig aus der Sicht Celias erzählt, bis auf den autobiographischen Rahmen am Anfang, der die Veranlassung der Erzählung erklärt und auf den Ausgang vorausweist. Wiederum also eine »Liebesgeschichte«. Für beide, sowohl für die unpolitische Celia wie für den hohen Parteifunktionär und selbstlosen Widerstandskämpfer, der alle Aufträge der Partei ausführt, ist die Liebe das Höchste – und das heißt, auf Alfonso bezogen: höher als der politische Kampf, für den er unentwegt sein Leben einsetzt. Zwischen den gefährlichen, lebensbedrohlichen Aufträgen, die Alfonso auf Geheiß der Parteileitung ausführt, gibt es kurze, leidenschaftliche Begegnungen mit Celia. Celias Lebensinhalt ist diese Liebe zu Alfonso; alles, was sie tut, dient diesem Ziel: mit Alfonso zusammenzusein. »Die Liebe, die ihm mehr als das Leben war. Ist das wahr? Mehr als das Leben? Und was war sein Leben wert? Wozu wird es noch wert sein? Was war das, was einem Menschen, was ihm selbst wert war?« (XII, 653)

Die Erzählung »Steinzeit« zeigt gewissermaßen den umgekehrten Weg eines Menschen. Das Leben eines Amerikaners, der im Vietnam-Krieg war und sich dort offensichtlich auf die grausamste Weise aufgeführt hatte, führt unweigerlich in die Selbstzerstörung – entgegen allen anders lautenden Selbstbeteuerungen am Anfang der Erzählung. (»Furcht kannte er nicht. Das Glück liebt solche Menschen« [XII, 533].) Also ein ähnliches Sujet wie in der Erzählung »Das Ende« von 1945.

Dieser amerikanische Soldat steigert sich mehr und mehr in eine krankhafte Verfolgungsangst. (Er wird wegen seiner Kriegsverbrechen gesucht.) Er flieht in die Berge, schließlich in die höchsten Höhen, wo ihn nur noch Stein und Eis umgibt – und stirbt dort, bis zuletzt der Selbsttäuschung erlegen, er könne »sein Leben ruhig fortsetzen« (579). »In seinem Innern quälte ihn ein unbekannter Schmerz. Er verstand nicht, was ihm weh tat [...].«

Eine Erzählung nicht über den Kampf gegen Kriegsverbrechen und Unmenschlichkeit, sondern darüber, wie der Mensch sich selbst zugrunde richtet, ob er sich dessen bewußt ist oder nicht, wenn er unmenschlich handelt. (Die öffentliche Diskussion in der DDR über diese Erzählung orientierte sich ausschließlich auf ihren zeitgeschichtlichen Bezug, die Kritik an der amerikanischen Intervention in Vietnam.)

Also am Ende doch eine hoffnungsvolle Geschichte, die von der negativen Seite her den »unverwüstlichen Kern« (»Überfahrt« [XII, 403]) im Innern des Menschen bezeugt? Oder eher ein Werk voller Verzweiflung über die Benutzbarkeit des Menschen, die offenbar keine ethischen Grenzen mehr kennt – und zugleich ein Fünkchen Hoffnung darüber, daß im Innern des Menschen doch noch etwas ist, was ihn zumindest Schmerz empfinden läßt? Aber die Hoffnung ist nicht sehr groß, denn: »Er verstand nicht, was ihm weh tat.«

XV. »Drei Frauen aus Haiti« –
Letzte Fragen einer Revolutionärin

Der schmale Band, zum 80. Geburtstag der Autorin 1980 erschienen, hat viele Seghers-Leser überrascht. War das wirklich
ein ›neues‹ Buch? Oder waren diese äußerst verknappten, nur
schwer zugänglichen Texte womöglich nur eine Art kurz gefaßte Wiederholung der »Karibischen Geschichten«? (Vgl. dazu
die ästhetischen Bedenken, die Eva Kaufmann [1980, 151] als
Sprachrohr vieler Leser in ihrer Rezension vorträgt – »ob die
seit längerem zu beobachtende Tendenz zur Verknappung die
Grenze überschritten habe, wo man mitvollziehen kann« –, die
sie aber, wie sie gleich hinzufügt, selbst nicht teile.)

Diese spröden, äußerst gerafften Texte reihen sich einerseits
thematisch in die »Karibischen Geschichten« der vergangenen
Jahrzehnte ein (es gibt auch tatsächlich Wiederholungen), zum
anderen verbinden sie jedoch das Revolutionsthema mit einer
neuen Fragestellung.

Rein äußerlich gibt es schon ein deutliches Zeichen des
Unterschieds: nicht Männer (Revolutionäre), sondern Frauen
bzw. Mädchen sind hier die Sinnbilder der »Auferstehung aller
Sklaven der Welt« (»Drei Frauen aus Haiti«, Berlin 1980, S. 55).
Die Hauptakteure dieser drei Erzählungen, Toaliina, Claudine
und Luisa, stehen jeweils für eine ganz bestimmte geschichtliche
Epoche des karibischen Raums. Erstens für die nationale Souveränität vor der spanischen Eroberung (diese Epoche fehlte in
den bisherigen »Karibischen Geschichten«); zweitens für die
französische Überfremdung und schließlich drittens für das
Zeitalter der lateinamerikanischen Revolutionen. (Dieser Zeit-
abschnitt fehlte ebenfalls in den »Karibischen Geschichten«, ist
aber aus »Wiederbegegnung« von 1976 gut bekannt.)

Die erste Erzählung, »Das Versteck«, schildert die gelungene
Flucht eines jungen Mädchens (Toaliina) aus den Händen der
spanischen Eroberer, die Haiti mit ihren Greueltaten in Angst
und Schrecken versetzen. Mit den sparsamsten erzählerischen
Mitteln führt uns die Erzählung dahin, in dieser Flucht den
Ausdruck, die Verwirklichung des natürlichen menschlichen
Anspruchs zu erkennen. Aufschlußreich ist in diesem Zusammenhang der Verlauf der Flucht: Einem »alte[n] Weib« folgend, »wühlte sich Toaliina ins Gestein« (S. 15). Man kann es so

zusammenfassen: Die Natur selbst nimmt die Flüchtende auf, bewahrt sie vor der Gefangennahme.

Die Erzählung bleibt aber bei dieser Lösung nicht stehen. Sie geht einen entscheidenden Schritt weiter und fragt: Was wird aus einem Menschen, der derart behütet, aber ohne jede Möglichkeit zur Kommunikation mit seinesgleichen sein Dasein fristen muß? Die Antwort ist äußerst konsequent: Dieser Mensch fällt unweigerlich in eine vollständige Isolierung und Vereinsamung; dadurch verliert er seine Identität (s. S. 19, 25, 26). Toaliina wird am Ende in ihrer »Höhle« (S. 24) das Opfer eines Unwetters. Der Schlußsatz der Erzählung aber lautet: »Sie wußte, ihre Flucht war geglückt« (S. 27).

Wie soll man nun diese Hoffnung verstehen? Ist sie revolutionär? Oder trügerisch und blind? Dazu muß man unbedingt den Titel der Erzählung einbeziehen. Er lautet »Das Versteck«, nicht etwa »Die Flucht«. Toaliina verkörpert unzweifelhaft die Gewißheit, daß der Mensch auch unter den widrigsten Umständen zur Freiheit strebt. Toaliina wird schließlich sogar in ihrem Volk zum Sinnbild des Widerstands gegen die fremdländischen Eroberer. Aber füllt sie dieses ›Bild‹ auch tatsächlich aus? Ist sie wirklich der Mensch, für den sie von so vielen gehalten wird? Die Erzählung zeichnet am Schluß das Porträt einer Frau, die in der Einsamkeit und Isolation mehr und mehr ihrer menschlichen Züge beraubt wird und auf eine beinahe tierische Stufe der Übereinkunft mit der Natur herabsinkt. So sieht in dieser Erzählung das wirkliche Schicksal eines Menschen aus, der in der Geschichte seines Volkes als Freiheitskämpfer verehrt wird.

Die zweite Geschichte, »Der Schlüssel« ist in dem Haiti zur Zeit der Französischen Revolution angesiedelt. Claudine, die Hauptgestalt, kommt durch ein sehr eigenartiges, ihr unvergeßliches Erlebnis in die Reihen der Aufrührerischen. Als junge Sklavin war sie gezwungen gewesen, den Triumphzug der revoltierenden Schwarzen aus einem »Wandgefängnis« (S. 40), in das sie eingesperrt worden war, mitanzusehen (ein Motiv, das bereits in den »Karibischen Geschichten« vorkommt). »Ich konnte nur feststellen, was es aus meinem vergitterten Loch zu sehen gab. Mein Staunen und meine Erregung [...] waren stärker als meine Verzweiflung« (S. 41). Claudine muß aber kurz darauf folgende Erfahrung machen: »Unsere Schwarzen hörten mich nicht [...] Keiner gab auf mich acht, mich einzelne [...] sie [...] die im Begriff waren, alle Sklaven auf der Insel zu befreien, bemerkten mich gar nicht« (S. 42). Schließlich wird sie doch noch entdeckt. Amédée befreit Claudine aus dem Gefängnis mit dem Schlüssel, der dieser Geschichte den Titel gab.

Claudine macht also die Erfahrung, daß es offenbar leichter ist, sich einer Massenbewegung anzuschließen, als einem einzelnen Menschen zu helfen. Wie Toaliina, so trägt auch sie einen Widerspruch aus (er ist ihnen selbst nicht bewußt), der die Frage nach der Sinnhaftigkeit und dem Ziel revolutionärer Bewegungen in ein neues Licht stellt. Hat denn die in Anna Seghers' früheren Büchern so oft beschworene Rangordnung tatsächlich ihre Berechtigung: erst kommt die ›Bewegung‹, dann der einzelne Mensch? Die Erzählung spricht zumindest die Ahnung aus, welche Gewaltsamkeiten aus solchen Abstraktionen folgen können.

Claudines Leben nimmt nach dem aufwühlenden Erlebnis in dem Wandgefängnis seine entscheidenden Wende. Das Mädchen bleibt von nun ab unverbrüchlich an der Seite Amédées, der sich seinerseits einem anderen, nämlich dem Führer der »Negerherrschaft« (S. 34), Toussaint L'Ouverture, auf ewig verschrieben hat. Die Beziehung zwischen Mann und Frau wird als »Dankbarkeit« (S. 52) bezeichnet; das, was Amédée an sein Idol bindet, nennt der Text eine »unauslöschliche Liebe« (S. 36).

Man muß für diese Erzählung unbedingt festhalten: Sowohl die Nivellierung der Individualität (Erlebnis im Wandgefängnis) als auch die naive, unreflektierte Bindung an eine Führergestalt (Amédée-Toussaint) machen den Kern dessen aus, was hier über das revolutionäre Denken und Handeln ausgesagt wird. Am Ende steht die fast unglaublich scheinende Konsequenz (die der Text natürlich nicht ausspricht, vielleicht nicht einmal wahrhaben will): Die Entfremdung der menschlichen Beziehungen ist die Voraussetzung erfolgreicher revolutionärer Tätigkeit. (Vgl. dagegen die Interpretation bei Eva Kaufmann [1980, 152], die den Frauengestalten eine souveräne Haltung gegenüber der »zermalmenden Gewalt der Geschichte« zuspricht. Wagner [1981, 37–47] gliedert diese Erzählungen bruchlos in das Welt- und Revolutionsbild der früheren Seghers-Werke ein.)

»Ohne Freude kann der Mensch nicht leben« – dieses Dostojewski-Wort (aus »Der Idiot«) kommt in fast jedem Buch von Anna Seghers vor. Wie aber lebt derjenige, so fragt die letzte Erzählung des Zyklus, »Die Trennung«, der von jeder, auch der geringsten Freude abgeschnitten ist? Luisa, die Hauptgestalt, endet als ein »zerschundene[s], zerquetschte[s] Geschöpf« (S. 95), ein »unverändertes Zeugnis der Verfolgungen, die sie durchstanden hatte« (S. 92). (»Ihr ehemals zartes Gesicht war entstellt, zertreten« [S. 89].) Dabei ist Luisa nicht etwa eine glühende Verfechterin revolutionärer Vorstellungen. Der einzige Grund, der sie an die Seite der Revolution geführt hat, ist die Liebe zu dem Revolutionär Juan.

Juan, für den sie alles getan und auf sich genommen hat, verläßt Luisa. Wiederum ergibt sich eine Konstellation wie in der ersten Geschichte: Das tragische Schicksal eines in Einsamkeit und Isolation geratenen Menschen. Dennoch besteht ein gravierender Unterschied zwischen beiden Texten. Toaliina versinkt in diesen Zustand, ohne davon zu wissen, Luisa muß ihn in langen Tagen und Nächten des Nachdenkens bewältigen. Sie muß ihr Geschick mit ihrem Leben in Übereinstimmung bringen – oder mit dem Bewußtsein, alles falsch gemacht zu haben, ihrem Leben die Sinnhaftigkeit rauben. Hier gelangt der Zyklus zu seiner höchsten Konsequenz. Der Widerspruch, von dem schon die erste und zweite Erzählung berichten, spannt sich aufs äußerste: Nicht allein die Diskrepanz zwischen der Geschichte und dem Wollen und Tun des einzelnen bestimmt jetzt das Geschehen, sondern die Trennung von der menschlichen Gemeinschaft überhaupt.

Was hier geschieht, ist nicht die ehemals vielgerühmte ›Staffettenübergabe‹ des revolutionären Gedankenguts von einer Generation auf die nächste. Wenn hier etwas übergeben wird, dann ist es die schmerzliche Erkenntnis, daß das offenbar unauslöschliche Streben nach Freiheit und Gerechtigkeit nur dann eine gewisse Chance zu Verwirklichung hat, wenn es immer wieder einzelne Menschen auf sich nehmen, gegen ihr natürliches Glücksverlangen, also im Grunde gegen sich selbst, ihre ureigenste, unwiderrufliche Natur zu leben. (Von Heiner Müller stammt die provokante These: Der Mensch als Revolutionär, das führe unweigerlich zu seiner Verwandlung in eine Maschine. In: »Herakles 2 oder die Hydra« aus »Zement«, 1972.)

Das ist die bittere Bilanz, der Abgrund am Ende des Lebens und Werkes einer kommunistischen Schriftstellerin und Revolutionärin. Der Gedanke an die Befreiung der Menschheit lebt fort. Daran bleibt auch in dieser letzten Erzählung von Anna Seghers kein Zweifel. Aber es bleibt auch die Frage: Kann er überhaupt jemals verwirklicht werden?

Zeittafel

1900	Netty Reiling (als Schriftstellerin nimmt sie später den Namen Anna Seghers an) am 16. November als einziges Kind von Isidor Reiling, Kunst- und Antiquitätenhändler, und Hedwig Reiling geboren Besuch einer Privatschule
1910–	Höhere Töchterschule, Großherzogliche Studienanstalt, Abitur
1920– 1924	Studium in Heidelberg und Köln, Hauptfächer: Kunstgeschichte, Sinologie
1922	Praktikum am »Museum für Ostasiatische Kunst« in Köln
1924	Promotion, Thema der Dissertation: »Jude und Judentum im Werke Rembrandts«
1924	»Die Toten der Insel Djal« (Erzählung), erste Veröffentlichung (in der Weihnachtsausgabe der »Frankfurter Zeitung«)
1925	Eheschließung mit dem ungarischen Soziologen und Kommunisten Laszlo Radvanyi. Umzug nach Berlin, wo Radvanyi Direktor der Marxistischen Arbeiterschule (MASCH) wird
1926	Geburt des Sohnes Peter
1927	»Grubetsch« (Erzählung) als Fortsetzungsdruck in der »Frankfurter Zeitung«
1928	»Aufstand der Fischer von St. Barbara« (Erzählung), erste Buchveröffentlichung Kleist-Preis (von Hans Henny Jahnn, dem Preisträger von 1920, zugesprochen) Eintritt in die KPD Geburt der Tochter Ruth
1929	Eintritt in den Bund Proletarisch-Revolutionärer Schriftsteller
1930	»Auf dem Wege zur amerikanischen Botschaft und andere Erzählungen« Teilnahme an der Konferenz proletarischer und revolutionärer Schriftsteller in Charkow
1932	»Die Gefährten« (Roman)
1933	Flucht über die Schweiz nach Frankreich (Wohnung im Pariser Vorort Bellevue), Mitherausgeberin der literarischen Zeitschrift »Neue Deutsche Blätter«, die von 1933 bis 1935 in Prag erscheint »Der Kopflohn« (Roman)
1934	Nach der Niederschlagung des Aufstands gegen die österreichische faschistische Regierung Dollfuß Reise nach Österreich
1935	Rede »Vaterlandsliebe« auf dem I. Internationalen Schriftstellerkongreß zur Verteidigung der Kultur in Paris »Der Weg durch den Februar« (Roman)
1937	»Die Rettung« (Roman)

1938	Teilnahme am III. Internationalen Schriftstellerkongreß in Madrid
1939	Abschluß der Arbeit an »Das siebte Kreuz«
	Bei Kriegsausbruch Internierung ihres Mannes in Le Vernet
1940	Flucht von Paris über die Demarkationslinie in den unbesetzten Teil Frankreichs. Aufenthalt in Pamiers. Tod des Vaters
1941	Entlassung Radvanyis aus dem Internierungslager. März bis Juni: Flucht der Familie auf einem Schiff über San Domingo nach Ellis Island (USA). Da für die USA kein Bleiberecht erteilt wird, Weiterfahrt nach Mexiko. In Mexiko-City Mitbegründerin und Präsidentin des Heinrich-Heine-Klubs. Mitarbeit an der Zeitschrift »Freies Deutschland«
1942	»Das siebte Kreuz« erscheint in den USA in Englisch, in Mexiko in Deutsch und Spanisch
1943	Schwerer Verkehrsunfall in Mexiko. Deportation der Mutter nach Auschwitz (Todesdatum unbekannt).
	Abschluß des Romans »Transit«
1946	»Der Ausflug der toten Mädchen und andere Erzählungen« (im Aurora-Verlag New York)
1947	Rückkehr nach Deutschland. Wohnsitz in Berlin
	Georg-Büchner-Preis in Darmstadt
	Rede auf dem I. Deutschen Schriftstellerkongreß
	Vizepräsidentin des Kulturbundes
1948	Reise mit anderen deutschen Schriftstellern in die Sowjetunion. Teilnahme am Weltkongreß der Kulturschaffenden in Wroclaw
	Erste deutschsprachige Ausgabe von »Transit«
1949	»Die Hochzeit von Haiti« (2 Erzählungen)
	»Die Toten bleiben jung« (Roman)
1950	Mitglied des Weltfriedensrates. In den folgenden Jahren Teilnahme an vielen Weltfriedenskongressen
	»Friedensgeschichten«
1951	Nationalpreis der DDR. Internationaler Stalin-Friedenspreis. Reise nach China
1952	Präsidentin des Schriftstellerverbandes der DDR
	»Der Mann und sein Name« (Erzählung)
1953	»Frieden der Welt« (Ansprachen und Aufsätze 1947–1953)
	»Der Bienenstock« (Ausgewählte Erzählungen in 2 Bänden)
1954	Studien im Tolstoi-Archiv in Moskau
1956	Rede auf dem IV. Deutschen Schriftstellerkongreß (»Der Anteil der Literatur an der Bewußtseinsbildung des Volkes«)
1959	Ehrendoktorwürde der Universität Jena. Nationalpreis der DDR
	»Die Entscheidung« (Roman)
1960	Vaterländischer Verdienstorden in Gold
1961	Reise nach Brasilien
	»Das Licht auf dem Galgen« (Erzählung)
1962	»Karibische Geschichten«

1963	Zweite Brasilienreise. Teilnahme an der Kafka-Konferenz in Liblice/CSSR
	»Über Tolstoi. Über Dostojewski« (Essays)
1965	»Die Kraft der Schwachen« (Erzählungen)
	Karl-Marx-Orden der DDR
1967	»Das wirkliche Blau« (Erzählung)
1968	»Das Vertrauen« (Roman)
1971	»Überfahrt« (Erzählung)
	Nationalpreis der DDR
1973	»Sonderbare Begegnungen« (Erzählungen)
1977	»Steinzeit/Wiederbegegnung« (2 Erzählungen)
1978	Rücktritt als Präsidentin des Schriftstellerverbandes der DDR, wird Ehrenpräsidentin
1980	»Drei Frauen aus Haiti« (Erzählungen)
1981	Ehrenbürgerschaft der Stadt Mainz
1983	Gestorben am 1. Juni in Berlin

Literaturverzeichnis

Literatur von Anna Seghers

Die erzählerischen Werke und die Gespräche werden nach folgender Ausgabe zitiert (im Text erfolgt der Nachweis unter Angabe der Bandnummer und der Seitenzahl):
  Anna Seghers: Gesammelte Werke in Einzelausgaben, 14 Bände, Berlin 1975–1980

Bd. I:	Aufstand der Fischer von St. Barbara/Die Gefährten
Bd. II:	Der Kopflohn/Der Weg durch den Februar
Bd. III:	Die Rettung
Bd. IV:	Das siebte Kreuz
Bd. V:	Transit
Bd. VI:	Die Toten bleiben jung
Bd. VII:	Die Entscheidung
Bd. VIII:	Das Vertrauen
Bd. IX:	Erzählungen 1926–1944
Bd. X:	Erzählungen 1945–1951
Bd. XI:	Erzählungen 1952–1962
Bd. XII:	Erzählungen 1963–1977
Bd. XIII:	Aufsätze/Ansprachen/Essays 1927–1953
Bd. XIV:	Aufsätze/Ansprachen/Essays 1954–1979 (enthält Gespräche und Interviews 1959–1978)

Die publizistischen und essayistischen Texte werden nach folgender Ausgabe zitiert (im Text werden zum Nachweis die Siglen ÜKW I, ÜKW II, ÜKW III, ÜKW IV verwendet):

Über Kunstwerk und Wirklichkeit I: Die Tendenz in der reinen Kunst. Bearbeitet und eingeleitet von Sigrid Bock, Berlin 1970.
Über Kunstwerk und Wirklichkeit II: Erlebnis und Gestaltung. Bearbeitet und eingeleitet von Sigrid Bock, Berlin 1971.
Über Kunstwerk und Wirklichkeit III: Für den Frieden der Welt. Bearbeitet und eingeleitet von Sigrid Bock, Berlin 1971.
Über Kunstwerk und Wirklichkeit IV: Ergänzungsband. Bearbeitet und eingeleitet von Sigrid Bock, Berlin 1979 (enthält auch ausgewählte Briefe).

Aus dem Briefwechsel mit Wieland Herzfelde wird nach dieser Ausgabe zitiert (im Text: Seghers/Herzfelde, 1985):
  Anna Seghers/Wieland Herzfelde: Ein Briefwechsel 1939–1946, hrsg.

im Auftrag der Akademie der Künste der DDR von Ursula Emmerich und Erika Pick, Berlin 1985.

Wird auf Arbeiten von Anna Seghers hingewiesen, die nicht in den angegebenen Ausgaben enthalten sind, so erfolgt eine genaue Quellenangabe im Text.

Literatur über Anna Seghers

Die folgende Bibliographie enthält nur Arbeiten zu Anna Seghers, die in der vorliegenden Untersuchung Berücksichtigung fanden. Andere Quellen oder andere Sekundärliteratur werden im Text nachgewiesen. Zur Literatur über Anna Seghers vgl. folgende ausführlicheren Bibliographien:

Behn-Liebherz, Manfred: Auswahlbibliographie zu Anna Seghers 1971-1981. In: text + kritik, Heft 38, 1983, S. 129–147.

Hilzinger, Sonja: Auswahlbibliographie [Anna Seghers]. In: Das Argonautenschiff, Hefte der Anna-Seghers-Gesellschaft Berlin und Mainz, 1. Jg., Heft 1/1992.

Rost, Maritta/Weber, Peter: Veröffentlichungen von und über Anna Seghers. In: Kurt Batt (Hg.): Über Anna Seghers. Ein Almanach zum 75. Geburtstag, Berlin und Weimar 1975, S. 305–410.

I. Zum Gesamtwerk:

Batt, Kurt: Ein Ganzes und seine Teile. Bei Gelegenheit der Bücher von Anna Seghers. In: Neue Deutsche Literatur (Berlin) 6/1971, S. 56–76.

Batt, Kurt: Anna Seghers. Versuch über Entwicklung und Werke, Leipzig 1973.

Bock, Sigrid: Die Last der Widersprüche. Erzählen für eine gerechte, friedliche, menschenwürdige Welt – trotz alledem. In: Weimarer Beiträge (Berlin) 10/1990, S. 1554–1571.

Greiner, Bernhard: ›Sujet barré‹ und Sprache des Begehrens: Die Autorschaft ›Anna Seghers‹. In: Literaturpsychologische Studien und Analysen. Hrsg. v. W. Schönau, Amsterdam 1983 (Amsterdamer Beiträge zur Neueren Germanistik Bd. 17), S. 319–352.

Haas, Erika, Ideologie und Mythos. Studien zur Erzählstruktur und Sprache im Werk von Anna Seghers (Stuttgarter Arbeiten zur Germanistik Nr. 7), Stuttgart 1975.

Haas, Erika: Urbilder und Wirklichkeitsträume. Zur paradigmatischen Funktion des Mythos bei Anna Seghers. In: Anna Seghers. Materialienbuch. Hrsg. v. Peter Roos und Friederike J. Hassauer-Roos, Darmstadt und Neuwied 1977, S. 51–61.

Hermlin, Stephan: Brief an L. T. In: Anna Seghers. Briefe ihrer Freunde, Berlin 1960, S. 51–57.

Jens, Walter: Anna Seghers. In: Sinn und Form 3/1990, S. 1164–1169.

Keßler, Peter: Anna Seghers und die klassische russische Literatur, Phil. Diss., Jena 1970.

Mayer, Hans: Gedenkrede auf Anna Seghers. In: Ders., Aufklärung heute. Reden und Vorträge 1978–1984. Frankfurt a.M. 1985, S. 237–248.

Nalewski, Horst: Anfang-Ende-Relation in Erzählungen von Anna Seghers. In: Weimarer Beiträge (Berlin) 11/1975, S. 35–55.

Neugebauer, Heinz: Anna Seghers. Leben und Werk (Schriftsteller der Gegenwart Bd. 4), Berlin 1980.

Reich-Ranicki, Marcel: Die kommunistische Erzählerin Anna Seghers. In: Ders., Deutsche Literatur in West und Ost. Neuausgabe. Stuttgart 1983 (1. Auflage: 1963), S. 300–329.

Rilla, Paul: Die Erzählerin Anna Seghers. In: Ders., Essays. Berlin 1955, S. 284–327.

Sauer, Klaus: Anna Seghers (Autorenbücher 9). München 1978.

Schneider, Helmut J.: Anna Seghers. In: Deutsche Dichter der Gegenwart. Hrsg. v. Benno von Wiese, Berlin (West) 1973, S. 110–137.

II. Zum Frühwerk:

Albrecht, Friedrich: Die Erzählerin Anna Seghers (Neue Beiträge zur Literaturwissenschaft Bd. 25), Berlin 1975.

Bilke, Jörg Bernhard: Die Revolutionsthematik in der frühen Prosa von Anna Seghers (1927–1932). Phil. Diss., Mainz 1977.

Diersen, Inge: Seghers-Studien. Interpretationen von Werken aus den Jahren 1926–1935. Ein Beitrag zu Entwicklungsproblemen der modernen Epik. Berlin 1965.

Heilbronn, Dieter: Von der Trostlosigkeit zum sozialen Profil. Zur Figurenzeichnung in »Grubetsch« und »Aufstand der Fischer von St. Barbara«. In: Anna Seghers. Materialienbuch. Hrsg. v. Peter Roos und Friederike J. Hassauer-Roos, Darmstadt und Neuwied 1977, S. 42–51.

Hermlin, Stephan: Das Werk der Anna Seghers. In: Stephan Hermlin/Hans Mayer: Ansichten über einige Bücher und Schriftsteller. Berlin o.J. (1947), S. 164–169.

Jahnn, Hans Henny: Rechenschaft Kleistpreis 1928. In: Ders., Werke und Tagebücher in sieben Bänden. Hrsg. v. Thomas Freeman und Thomas Scheuffelen, Bd. VII, Hamburg 1974, S. 246–250.

Klotz, Volker: Kollektiv als Hauptperson: Wie es sich erzählen und lesen läßt. Zu Anna Seghers' »Aufstand der Fischer von St. Barbara«. In: Erzählung und Erzählforschung im 20. Jahrhundert. Hrsg. v. Rolf Kloepfer und Gisela Janetzke-Dillner, Stuttgart, Berlin, Köln, Mainz 1981, S. 327–340.

Reich-Ranicki, Marcel: Anna Seghers und der Aufstand. In: Ders., Nachprüfung. Aufsätze über deutsche Schriftsteller von gestern. Stuttgart 1980, S. 294–299.

Bauer, Gerhard: Die sensible, kompetente und lahmgelegte Arbeiterklasse. Zu Anna Seghers' Arbeitslosenroman »Die Rettung«. In: Diskussion Deutsch, Heft 88 (April/Mai 1986), S. 147–164.

Beicken, Peter: Anna Seghers: »Das siebte Kreuz«. In: Deutsche Romane des 20. Jahrhunderts. Neue Interpretationen. Hrsg. v. Paul Michael Lützeler, Königstein/Ts. 1983, S. 255–272.

Benjamin, Walter: Eine Chronik der deutschen Arbeitslosen. Zu Anna Seghers' Roman »Die Rettung«. In: Ders., Gesammelte Schriften, Bd. III, Frankfurt a.M. 1972, S. 530–538.

Bock, Sigrid: Historische Bilanz als Moment der Auseinandersetzung mit der faschistischen Gefahr. Anna Seghers' Roman »Die Gefährten«. In: Weimarer Beiträge (Berlin) 11/1980, S. 5–34.

Bock, Sigrid: Anna Seghers: Begegnung mit mexikanischer Wandmalerei. In: Alexander Stephan (Hrsg.): Exil. Literatur und Künste nach 1933 (Studien zur Literatur der Moderne, hrsg. v. Helmut Koopmann, Bd. 17), Bonn 1990, S. 15–27.

Böll, Heinrich: Gefahr unter falschen Brüdern. Über Anna Seghers, »Transit«. In: Ders.: Essayistische Schriften und Reden 2, Köln o.J., S. 28–31.

Diersen, Inge: Anna Seghers: Das siebte Kreuz. In: Weimarer Beiträge (Berlin) 12/1972, S. 96–120.

Hans, Jan: »Der Krise ins Auge sehen…«. Annäherung an »Transit«. In: Text + Kritik, Nr. 38, München 1982, S. 27–42.

Hilzinger, Sonja (Hrsg.): »Das siebte Kreuz« von Anna Seghers. Texte, Daten, Bilder. Frankfurt a.M. 1990. (Darin Vorwort der Herausgeberin S. 7–33 und Bibliographie S. 218–223.)

Matt, Peter von: Ein Zeichen aus der Tiefe. Über Anna Seghers: Transit. In: Romane von gestern – heute gelesen. Hrsg. v. Marcel Reich-Ranicki, Bd. 3, Frankfurt a.M. 1990, S. 322–328.

Quilitzsch, Frank: Konfliktgestaltung in der Kurzprosa von Anna Seghers. Phil. Diss., Jena 1986.

Reich-Ranicki, Marcel: Nicht gedacht soll ihrer werden? Über Anna Seghers: Das siebte Kreuz. In: Romane von gestern – heute gelesen. Hrsg. von Marcel Reich-Ranicki, Bd. 3, Frankfurt a.M. 1990, S. 277–287.

Roggausch, Werner: Das Exilwerk von Anna Seghers. München 1979.

Stephan, Alexander: »…ce livre a pour moi une importance spéciale«. »Das siebte Kreuz«: Entstehungs- und Manuskriptgeschichte eines Exilromans. In: Exil, 1985, Nr. 2. S. 12–24.

Stephan, Alexander: Ein Exilroman als Bestseller. Anna Seghers' »The Seventh Cross« in den USA. Analyse und Dokumente. In: Exilforschung. Ein internationales Jahrbuch (München), 1985 Bd. 3, hrsg. v. Thomas Koebner, Wulf Köpke und Joachim Radkau, S. 238–259.

Stephan, Alexander: Vom Fortleben der Abvantgarde im Exil. Das Beispiel Anna Seghers. In: Blätter der Carl-Zuckmayer-Gesellschaft, Heft 1, 1985, S. 42–49.

Stern, Jeanne: Das Floß der Anna Seghers. In: Über Anna Seghers. Ein Almanach zum 75. Geburtstag. Hrsg. v. Kurt Batt, Berlin 1975, S. 77–91.

Straub, Martin: Anna Seghers und Alessandro Manzoni. Ein Beispiel produktiver Erberezeption im Kampf gegen den Faschismus. In: Wissenschaftliche Zeitschrift der Friedrich-Schiller- Universität Jena. Gesellschafts- und sprachwissenschaftliche Reihe, Heft 1/1974, S. 129–133.

Trapp, Frithjof: Anna Seghers' Kritik an Georg Lukács und an der »Internationalen Literatur«. In: Anna Seghers – Mainzer Weltliteratur. Beiträge aus Anlaß des 80. Geburtstages. Hrsg. v. d. Stadt Mainz, Mainz 1981.

Wagner, Frank: »...der Kurs auf die Realität«. Das epische Werk von Anna Seghers (1935–1943), Berlin 1978.

Walter, Hans-Albert: Anna Seghers' Metamorphosen. Transit – Erkundungsversuche in einem Labyrinth. Frankfurt a.M., Olten, Wien 1985.

Walter, Hans-Albert: Eine deutsche Chronik. Das Romanwerk von Anna Seghers aus den Jahren des Exils. In: Exil und Rückkehr. Emigration und Heimkehr. Ludwig Berger, Rudolf Frank, Anna Seghers und Carl Zuckmayer. Hrsg. im Auftrag der Stadt Mainz von Anton Maria Keim. Mainz, 1986, S. 85–119.

Winckler, Lutz: »Diese Realität der Krisenzeit«. Anna Seghers' Deutschlandromane 1933–1949. In: Text + Kritik, Heft 38, München 1982, S. 1–26.

Wolf, Christa: Das siebte Kreuz (1963). In: Dies., Die Dimension des Autors. Aufsätze, Essays, Gespräche, Reden. Berlin 1986, S. 263–278.

IV. Zu den Werken nach der Rückkehr aus dem Exil

Batt, Kurt: Schriftsteller, Poetisches und wirkliches Blau. In: Über Anna Seghers. Ein Almanach zum 75. Geburtstag. Hrsg. v. Kurt Batt. Berlin 1975, S. 290–304.

Bock, Sigrid: Epische Welt und Menschenbildkonzeption. Zum Roman »Das Vertrauen« von Anna Seghers. In: Weimarer Beiträge (Berlin), Sonderheft 1969, S. 129–148.

Bock, Sigrid: Anna Seghers liest Kafka. In: Weimarer Beiträge (Berlin) 6/1984, S. 900–915.

Bock, Sigrid: Seghers in der DDR oder Vom Lob des Erzählens. In: Exil und Rückkehr. Emigration und Heimkehr. Ludwig Berger, Rudolf Frank, Anna Seghers und Carl Zuckmayer. Hrsg. im Auftrag der Stadt Mainz von Anton Maria Keim, Mainz 1986, S. 121–135.

Bock, Sigrid: Absichten und Zwänge. Zur Erzählung »Der gerechte

Richter« von Anna Seghers. In: Mainzer Geschichtsblätter, Heft 6, Mai 1990, S. 7–22.

Buthge, Werner: Anna Seghers. Werk – Wirkungsabsicht – Wirkungsmöglichkeit in der Bundesrepublik Deutschland. Stuttgart 1982 (Stuttgarter Arbeiten zur Germanistik Nr. 120).

Degemann, Christa: Anna Seghers in der westdeutschen Literaturkritik 1946 bis 1983. Eine literatursoziologische Analyse. Phil. Diss., Köln 1985.

»Der Mann und sein Name«. Protokoll einer Diskussion im Schriftstellerverband. In: Der Schriftsteller (Berlin), Heft 4/1953, S. 4–5.

Diersen, Inge: Kompositionsfragen in Anna Seghers' Romanen »Die Toten bleiben jung« und »Die Entscheidung«. In: Junge Kunst (Berlin), Heft 3/1960, S. 49–53.

Diersen, Inge: Seghers-Philologie. In: Zeitschrift für Germanistik (Leipzig) 1/1988, S. 80–84.

Diersen, Inge: Jason 1948 – Problematische Heimkehr. In: Unerwünschte Erfahrung. Kriegsliteratur und Zensur in der DDR. Hrsg. v. Ursula Heukenkamp, Berlin 1990, S. 72–99.

Fischer, Gudrun: Anna Seghers. Bedeutung und Gestaltung des Gegenwartssujets in ihrem Schaffen nach 1945. Phil. Diss., Berlin 1966.

Gutzmann, Gertraud: Eurozentrisches Welt- und Menschenbild in Anna Seghers' »Karibischen Geschichten«. In: Frauen, Literatur, Politik. Hrsg. v. Annegret Pelz u.a. Hamburg 1988, S. 189–204.

Hilzinger, Sonja: Die »Blaue Blume« und das »Wirkliche Blau«. Zur Romantik-Rezeption in den Erzählungen »Das wirkliche Blau« und »Die Reisebegegnung« von Anna Seghers. In: Literatur für Leser 4/1988, S. 260–271.

Kaufmann, Eva: Anna Seghers: Das wirkliche Blau. In: Probleme der Literaturinterpretation. Zur Dialektik der Inhalt-Form- Beziehungen bei der Analyse und Interpretation literarischer Werke. Leipzig 1978, S. 115–144.

Kaufmann, Eva: Anna Seghers: Drei Frauen aus Haiti. In: Weimarer Beiträge (Berlin) 11/1980, S. 151–161.

Kaufmann, Hans: Anna Seghers' »Friedensgeschichten«. In: Ders., Über DDR-Literatur. Beiträge aus fünfundzwanzig Jahren. Berlin 1986, S. 17–24.

Kusche, Walter: Die »blaue Blume« und das »wirkliche Blau«. Zur Romantik-Rezeption im Spätwerk von Anna Seghers. In: Weimarer Beiträge (Berlin) 7/1974, S. 58–79.

Labroisse, Gerd: Bild und Funktion Westdeutschlands in Anna Seghers' Romanen »Die Entscheidung« und »Das Vertrauen«. In: Anna Seghers. Materialienbuch. Hrsg. v. Peter Roos und Friederike J. Hassauer-Roos, Darmstadt und Neuwied 1977, S. 133–151.

Das Motiv Vertrauen. Diskussion. In: Neue Deutsche Literatur 5/1969, S. 149–164.

Mehnert, Elke: Anna Seghers' »Überfahrt«. In: Weimarer Beiträge (Berlin) 4/1984, S. 629–642.

Pallus, Walter: Geschichtlichkeit und Mythos: »Das Argonautenschiff«. In: Neuanfänge. Studien zur frühen DDR- Literatur. Hrsg. v. Walter Pallus und Gunnar Müller-Waldeck. Berlin 1986, S. 186–206.

Pallus, Walter: Wandlung als Zentrum des Erzählvorganges: »Der Mann und sein Name«. In: Neuanfänge. Studien zur frühen DDR- Literatur. Hrsg. v. Walter Pallus und Gunnar Müller-Waldeck. Berlin 1986, S. 216–225.

Richter, Hans: Der Kafka der Seghers. In: Sinn und Form (Berlin) 6/ 1983, S. 1171–1179.

Rilla, Paul: Der neue Roman von Anna Seghers [über »Die Toten bleiben jung«]. In: Aufbau (Berlin) 3/1950, S. 216–224.

Rilla, Paul: Die kompromittierende Interessantheit. In: Aufbau (Berlin) 8/1950, S. 791–793.

Straub, Martin: Über den schwierigen Umgang mit Zeitgeschichte. Zu Anna Seghers Romanen »Die Entscheidung« und »Das Vertrauen«. In: Weimarer Beiträge (Berlin) 10/1990, S. 1582–1592.

Wagner, Frank: Selbstbehauptung und ihr geschichtliches Maß. Aus Anlaß der Geschichten »Drei Frauen aus Haiti« von Anna Seghers. In: Zeitschrift für Germanistik (Leipzig) 1/1981, S. 37–47.

Namenregister

Angaben zum Autor

Andreas Schrade, geb. 1951; Studium der Germanistik in Leipzig, Promotion über Franz Fühmann und Heiner Müller; Verlagslektor; 1985–1991 wissenschaftlicher Mitarbeiter an der Akademie der Künste der DDR, seitdem Dozent in der Erwachsenenbildung; veröffentlichte Aufsätze zur DDR-Literatur und Literaturkritiken.

Sammlung Metzler

Printed in the United States
By Bookmasters